Stefan Aust | Martin Scholz

FOREVER YOUNG

Unsere Geschichte
mit Bob Dylan

Hoffmann und Campe

Unser Dank geht an dieser Stelle an
Katharina Wenisch und Marek Lieberberg,
Pressesprecherin und Deutschland-Chef des Konzertveranstalters
»Live Nation« für ihre Unterstützung bei diesem Projekt

2. Auflage 2021
Copyright © 2021 Hoffmann und Campe Verlag, Hamburg
www.hoffmann-und-campe.de
Umschlaggestaltung: Vivian Bencs © Hoffmann und Campe
Umschlagabbildung: © Getty Images: Michael Ochs Archives / Fiona
Adams / Redferns / Kevin Winter
Satz: Dörlemann Satz, Lemförde
Gesetzt aus der Chaparral
Druck und Bindung: GGP Media GmbH, Pößneck
Printed in Germany
ISBN 978-3-455-01070-1

HOFFMANN
UND CAMPE

Ein Unternehmen der
GANSKE VERLAGSGRUPPE

INHALT

So many roads, so much at stake
So many dead ends, I'm at the edge of the lake
Sometimes I wonder what it's gonna take
To find dignity

BOB DYLAN, »DIGNITY«

Man in the Long Black Coat:
Bob Dylan, 1983 am Hudson River.

VORWORT

Forever Young – Wer ist Bob Dylan
und wie viele?

Come gather 'round people / Wherever you roam«: Wir haben Bob Dylan beim Wort genommen und aus Anlass seines 80. Geburtstags viele Persönlichkeiten zusammengebracht, die sein Leben begleitet haben. Weggefährten und Freundinnen wie Joan Baez, Patti Smith, Elvis Costello oder Gene Simmons, Kollegen und Konkurrenten wie Robert Plant und Pete Townshend. Und Menschen, die ihn ein Leben lang bewundert haben wie Ursula von der Leyen, Otto Schily, Carla Bruni, Navid Kermani, Daniel Cohn-Bendit, T. C. Boyle, Martina Gedeck, Jean-Michel Jarre, Wolfgang Niedecken, Dan Brown, Suzanne Vega oder Reinhold Messner. Sie alle schildern, warum es ihnen guttut, seine Songs immer wieder zu hören. Selbst dann, wenn sie sich über ihn ärgern oder ihn manchmal nur schwer ertragen können.

Von Stefan Aust und Martin Scholz

* * *

Wolfgang Niedecken kommt zu spät. Zu spät zu einem Konzert mit Bob Dylan – und das mit Absicht. Erst als das Hallenlicht in der Düsseldorfer Mitsubishi Electric Halle erlischt, geht er unauffällig zu seinem Platz. Ein Ritual, das er immer dann befolgt, wenn er sich bei Dylan-Konzerten in Deutschland unter das Publikum mischt. »Es ist besser so«, flüstert Niedecken uns zu, »inzwischen kommt es oft vor, dass mich die Leute um Selfies mit ihnen bitten. Das hört dann manchmal gar nicht mehr auf, so was verleidet mir dann den Konzertgenuss.« Der Sänger und Mitbegründer der Kölner Rockband BAP gehört seit mehr als 40 Jahren zu den erfolgreichsten Rockmusikern Deutschlands – als Dylan-Koryphäe ist er längst ebenso bekannt. Dass Niedecken seinem amerikanischen Idol ein wenig ähnlich sieht, macht es für ihn nicht leichter, das Konzert unerkannt zu erleben. Es ist der 31. März 2019, Dylan tritt im Rahmen seiner unendlichen Konzert-Weltreise, der Never Ending Tour, wieder einmal in Deutschland auf. Neben Niedecken sitzt an diesem Abend der Schriftsteller Navid Kermani, der über den Umweg seiner großen Leidenschaft für Neil Young zum Dylan-Kenner wurde.

Wir hatten die beiden wegen einer Dylan-Hommage in der *Welt am Sonntag* zu dem Konzert in Düsseldorf eingeladen und sie gebeten, im Anschluss darüber zu sprechen, was er ihnen heute bedeutet. Ein Update der jahrelangen Verbundenheit, ausgehend von einem aktuellen Konzert. Ein paar Tage später, am 4. April, werden sich Ursula von der Leyen, damals noch Verteidigungsministerin, sowie der ehemalige Bundesinnenminister Otto Schily diesem Projekt anschließen und sich sein Konzert in Berlin ansehen. Die amerikanische Folkikone Joan Baez, Dylans zeitweilige Freundin und Wegbegleiterin in den Anfängen, hatten wir bereits 2018 in Frankfurt gesprochen. Ihre Kollegin, die amerikanische Rockpoetin Patti Smith, die Dylan bei den Feierlichkeiten zur Verleihung des

Literaturnobelpreises in Stockholm vertrat, äußerte sich im April 2019 am Telefon.

Jede und jeder von ihnen verbindet mit diesem größten lebenden Dichter unter den Rockmusikern besondere Momente, die die Zeit überdauert und ihre Leben geprägt haben. Die einen erinnern sich an kuriose oder bewegende Begegnungen mit ihm, andere an jene Augenblicke, als es losging mit ihrer Bewunderung für ihn und seine Songs. Manchmal sind es die einfachen Fragen wie jene nach dem ersten Dylan-Konzert, die eine große Wirkung haben und ungewöhnliche Einblicke gewähren in ein Leben, zu dem die amerikanische Musikikone den Soundtrack schrieb. Für Ursula von der Leyen und Otto Schily beispielsweise war der Besuch des Konzerts in Berlin eine Premiere – sie hatten ihn beide noch nie zuvor live gesehen. Seine Musik aber war ihnen immer präsent gewesen. Von der Leyen hatte sogar eigene Mixkassetten mit seinen Songs für Autofahrten aufgenommen.

Unsere ersten Gespräche mit Patti Smith, von der Leyen, Schily, Kermani und Niedecken waren eine Initialzündung für ein größeres Projekt – das sich zu einer einzigartigen Reise durch Dylans Leben anlässlich seines 80. Geburtstags auswuchs. Im Rahmen dieser Reise erzählten uns schließlich 13 weitere Persönlichkeiten aus der Welt der Musik, des Films und des Sports, der Literatur und Politik, warum ihr Leben ohne Bob Dylan und seine Musik ganz anders verlaufen wäre.

»Come gather 'round people / Wherever you roam« – das klappte auch in Zeiten von Corona. US-Thrillerautor Dan Brown meldete sich per Videoschalte aus seiner Bibliothek in New Hampshire, Dylans zeitweiliger Duettpartner Elvis Costello sprach von der Terrasse seines Hauses auf Vancouver

Island zu uns, Songwriterin Suzanne Vega meldete sich aus ihrem Arbeitszimmer in Manhattan – und zog spontan ihr geliebtes Dylan-Songbuch aus dem Bücherregal hinter sich. US-Schriftsteller T. C. Boyle schaltete sich aus seinem Haus im Pazifikküstenstädtchen Montecito zu, Kiss-Derwisch Gene Simmons aus Los Angeles – er fing fast immer, wenn er einen Dylan-Song zitierte, an, ihn zu singen. Es wurde, ganz im Sinne Dylans, fast eine »Never Ending«-Gesprächsreihe. Der deutsche Filmstar Martina Gedeck sprach zwischen Dreharbeiten unter Lockdown-Bedingungen ebenfalls via Zoom aus Berlin mit uns, Bergsteigerikone Reinhold Messner meldete sich per Skype von seinem Wohnsitz auf Schloss Juval, einer spätmittelalterlichen Burganlage, die einer von sechs Standorten der Messner Mountain Museen in Südtirol ist. Carla Bruni und Elektropop-Pionier Jean-Michel Jarre riefen uns aus dem Lockdown in Paris an, Led-Zeppelin-Frontmann Robert Plant telefonierte von seiner Farm in den britischen Midlands mit uns, The-Who-Gitarrist Pete Townshend rief aus dem Lockdown in London an. Nur einer, Daniel Cohn-Bendit, langjähriger EU-Abgeordneter der deutschen wie der französischen Grünen, kam mit dem Fahrrad und FFP2-Maske zum Gespräch ins Frankfurter Büro der *Welt*.

Wie die meisten Dylan-Fans zeigten sich all unsere Gesprächspartner als weitgehend schockerprobt von den unverhofften Aussetzern und Richtungswechseln dieser ebenso genialen wie unberechenbaren Musiklegende. Und dennoch hat seine Musik sie alle nie wieder losgelassen.

Viele sind ihm als Mensch und Musiker nahegekommen – Joan Baez, Patti Smith, Elvis Costello, ja sogar Gene Simmons. Aber niemand von ihnen würde für sich in Anspruch nehmen, den Menschen Dylan zu kennen. Er bleibt ein Enigma. In den

Gesprächen blicken sie auf ihn als einen Protagonisten des Wandels, der sich stets seine Skepsis und Kritikfähigkeit bewahrt hat, auch dem eigenen Mythos gegenüber. Ein Mythos aber ist er doch – auch für die, die in diesem Buch über ihn sprechen.

Bob Dylan wurde am 24. Mai 1941 als Sohn einer Familie deutsch-jüdisch-ukrainischer Einwanderer in Duluth im Norden der USA an der Grenze zu Kanada geboren. Damals hieß er noch Robert Allen Zimmerman, er liebte den Rock 'n' Roll von Buddy Holly und Chuck Berry, und sein Ziel war es, bekannter als Elvis zu werden. Mit 18 legte er sich den Künstlernamen Bob Dylan zu, zog nach New York und entdeckte die Musik von Folkikonen wie Woody Guthrie, den er besuchte, als dieser todkrank in einer Klinik lag. Von Guthrie hatte sich Dylan viel abgeguckt. So lernte er von ihm, dass es wichtig war, die eigenen Songs immer wieder zu variieren und zu verändern. Dylan spielte die Nächte durch in den Folkclubs im Greenwich Village in Manhattan. 1962 erschien sein erstes, nach ihm benanntes Album, das größtenteils aus Coverversionen bekannter Folklieder bestand. 1963 folgte das zweite, *The Freewheelin' Bob Dylan*. »Freewheelin'« – freilaufend, der Name war Programm – mit »Blowin' in the Wind«, »Masters of War«, »A Hard Rain's A-Gonna Fall« und »Don't Think Twice, It's All Right« waren gleich vier eigene Kompositionen darauf, die zu Hymnen des 20. Jahrhunderts werden sollten, mit Texten, die heute als Weltliteratur gelten. In atemberaubendem Tempo ging es in den nächsten Jahren weiter. »Er platzt vor Talent aus allen Nähten«, schrieb Robert Sheldon seinerzeit in der *New York Times*. Rolling-Stones-Gitarrist Keith Richards formulierte es prosaischer: »Bob Dylan hat mehr Songs geschrieben, als ich warme Mahlzeiten zu mir genommen habe.«

Dylan hat das Literarische, das Intellektuelle in die populäre Musik gebracht. Er wurde ein Dichtermusiker, der im Laufe seine Karriere Identitäten angesammelt und wieder abgelegt hat wie andere ihre T-Shirts. Er wechselte vom Folk zum Rock, wurde zur Stimme jener Protestgeneration stilisiert, die gegen Vietnamkrieg und Rassismus demonstrierte. Und als ihm die Heldenverehrung zu viel wurde, ließ er sich taufen und wurde zum singenden Kreuzritter des Christentums – eine Haltung, die er nach ein paar Jahren ebenfalls wieder ablegte. Ein Zerstörer der eigenen Legendenhaftigkeit, ein ewig Rastloser.

Jede und jeder unserer Gesprächspartner*innen sieht einen anderen Dylan. Otto Schily fremdelte ein bisschen mit ihm während seines späten ersten Dylan-Konzerts 2019, weil er Mühe hatte, die »Texte akustisch zu erfassen«. Martina Gedeck dagegen war von ihrem ersten Dylan-Konzert in Düsseldorf, obschon es lange zurückliegt, noch immer so beeindruckt, dass sie ihn mit Verve gegen all jene verteidigte, die ihm vorwerfen, ein Nuschler und Nöler zu sein. Nichts da: Dylan habe eine kongeniale Stimme, die Erzählbögen erschaffe.

Die Frage nach dem ersten Dylan-Konzert, sie führt Cohn-Bendit zurück nach New York, wo er Anfang der sechziger Jahre Joan Baez sah, die plötzlich einen jungen, damals noch unbekannten Musiker auf die Bühne holte – eben Bob Dylan. Um diese Erfahrung werden ihn viele beneiden. Die Frage nach dem ersten Dylan-Konzert hat natürlich auch uns Autoren, Jahrgang 1946 und 1963, umgetrieben. Es geht dabei immer auch um einen Einstieg in seine Welt, es ist nicht der einzige, aber einer, der oft von Turbulenzen gestört wird.

**

Herr Aust, reden wir über Ihre Dylan-Premiere. Wann und wo haben Sie ihn das erste Mal im Konzert erlebt?

Das weiß ich noch ziemlich genau: Das war am 1. Juli 1978, als er vor 80 000 Zuschauern auf dem Nürnberger Zeppelinfeld auftrat, dem ehemaligen Reichsparteitagsgelände der Nazis. Es war Dylans erste Deutschland-Tournee überhaupt. Da wollte ich unbedingt dabei sein, obwohl ich eigentlich kein großer Freund von riesigen Konzerten bin. Da sind mir einfach zu viele Leute auf einem Haufen. Ich war im Sommer '69 in New York und hatte eine Karte für das Woodstock-Festival. Da bin ich nicht hingefahren – einfach zu viele Menschen, und dann hat es auch noch geregnet. Im Mai davor war ich in Los Angeles und hatte bei Freunden den berühmten Film von D. A. Pennebaker über Bob Dylan, *Dont Look Back*, gesehen. Als ich danach in San Francisco war, nahmen Freunde mich mit zu einem Konzert von The Band. Und wir hofften alle, dass Bob Dylan plötzlich mit auf der Bühne stehen würde, was er gelegentlich tat. War aber leider nicht so. Also musste ich dann die nächste Chance ergreifen. Das war in Deutschland, ausgerechnet in Nürnberg.

Für Bob Dylan selbst verlief seine erste Deutschland-Tournee zunächst allerdings nicht sehr erfreulich. Ein paar Tage vor Nürnberg hatte er in West-Berlin gespielt, in der Deutschlandhalle. Von den Zuschauern dort wurde er ausgebuht, mit Wasserbeuteln und rohen Eiern beworfen. Vermutlich, weil er der Menge nicht jenen Protestsänger gab, den sie sich erwartet hatten. Elvis Presley war im Jahr zuvor gestorben, Dylan ging in Berlin in einem Glitzeranzug, wie ihn Elvis bei seinen Las-Vegas-Auftritten trug, auf die Bühne. Das wurde ihm als Stargetue ausgelegt. Zudem hatte er Bläser und einen Chor mit Backup-Sängerinnen dabei, spielte seine Songs mal im Big-Band-, mal im Reggae-Arrangement – das alles kam nicht gut an.

Und wie war es in Nürnberg?

Da hat er auf den Glitzeranzug verzichtet. Er trug Jeans, Lederjacke, den Kragen hochgeschlagen. In Nürnberg hätte der Glitzeranzug nicht gepasst. Es war ein bedeutsamer Auftritt, für ihn, den amerikanischen Juden, und für uns alle im Publikum. Denn diese Tour war die erste, die Dylan hier im Land der Täter spielte. Ich erinnerte mich noch gut an seinen Klassiker »With God On Our Side«, den hatte er bereits 1964 aufgenommen und darin Folgendes gesungen: »The Second World War / Came to an end / We forgave the Germans / And then we were friends / Though they murdered six million / In the ovens they fried / The Germans now, too / Have God on their side«. Und jetzt gab er zum ersten Mal in Nürnberg ein Konzert – an jenem Ort, wo Zehntausende Hitler zugejubelt hatten. Bevor er auf dem Zeppelinfeld dann »Masters of War« sang, sagte er: »Ich weiß, wo und warum ich diesen Song heute spiele.« Fritz Rau, der Veranstalter von Dylans Konzerten in Deutschland, hat ja oft über die nervenaufreibenden und aufgeladenen Stunden vor und nach diesem Konzert gesprochen.

Rau hatte 1960 auch Marlene Dietrich zurück nach Berlin geholt, zu ihrem ersten Konzert, das sie in Deutschland nach Kriegsende gab. Sie wurde als »Vaterlandsverräterin« beschimpft und bespuckt. Sie sei erschüttert gewesen, sagte Rau später, habe aber durchgehalten.

Rau hat einmal auch erzählt, dass Dylan zunächst gar nicht in Nürnberg spielen wollte. »I think Nuremberg is the wrong place«, soll er ihm gesagt und ihm von Leni Riefenstahl und ihrem Film *Triumph des Willens* erzählt haben, von Albert Speer und seiner gigantomanischen Architektur. Dylan kannte das alles und wusste, wofür das Reichparteitagsgelände steht. Rau hat ihn letztlich überzeugen können, dass es wichtig war, gerade an diesem Ort aufzutreten. Sein Wunsch war es wohl, dass die riesige Menschenmenge auf dem Zeppelinfeld die Schatten der Geschichte hinter sich lassen, die Gebäude und diesen historisch belasteten Ort gewissermaßen zurückfordern würde.

Entnazifizierung durch Rockmusik. Und Sie mittendrin. Haben Sie das damals auch so wahrgenommen?

Es war uns allen klar, dass dies kein Konzert wie jedes andere war. Nun hatte es ja den ganzen Tag über nach Regen ausgesehen. Eric Clapton und Champion Jack Dupree traten vor ihm auf. Aber als Dylan dann auf die Bühne ging, verzogen sich die düsteren Wolken. Da stand er – zunächst allein, mit Gitarre und Mundharmonika – und spielte die ersten Songs. Dann kam noch Eric Clapton zu ihm auf die Bühne, es wurde dunkel, die Scheinwerfer leuchteten auf – und die Hitlertribüne, die der Bühne gegenüber lag, versank in der Dunkelheit. Das

Ganze endete mit einem Feuerwerk und »Forever Young«, soweit ich mich erinnern kann. Rau soll unmittelbar nach Konzertende in einer Mischung aus überschwänglicher Freude und Überlastung einen kurzen Zusammenbruch gehabt haben. In der von ihm autorisierten Biographie *Buchhalter der Träume* wird das genau beschrieben, auch dass Dylan ihn Tage später, als er bereits nach Paris weitergezogen war, anrief und fragte: »Fritz, what happend in Nuremberg? I did not understand.« Woraufhin der deutsche Impresario ihm erklärte, dass man die Bühne ganz bewusst der Hitlertribüne gegenüber aufgebaut hatte. Weil Rau wollte, dass 80 000 Deutsche Hitler gewissermaßen den Rücken zudrehten und sich stattdessen Bob Dylan und seiner Musik zuwandten. »Ja«, soll Dylan ihm da geantwortet haben, »so könnte es gewesen sein ... maybe.« Im späteren Verlauf dieser Tournee ist Dylan dann ja zum Christentum konvertiert. Er sang dann einige Jahre als äußerst übellauniger Prediger mit viel religiösem Furor, gab regelrechte Bekehrungskonzerte.

* * *

Die Phase, in der Dylan zum Missionar wurde und seine Fangemeinde abermals schockierte – jetzt mit Songtexten, die wie christliche Predigten klangen –, währte nur bis etwa 1981. Dann war die umstrittene Periode wieder vorbei. Diese und die vielen anderen Metamorphosen, sie sind inzwischen in mehr als tausend Büchern beschrieben worden. Kein anderer Pop-Musiker hat darüber hinaus derart umfangreiche intellektuelle Anstrengungen provoziert, seine Texte und ihn zu verstehen. Und immer wieder treffen sich Dylanologen, darunter namhafte Literatur- und Sozialwissenschaftler, auf

Kongressen, um das stetig wachsende Werk des Meisters aufs Neue zu deuten, zu sezieren und seine Lieder und ihre Themen miteinander in Verbindungen zu bringen. Das Buch mit dem vielleicht witzigsten Namen erschien bereits 1991 – *Oh no, not another Bob Dylan Book* hieß die Biographie, die wohl in der nicht ganz ernst gemeinten Annahme veröffentlicht wurde, dass es jetzt auch mal gut sei mit der ewigen Legendenbeschwörung, dass die Geschichte des Bob Dylan jetzt auserzählt sei. Das ist nun auch schon wieder 30 Jahre her. Das war noch bevor er bei Papst Johannes Paul II. spielte, zum abermaligen Schock seiner Fans erst Songs von Frank Sinatra und dann ein Album mit Weihnachtsliedern einsang und den Literaturnobelpreis bekam. Sein 2020 erschienenes Album *Rough And Rowdy Ways* gelangte dann erstmals nach Jahren wieder auf Platz eins der Charts in vielen Ländern. Kurz darauf machte er Schlagzeilen mit dem spektakulären Verkauf der Lizenzrechte all seiner Songs für 300 Millionen Dollar und damit, dass er einen Film über sich selbst produziert, in dem Timothée Chalamet sein jüngeres Ich spielen wird. Ach ja, die Verfilmung eines John-Grisham-Romans will er demnächst ebenfalls produzieren, George Clooney soll Regie führen. Auserzählt ist seine Geschichte noch lange nicht. Dylan bleibt ein Dauerfaszinosum.

Und das Gute daran ist: Um es verstehen zu können, muss man nicht wie Daniel Cohn-Bendit sein erstes Dylan-Konzert Anfang der Sechziger in New York erlebt haben. Ein Quer- oder Späteinstieg ist jederzeit möglich. Was nicht heißt, dass ein erstes Dylan-Konzert eine sinnstiftende Erfahrung sein muss.

* * *

Wie ist es denn bei Ihnen, Herr Scholz? Als Cohn-Bendit Dylan Anfang der sechziger Jahre das erste Mal live in New York sah, waren Sie ja noch gar nicht geboren. Wann und wo haben Sie ihn das erste Mal erlebt?

Am 28. September 1987 in der Frankfurter Festhalle: Roger McGuinn, Tom Petty und Band und Bob Dylan – alle drei in einem Konzert. Das versprach spektakulär zu werden. Eigentlich. Ich habe sogar das Ticket aufgehoben – warum, weiß ich allerdings nicht. Denn das Konzert war, nicht nur wegen des unterirdischen Klangs in der Halle, eine Katastrophe, zumindest von dem Moment an, als Dylan auf die Bühne schlurfte. Es sah aus, als hätte sich ein Roadie ins Hauptprogramm verirrt. Was er sang, war so gut wie nicht zu verstehen. McGuinn und Petty wirkten hilflos wie Familienangehörige auf einer Hochzeitsfeier, die versuchen, den betrunkenen Onkel irgendwie doch noch einzubinden. Dann verschwimmen meine Erinnerungen – wie bei einem Verkehrsunfall. Ich weiß nur noch, dass ich nach 40 Minuten die Halle verließ. So was hatte ich weder zuvor noch seitdem je wieder gemacht. Ich hielt das einfach nicht mehr aus, ich wollte nur noch raus.

Jetzt übertreiben Sie aber!

Leider nicht. Die Kritiken nach dem Konzert waren alle eher negativ – für mein Empfinden waren sie dennoch viel zu wohlmeinend. Dylans Lustlosigkeit hat mich richtig wütend gemacht. Ganz schlimm fand ich mitansehen zu müssen, wie McGuinn und Petty das ganze Drama und Genöle über sich ergehen lassen mussten. Danach stand für mich fest: Ich gehe nie wieder auf ein Dylan-Konzert.

Okay, verstanden, Sie haben offenbar arg gelitten. Wie ging es weiter?

Erst viele Jahre später, eine Freundin nahm mich 1995 mit zu einem Dylan-Konzert in Aschaffenburg. Ich hatte ja viele seiner Alben, Songbücher und all die Platten anderer Musiker, die seine Songs nachgespielt hatten: Van Morrison, Jimi Hendrix, U2 und viele mehr. Ich hatte den Eindruck, ich müsste das noch einmal versuchen.

Und?

Ich habe das Konzert als eine Art Wiedergutmachung empfunden – kein Vergleich zu dem Fiasko acht Jahre zuvor. Dylan gab sowohl den Frontmann als auch den Bandleader, der mit Leichtigkeit und Spielfreude sein Repertoire bearbeitete. »Tangled Up in Blue«, »I Shall Be Released«, »All Along the Watchtower« – zwar allesamt nicht wiederzuerkennen, aber auf wundersame Weise neu belebt. Seitdem habe ich ihn noch oft live gesehen. Und ich hatte offenbar Glück, denn jedes Konzert war auf die eine oder andere Weise bewegend. Seitdem plagt mich allerdings oft ein schlechtes Gewissen.

Warum denn das?

Ich habe mich öfter gefragt, ob ich damals, in Frankfurt, nicht doch bis zum Ende hätte durchhalten müssen. Der Gedanke trieb mich vor allem 1997 noch mal um, als Dylan nach einer schweren Herzerkrankung im Krankenhaus lag und offenbar tagelang mit dem Tod rang. In den Medienhäusern waren die vorbereiteten Nachrufe in den sogenannten »Giftschränken« der Redaktion vorsorglich schon mal aktualisiert worden.

Ich weiß, Bob Dylan selbst hatte den Ernst der Lage später ja auf die ihm eigene Weise noch mal bestätigt, als er sagte: »I really thought I'd be seeing Elvis soon.«

Ja, er hat diese Beinahe-Todeserfahrung dann auf seinem Album *Time Out Of Mind* verarbeitet, das heute noch zu den besten seiner Spätphase zählt. Nahezu jeder der Songs zeugt von der Überwindung der Sprachlosigkeit gegenüber dem Tod und dem Älterwerden. »My feet are so tired, my brain is so wired«, »It's not dark yet, but it's getting there«, »Tryin' to get to heaven before they close the door«, »I wish someone would come / And push back the clock for me« ...

Klingt deprimierend.

Es geht auf dem Album ja noch weiter: »The Party's over and there is less and less to say«, behauptet er und singt dann von einem alten Mann, der die Jungen um ihr Jungsein beneidet. Er war damals 56, dem Tod gerade von der Schippe gesprungen – und wurde der wichtigste Protagonist seiner Zunft, wenn es darum ging, das Älterwerden und den Tod in Worte zu fassen. Und vieles, was er seitdem geschrieben hat, liest sich wie die Chronik eines angekündigten Todes. Dass er dabei alles andere als lebensmüde klingt, ist seine große Kunst.

* * *

Das Besondere an Dylans Gesamtwerk ist, dass sich seine Lieder anscheinend ständig neuen Situationen anpassen, dass altbekannte Zeilen immer wieder neue Bedeutungen annehmen. Oder aber er beschreibt Ereignisse in der Vergangenheit, die uns etwas über die Gegenwart verraten. So wie im vergangenen Jahr, als er den 17 Minuten langen Song »Murder Most Foul« veröffentlichte, in dem er den Mord an John F. Kennedy beschreibt und den Rest der Welt daran erinnerte, dass die Vereinigten Staaten schon immer ein düsterer Ort waren – und es nach wie vor sind.

Mehr als sechs Monate später stürmen nach der Wahlniederlage Donald Trumps Tausende seiner gewaltbereiten Anhänger das Kapitol in Washington. Fünf Menschen sterben. Nun muss man sich in solchen Momenten nicht immer gleich reflexhaft einen neuen Song von Bob Dylan wünschen, der dies beschriebe – er hat ja schon so viele Lieder über die Ursprünge solcher Ausnahmezustände geschrieben: über das düstere, unheimliche Amerika, über die Spaltungen zu Zeiten des Bürgerkriegs bis hin zu den rassistischen Morden der jüngeren Gegenwart.

Vor dem Hintergrund der polarisierten Jetztzeit und der Aussicht, dass sich unter Joe Biden nicht gleich alle Amerikaner versöhnlich in die Arme fallen werden, lohnt es sich, den semifiktionalen Martin-Scorsese-Film aus dem Jahr 2019 über Bob Dylans *Rolling Thunder Revue* noch einmal genauer anzuschauen. Im Herbst 1975 hatte Dylan eine bunt gemischte Künstlertruppe mit Joan Baez, dem Schriftsteller Allen Ginsberg, dem Schauspieler Sam Shepard und anderen um sich versammelt und fuhr mit diesem Wanderzirkus durch die amerikanische Provinz. Er trat in Hotellobbys, kleinen Sporthallen und in Gemeindezentren beim Kaffeekränzchen auf. Dylan, der Superstar, der zuvor durch ausverkaufte Stadien getourt war, ging auf Pilgerfahrt durch ein Amerika, das nach dem Rücktritt Nixons und dem Fall Saigons tief gespalten war. In einem Gemeindezentrum des Tuscarora-Indianerreservats beispielsweise spielte er den Song »The Ballad of

Ira Hayes«. Eine Folkhymne über jenen Indianer des Pima-Stammes, der im Zweiten Weltkrieg bei der Schlacht um die japanische Insel Iwojima dabei gewesen war und der mit fünf anderen US-Soldaten Teil des ikonischen Fotos »Raising the Flag on Iwo Jima« wurde. Nach seiner Rückkehr in die USA schlug ihm Feindseligkeit entgegen, Hayes starb als Alkoholiker. In jener Filmszene sieht man den jüngeren Dylan, wie er ganz allein mit der Gitarre, diesen Song singend, durch die Menschenreihen des Gemeindezentrums geht. Auf einigen Tischen stehen Teller mit Kuchenstücken. Später kommt er mit allen ins Gespräch. Ein Troubadour zum Anfassen.

Dann wieder, an anderen Orten, singt er vorwiegend vor schwarzen Zuschauern Protestsongs wie »The Death of Hattie Carroll«, benannt nach jener schwarzen Kellnerin, die 1963 von einem betrunkenen Weißen in einem Hotel in Baltimore so übel verprügelt wurde, dass sie später im Krankenhaus an ihren Verletzungen starb. Dylan singt auch »Hurricane«, seine Hymne über den zu Unrecht wegen Mordes verurteilten afroamerikanischen Boxer Rubin Carter, für dessen Freilassung er sich einsetzte. Selten hat man den Sänger so engagiert, so energiegeladen und so wütend auf der Bühne gesehen wie in den Live-Mitschnitten jener Tournee.

Man sieht ihn, wie er in irgendeinem Provinznest an der Ostküste spielt, vor einem Publikum, das vornehmlich aus weißen Frauen zu bestehen scheint. Auf den Straßen werden Menschen interviewt, die sich fragen, wie es sein kann, dass ein Star wie Dylan in ihrem Kaff auftritt – und die darüber eine kindliche Freude zum Ausdruck bringen. Dylan der Volkssänger, der Freigeist, der die vielen Stimmen Amerikas in sich aufzunehmen scheint – der vor allem ihre Realität zur Kenntnis nimmt.

Bei einem Konzert ruft jemand »Bob Dylan for President«. Die Kamera zeigt den Sänger, wie er hinter der Bühne in sich hineinlächelt, erst mal einen Schluck aus einer Tasse nimmt und dann sagt: »President of what?«

Da ist er dann wieder, der nicht Fassbare, jener Dylan, der sich von niemandem vereinnahmen lassen will. Schon gar nicht von der Politik. Im Grunde hat er das nur einem Politiker je durchgehen lassen. Auch der kommt in dem Scorsese-Film zu Wort: der spätere US-Präsident Jimmy Carter, mit dem ihn bis heute eine freundschaftliche Zuneigung verbindet. 1976 verweist Carter auf dem Parteitag der Demokraten in seiner Nominierungsrede darauf, dass es Künstler wie Bob Dylan sind, die helfen, die dunklen Seiten Amerikas zu überwinden: »We have an America, that, in Bob Dylan's phrase, is busy being born, not busy dying.«

Es ist Carters Hommage an einen Humanisten. Sie gilt noch heute.

Just Like a Woman: Bob Dylan mit Patti Smith
auf einer Party während seiner *Rolling Thunder Revue*
im Oktober 1975 in New York. »Er hat diese Fähigkeit,
Poesie zu verdichten«, sagt Smith.

PATTI SMITH

»Joan Baez und ich mussten vor
lauter Glück weinen, als wir gemeinsam
Dylans Song sangen.«

Die amerikanische Rockikone und Schriftstellerin Patti
Smith kennt und bewundert Bob Dylan seit langem. Aber
ohne ihre Mutter und Joan Baez hätte sie ihn womöglich nie
entdeckt. Ein Gespräch über Vergänglichkeit, Gemeinsamkei-
ten zwischen Albert Camus und Dylan und jenen peinlichen
Moment während ihres Auftritts beim Nobelpreisbankett.

* * *

Die schönste Auszeichnung hat ihr mal R.E.M.-Sänger Michael
Stipe verliehen: »Forever Queen of Cool«. Cool. Für immer.
Über alle Moden hinweg. Auch mit weißen Haaren, ganz
gleich, wie alt sie nun wirklich ist, die amerikanische Punk-
rockikone, Fotografin und Schriftstellerin Patti Smith. Patri-
cia Lee »Patti« Smith, am 30. Dezember 1946 in Chicago geboren, ist bekannt dafür, dass sie nicht gern Interviews gibt. Seit
je umweht sie die Aura des Exzentrischen, des Unberechenbaren. Als sie sich aus New York mit einer etwas erkälteten,
krächzenden Stimme am Telefon meldet, bittet sie nur darum,
nicht als Mrs Smith angesprochen zu werden: »Call me Patti«,
sagt sie. Ihre Songs »People Have The Power« oder »Dancing

Barefoot« wurden zu Klassikern. Seit einigen Jahren schreibt sie lieber Bücher, statt neue Alben herauszubringen. Ihr Buch *M Train* aus dem Jahr 2015 handelt von den Verlusten im Leben von Patti Smith. In all den Zeitsprüngen zwischen Vergangenheit und Gegenwart ist diese Sehnsucht nach dem Verlorenen spürbar – vor allem die nach ihrem 1994 verstorbenen Ehemann, dem Gitarristen Fred »Sonic« Smith. In ihrem 2017 erschienenen Buch *Hingabe*, einer Sammlung aus Essays, Betrachtungen und einer Kurzgeschichte, geht sie der Frage nach, warum wir überhaupt schreiben. Sie reist durch Europa, zu Gräbern von seelenverwandten Künstlern wie Simone Weil und Albert Camus, schildert, wie sie wurde, wer sie ist. Darüber hinaus gibt Patti Smith jedes Jahr Lesungen und Konzerte. Sie ist eine wilde Empfindsame, die immer empathisch und zugleich auch bedrohlich, vor allem aber unvorhersehbar wirkt. Das war auch so, als sie 2016 sozusagen als Stellvertreterin ihres Freundes Bob Dylan nach Stockholm reiste. Er persönlich konnte oder wollte an dem Tag nicht nach Schweden kommen, um den Literaturnobelpreis entgegenzunehmen. Dylan schwänzte, ließ die US-Botschafterin in Stockholm aus seiner Dankesrede lesen und Patti Smith an seiner Stelle singen. Die geriet bei ihrer Interpretation des Dylan-Songs »A Hard Rain's A-Gonna Fall« ins Stocken – ausgerechnet bei ihrem Lieblingslied von Dylan, das sie in all den Jahren zuvor schon oft live gesungen hatte. Daraufhin entschuldigte sie sich vor den geladenen Gästen und der Weltöffentlichkeit, die die Zeremonie an den Bildschirmen verfolgte, machte weiter – und wurde mit Jubelstürmen gefeiert.

* * *

Sie sind seit langem mit Bob Dylan befreundet, mit ihm gemeinsam aufgetreten. Stimmt es, dass Sie Ihre Leidenschaft für Dylan Ihrer Mutter zu verdanken haben?

Ja, das stimmt. Denn meine Mutter hatte mir mein erstes Album von ihm gekauft, *Another Side of Bob Dylan*. Das muss so 1964 gewesen sein. Ich war damals fast 16. Ich hatte zwar schon vorher von Bob Dylan gehört, besaß aber keine Platte von ihm. Auf dem Cover war diese schöne Schwarz-Weiß-Fotografie von ihm zu sehen. Meine Mutter wusste damals rein gar nichts über Bob Dylan, sie war nicht an ihm oder seiner Poesie interessiert. Aber sie wusste, dass mir Schwarz-Weiß-Fotografien gefielen – und deshalb hatte sie mir dieses Album gekauft. Für 90 Cent. Meine Mutter arbeitete als Kellnerin, wir hatten nie viel Geld, sie sparte immer ihr Trinkgeld, um mir etwas zu kaufen. Meine Mutter mochte nicht dieselben Dinge, die ich mochte, aber sie hatte ein sehr feines Gespür dafür, was mir wichtig war, was mir guttat. Und wenn sie dann von Flohmärkten und irgendwelchen Basaren zurückkam, brachte sie mir etwas mit, von dem sie glaubte, das würde mich interessieren – Gedichte von Baudelaire oder eben: Bob Dylan.

Haben Sie das Album noch?

Nein. Ich bin in meinem Leben so oft umgezogen, irgendwann muss es verloren gegangen sein. Aber ich sehe es immer noch sehr genau vor mir. Und wenn ich das Album heute irgendwo in einem Schallplattenladen oder bei jemandem zu Hause entdecke, dann denke ich nicht an Bob, sondern an meine Mutter.

Als Dylan den Literaturnobelpreis erhielt, kam er nicht selbst zur Feier nach Stockholm, stattdessen sangen Sie seinen Song »A Hard Rain's A-Gonna Fall«, bei dem Ihnen die Stimme stockte – Sie unterbrachen, entschuldigten sich und sangen dann weiter.

Ja, ich war einfach zu nervös an dem Abend. Für mich war dies ein großer Moment. Die Verantwortlichen hatten mir zuvor erlaubt, Alfred Nobels Büro zu sehen. Sie zeigten mir auch eine Art Gästebuch, in das sich frühere Literaturnobelpreisträger wie Albert Camus, Hermann Hesse und Thomas Mann eingetragen hatten. Ich war überglücklich, es hat mir wirklich unendlich viel bedeutet, in jenem Raum sein zu dürfen, in dem all diese großen Schriftstellerinnen und Schriftsteller vor mir gewesen waren. Die Tochter von Albert Camus hat mich kürzlich gebeten, die Einleitung zu einem kleinen Buch zu schreiben, seiner Nobelpreisrede von 1957, die noch mal neu herausgegeben wird. Es ist nur ein kleines Buch, aber in seiner Rede gibt es diesen großen Satz, dass der Künstler in unserem Jahrhundert Gefahr läuft, wirklichkeitsfremd zu sein, wenn er in seinem Elfenbeinturm verharrt, und unfruchtbar, wenn er unaufhörlich in der politischen Arena herumgaloppiert. Er müsse die Tragödien seiner Zeit kennen und Partei ergreifen, wenn er es kann und versteht. Von Zeit zu Zeit müsse er aber auch einen gewissen Abstand zu unserer Geschichte bewahren. In dieser Spannung zu wirken, Risiken einzugehen – das ist für Camus das Wesen eines Künstlers. Ich finde, das gilt heute genauso wie damals.

Sie selbst schreiben seit langem Bücher, Kurzgeschichten, Essays. Wie lesen Sie die Liedtexte von Dylan – so wie Literatur von Camus?

Ja, ich lese Dylan, auch ohne die Musik dazu zu hören. Ich habe mir all seine Bücher mit den Song-Lyrics gekauft. Das habe ich auch schon gemacht, als ich jünger war. Auch deshalb, weil ich auf meinen Konzerten viele seiner Songs singe, die muss ich lernen. Ich lese vor allem seine frühen Songs gern. Ich mag die Texte von *John Wesley Harding* oder Songs wie »Chimes Of Freedom«, »Changing of the Guards« und ganz besonders »A Hard Rain's A-Gonna Fall«. Ich habe diesen Song schon als Teenager geliebt, es war auch ein Lieblingssong meines verstorbenen Mannes.

Der Gitarrist Fred »Sonic« Smith ...

Ja, wir beide haben diesen Song oft zusammen gespielt. Wissen Sie, Bob Dylan hat, ähnlich wie es Jim Morrison hatte, diese Fähigkeit, Poesie zu verdichten, und gleichzeitig ist seine Poesie sehr komplex. Und beide haben diese Begabung, von dieser Art der Dichtung scheinbar mühelos zu Liedern wie »Hello, I Love You« oder »Rainy Day Women« zu wechseln, die man ja fast schon als Popsongs bezeichnen kann.

Sie haben mal in einem Interview über eine Ihrer ersten Begegnungen mit Dylan 1975 gesprochen – er würde für Sie den Rock 'n' Roll repräsentieren, er sei der König.

Ja. Wobei ich dazu sagen muss, dass es ja eigentlich Joan Baez war, die mich für ihn begeisterte – neben meiner Mutter, die mir das Album von ihm geschenkt hatte. Ich habe die Musik von Joan Baez bereits geliebt, als ich noch ein junges Mädchen war, 14, 15 Jahre alt. Ich besaß bereits Platten von ihr, bevor ich die Dylan-Platte bekam. Joan Baez war für mich als Sängerin und Aktivistin, mit ihren wunderschönen langen schwarzen Haaren, immer ein *role model*, ich sah in ihr immer so was wie meine geheime Schwester. Und sie war es ja gewesen, die Bob Dylan erstmals einem größeren Publikum vorgestellt hatte. Auch Joan Baez und ich sind Freunde geworden, wir haben ein paarmal zusammen auf der Bühne gesungen.

Im Sommer 2018 brachte Sie Ihrer beider Verbundenheit zu Dylan sogar in Köln zusammen, dort haben Sie gemeinsam »A Hard Rain's A-Gonna Fall« gesungen. Es ist Ihr Song für sehr besondere Auftritte, nicht wahr?

Ja, wobei das gar nicht geplant war. Ich hatte schon angefangen, als ich sah, wie Joan Baez von der Bühnenseite zu mir nach vorn kam, und wir dann gemeinsam sangen. Es war unerwartet, ist einfach so passiert. Am Ende mussten wir beide weinen vor lauter Glück. Es war herzzerreißend. Joan Baez hatte all diese Songs gemeinsam mit Bob Dylan gesungen, und zwar in jener Zeit, als er sie geschrieben hatte, sie marschierten beide an der Seite von Martin Luther King. Ich werde diesen gemeinsamen Auftritt mit ihr in Köln nie vergessen.

Baez war 2019 auf Abschiedstournee, sie sagte, sie werde danach nicht mehr auf Konzertreisen gehen, weil ihre Stimmbänder müde seien und den Tourneestress nicht mehr mitmachen würden. Sehen Sie das mit Wehmut?

Sie hat in all den Jahren auf Tournee ihre Stimmbänder geopfert. Meine sind noch in Ordnung, ich habe aber auch fast 16 Jahre lang nicht live gesungen, weil ich in der Zeit meine beiden Kinder großzog. Joan hatte oft schlechte Soundanlagen, wenn sie auf Tour war, sie musste ihre Lieder geradezu schreien – und dann war sie wirklich viel unterwegs, als Musikerin wie als Aktivistin. Sie hat es verdient, dass ihre Stimmbänder sich jetzt ausruhen können. Und wir haben ja immer noch ihre wunderbaren Platten, die wir hören können.

Denken Sie darüber nach, wann die Never Ending Tour von Bob Dylan zu Ende sein könnte? Der Gedanke hat viele beschäftigt, als die Nachricht von Mick Jaggers bevorstehender Herzoperation Schlagzeilen machte und man sich drängender als zuvor fragte, wie lange Musiker wie Dylan und er noch live auftreten werden.

Ja. Ich kann Sie beruhigen, ich habe Mick Jagger erst kürzlich gesehen, und es geht ihm sehr gut. Sehen Sie, ich bin 74, ein bisschen jünger als Bob, Joan und Mick. Aber wir alle sind uns sehr bewusst, dass unsere Leben durch einen zeitlichen Rahmen begrenzt sind. Wir sind alle sterblich. Es ist interessant, dass Sie das ansprechen. Denn ich spüre als Performerin inzwischen eine andere Form der Wertschätzung vonseiten des Publikums. Die Zuschauer wissen auch, dass wir alle sterben werden, umso mehr scheinen sie sich dieser Tage zu freuen, wenn sie uns bei guter Gesundheit sehen. Ich finde das wundervoll. Ich habe nie das Gefühl, dass da jemand steht, der sich denkt: »Hör auf, du bist zu alt für diesen Job, du bist nicht mehr hübsch, oder was weiß ich.« Wenn ich auf der Bühne mal ins Wanken gerate oder husten muss, sind die Leute sehr geduldig und verständnisvoll. Und dann fange ich eben noch mal von neuem an. Und dann applaudieren sie. Es gibt da eine andere Verbundenheit. Die Zuschauer sind ganz bei uns. Und wir sind bei ihnen.

On the Road Again: Bob Dylan im Londoner Hyde Park,
wo er im Juli 2019 mit Neil Young auftrat. »Er scheint uns
allen zu sagen: ›So sieht es aus – mein Leben vergeht jetzt
auf der Bühne‹«, sagt Navid Kermani.

NAVID KERMANI

»Dylan ist ein leuchtender Teil jenes Amerikas,
an das man glauben möchte.«

Der Schriftsteller Navid Kermani hat Bob Dylan zuletzt
2019 bei einem Konzert in Düsseldorf erlebt – noch nie hat
er den mürrischen Sänger so oft auf der Bühne lachen gesehen. Ein Gespräch über die Schrullen des singenden Literatur-
nobelpreisträgers, Konzertbesuche mit seinen Töchtern und
wie Neil Young ihm den Weg zu Dylans Gesamtwerk bereitet
hat.

* * *

Navid Kermani hat an diesem Abend seine beiden Töchter mit
zu Bob Dylan genommen. Bei dessen Konzert in der Düsseldorfer Mitsubishi-Halle sitzen die drei zwar relativ weit vorne,
aber weil sich Dylan oft hinter seinem Klavier verschanzt,
sehen sie von ihren Plätzen aus nur seine seltsam erleuchtete
Krähennestfrisur, die hinter dem Piano hervorragt. Es wird
nicht die einzige Irritation bei diesem Konzert bleiben.

Kermani, als Sohn iranischer Eltern am 27. November 1967
in Siegen geboren, zählt heute zu den wichtigsten Intellek-
tuellen Deutschlands. 2015 erhielt er den Friedenspreis des
Deutschen Buchhandels und 2020 den Friedrich-Hölderlin-
Preis. Kermani hat Orientalistik, Philosophie und Theater-

wissenschaften studiert, veröffentlichte Bücher über den Koran wie *Gott ist schön* und autobiographisch geprägte Romane wie *Dein Name*. Darüber hinaus schrieb er Reportagen, legte beispielsweise 2015 die Flüchtlingsroute von der Türkei nach Budapest in umgekehrter Richtung zurück.

Das Werk Bob Dylans hat Kermani erst spät und über Umwege entdeckt – über seine Liebe zu Neil Young, den er 2002 mit einer philosophischen Erzählung (*Das Buch der von Neil Young Getöteten*) würdigte. Schon damals gab es da eine Verbindung von der Musik zu einer seiner Töchter: Die Musik Neil Youngs habe nicht nur seine an Koliken leidende neugeborene Tochter beruhigt, schreibt Kermani in dem Buch, sondern sie erzähle alles über das Leben, über das Werden und Vergehen, über das Paradies, die Vertreibung daraus und die Sehnsucht des Menschen nach Wiederkehr. Erst später entdeckte Kermani, dass Young seinerseits von Bob Dylan geprägt worden war. Es war der Beginn einer Spurensuche.

* * *

Herr Kermani, ganz ehrlich, wie lange hat es gedauert, bis Sie auf dem Bob-Dylan-Konzert in Düsseldorf den Song »Like a Rolling Stone« erkannt haben?

Es war ja insgesamt so, dass viele seiner Lieder nicht leicht zu erkennen waren. Ich hatte meine beiden Töchter mitgenommen, sie sind 20 und zwölf Jahre alt. Die berühmten Dylan-Songs kannten sie zwar, aber in Düsseldorf haben sie Dylan zum ersten Mal auf der Bühne erlebt. Ab und zu musste ich sie dann schon mal anstupsen und sagen: »Jetzt spielt er gerade ›Like a Rolling Stone‹.« Erschwerend hinzu kam noch, dass er an dem Abend nicht so viele Klassiker spielte, sondern vor allem Songs aus seiner späteren Phase.

Haben sich Ihre Töchter später bei Ihnen beschwert?

Nein, aber unmittelbar danach waren sie schon leicht enttäuscht. Weil sie sich erhofft hatten, die Songs so zu hören, wie sie das von den Platten kannten. Meine jüngere Tochter hat mir erst am Tag nach dem Konzert gesagt, dass sie nur deshalb mitgekommen sei, weil sie im Fernsehen einen Musikwettbewerb für Schülerinnen und Schüler gesehen hatte, eine Castingshow oder so. Eine Schülerin hatte dort »Blowin' in the Wind« gesungen. Als meine Tochter mir dann das YouTube-Video davon zeigte, war ich sehr überrascht – und auch beeindruckt, denn diese Version von »Blowin' in the Wind« war ziemlich gut, mit vollem Pathos. Ich hätte nie vermutet, dass sie auf diese Art eine Verbindung zu Dylan hergestellt hatte.

Dumm nur, dass er dann gerade diesen Song auf dem Konzert ganz anders gespielt hatte. Und wenn man als sehr junge Zuhörerin das Alte, das Altbekannte, nicht wiedererkennt, kann das natürlich irritierend sein. Andererseits hatten sie das Glück, dass Dylan an diesem Abend für seine Verhältnisse unheimlich gut gelaunt war. Ich selbst hatte schon andere Konzerte von ihm erleben müssen, in denen er sich sehr muffig gab. Man weiß bei ihm ja nie, was einen erwartet. Noch nie zuvor hatte ich ihn so oft lachend gesehen wie jetzt in Düsseldorf – ins Publikum schauend, Kontakt aufnehmend, er schien es wirklich zu genießen. Das wiederum hat sich auch auf meine Töchter übertragen – auch das losgelöste Spiel dieser lässigen Band, die einfach großartig war, das haben sie schon gemerkt, und das hat sie ebenfalls beeindruckt: alte Herren zwar, aber verdammt cool.

Unmittelbar vor seinem Auftritt sorgte die Meldung, dass sich Mick Jagger einer Herzoperation unterziehen musste, weltweit für Schlagzeilen. Zum damaligen Zeitpunkt wusste man noch nicht genau, wie das ausgehen würde. In Gesprächen zwischen Zuschauern, aber auch in den späteren Rezensionen war eine gewisse Wehmut zu spüren, dass eben auch die Never Ending Tour eines Bob Dylan irgendwann enden wird.

Ja. Das war auch ein Grund, warum ich meine jüngere Tochter zu diesem Konzert mitnehmen wollte. Aus diesem Gefühl heraus: einmal Bob Dylan auf der Bühne zu erleben. Auch wenn sie das vielleicht unmittelbar danach nicht über die Maßen bewegt hat, wird sie sich vielleicht im hohen Alter, wenn sie 90 und hoffentlich immer noch gesund und glücklich ist, einmal an diesen Moment erinnern. So jedenfalls habe ich versucht ihr das schmackhaft zu machen – dass es nicht nur ein Konzert ist, sondern dass Bob Dylan gewissermaßen zum kulturellen Erbe der Menschheit gehört.

Gehen Sie gerne mit Ihren Kindern auf Rockkonzerte?

Die Jüngere steht nicht so sehr auf Rockmusik, die bekomme ich eher in die Philharmonie. Aber mit der älteren Tochter gehe ich auf jedes Neil-Young-Konzert, beim ersten Mal war sie kaum älter als fünf oder sechs – zum Glück war es solo und akustisch! Als sie ungefähr neun war, sind wir sogar nach Lyon gefahren, um Neil Young zu hören, da wurde es dann auch laut und metallen. Mein Freund Carl Hegemann, der ebenso bekloppt ist wie wir, flüsterte ihr unmittelbar vor Beginn zu: »Ich versprech dir, an dieses Konzert wirst du dich noch erinnern, wenn du steinalt bist. Das ist so, wie wenn heute jemand sagt, er habe noch Gustav Mahler beim Dirigieren erlebt oder eine Lesung mit Franz Kafka.« Nun hat sie sowohl Neil Young als auch Bob Dylan erlebt – da macht ihr in 70 Jahren niemand etwas vor!

Wie ging es Ihnen selbst in Düsseldorf?

Für mich gehörte es zu den besten Dylan-Konzerten. Ich habe auch schon welche erlebt, nach denen ich mich fragte, warum er überhaupt auf Tour geht, wenn er doch erkennbar keine Lust hat – wozu hat er das nötig? Aber sehen Sie, wenn ein Künstler mit seinen Alben, Büchern oder Gedichten etwas wirklich Großes geschaffen hat, etwas, das ins Herz dringt, in deine Seele hineinreicht, dann reicht mir das, um ihm sozusagen lebenslang Verehrung zuzubilligen. Dann nehme ich ihn auch schlecht gelaunt, und zwar mit Kusshand. Und deshalb finde ich diese Never Ending Tour, auf die er sich schon vor Ewigkeiten begeben hat, auch so wunderbar. Dass er uns allen zu sagen scheint: »So sieht es aus – mein Leben vergeht jetzt auf der Bühne, manchmal bin ich gut drauf und manchmal eher nicht.« Und dass er aus dieser Gleichgültigkeit uns gegenüber seinen eigentlichen Lebensmut zu beziehen scheint, immer weiter und weiter. Es gibt in Neil Youngs Song »Helpless« diese schöne Zeile: »All my changes were there«. Das ist für mich eine treffende Charakterisierung von Bob Dylan: dass er jetzt nicht einfach Tabula rasa macht, sondern alle seine Lebensschichten aufeinanderlegt. Am Ende ist irgendwie alles gegenwärtig, das Gesamtkunstwerk Bob Dylans, nichts wird geleugnet, aber es verändert sich eben auch immer weiter, alles ist im Fluss. Und dieses Gefühl hat er in »Like a Rolling Stone« schon sehr früh gut erfasst, auch wenn das jetzt banal klingen mag. Und das spürt man, auch wenn er den Song heute anders spielt – er steht nicht still.

Welches Dylan-Album hat Sie persönlich am meisten inspiriert?

Ich habe keine Hitparade mit Lieblingssongs von Dylan. Ich bin ja auch eher über Umwege zu ihm gekommen – und zwar, als ich im Alter von zehn, elf Jahren die Lebensentscheidung traf, dass ich von nun an Neil-Young-Fan sein würde. Ohne damals zu wissen, dass Neil Young und Bob Dylan sich gegenseitig verehrten – und zwar weit mehr, als das unter Rockmusikern üblich ist. Ich habe mich der Welt Bob Dylans also von Neil Youngs Seite aus allmählich genähert. Für mich waren die späteren Alben in den achtziger und neunziger Jahren wichtig, Alben wie *Time Out of Mind* – da dachte ich: »Oh, das klingt ja gar nicht so nostalgisch wie befürchtet, das ist nicht so schrecklich retro wie Pink Floyd oder die Rolling Stones. Das ist jetzt!« Ein Höhepunkt für mich war *Modern Times* aus dem Jahr 2006. Es hat eine unglaubliche Leichtigkeit. Im Grunde habe ich von diesem Album erst den Sprung zurück gemacht, mich sozusagen durch die ganze Werkbiographie von Dylan gehört. Als seine Alben in den frühen sechziger Jahren herauskamen, hatte ich das ja nicht selbst miterlebt. Ich hatte dazu nur ein historisches Wissen. Ein Schlüsselerlebnis war für mich in dem Zusammenhang Martin Scorseses Dylan-Dokumentation *No Direction Home*. Danach dachte ich: »Wenn die Bezeichnung ›Genie‹ überhaupt auf irgendjemanden zutrifft, dann wohl auf den jungen Bob Dylan.« Er hatte bereits mit 19, 20 Jahren eine unbändige Kraft, er hatte Größe und Tiefe in seinen Texten, und vor allem hatte er Charisma. Er war einzigartig.

Haben Sie sich gefreut, als er sehr spät in seinem Künstlerleben auch noch den Literaturnobelpreis bekam?

Dass er so unwirsch und schrullig reagiert hat, fand ich nicht so toll. Vielleicht hat es mit meiner Berufseitelkeit zu tun, dass ich so gekränkt war, wie verächtlich er unseren Stand behandelt hat. Da dachte ich schon für einen Moment: »Wir sind auch wer!« Andererseits: Ich freu mich über jede Auszeichnung, die Bob Dylan bekommt. Es ist nur schade, dass jemand anders sie deswegen nicht bekommen hat, der ebenfalls großartig ist und für dessen Leben der Nobelpreis eine ganz andere Bedeutung gehabt hätte. Mircea Cărtărescu zum Beispiel, der Rumäne – also da hätte ich mich schon noch mal ganz anders gefreut. Zumal Cărtărescu Dylan-Fan ist, das reicht doch.

Ist Bob Dylan für Sie in Zeiten wie diesen, in denen viele bei Amerika an ein nach den Trump-Jahren gespaltenes Land denken, eine Art beruhigendes Versprechen, dass das andere, das weltoffene, freiheitliche Amerika, dennoch fortbesteht?

Ich selbst brauche diese Vergewisserung nicht. Denn ich bin mit diesem anderen Amerika aufgewachsen. Es hat mich, meine Freunde und viele in meiner Generation und der Generation vor mir unglaublich viel gelehrt. Wir haben von Amerika Freiheit gelernt. Wir haben Mut gelernt. All die Protestbewegungen seit den sechziger Jahren, mit denen ich ja teilweise politisch sozialisiert worden bin, die Anti-AKW-Bewegung, die Friedensbewegung – das war doch Amerika, das uns inspiriert hat. Unsere eigenen Achtundsechziger waren ja viel zu verkopft.

Das war die amerikanische Musik, das waren die Lyrics auf den Plattencovern, die wir unbeholfen übersetzten, das waren die großen musikalischen Ikonen, die für eine bessere Welt eintraten, ohne dass es engagiert wirkte, ohne dass es in den Texten überhaupt um Politik gehen musste. Es war mehr ein Lebensgefühl, ein Traum von einer gerechten Welt. Dieses andere Amerika wird weiter bestehen, und es wird sich als das stärkere erweisen. Wobei ich jetzt nicht einfach sagen möchte, dass es ein dunkles Trump-Amerika und ein helles Dylan-Amerika gibt. Das wäre dann doch arg unterkomplex – und genau das sind Musik und Texte von Bob Dylan ja gerade nicht. Aber natürlich gibt es dieses Amerika, das die Welt inspiriert hat, auch weiterhin. Und dazu gehört Bob Dylan, mit seiner Musik und den damit verbundenen Bewegungen, auf die er sich von Anfang an bezogen hat, die Tradition der politischen Folksänger, und die er auf eine gewisse Weise immer noch verkörpert – auch wenn er selbst sich politisch heute selten äußert. Bob Dylan ist ein leuchtender Teil jenes Amerikas, an das man glauben möchte. An das man weiter glauben muss, gerade weil Teile des aktuellen Amerikas alles andere als leuchtend erscheinen.

Herr Kermani, zum Schluss möchten wir Sie bitten, folgenden Satz für uns zu Ende zu führen: »Eine Welt ohne Bob Dylan wäre vorstellbar, aber ...«

Eine Welt ohne Bob Dylan wird es zum Glück nicht mehr geben, weil wir ja seine Platten haben. Wir können ihn immer hören.

It Ain't Me Babe: Joan Baez und Bob Dylan singen
1963 beim Newport Folk Festival. »Joan Baez ist ja oft
unterschätzt worden, Bob Dylan hat sie später
überstrahlt«, sagt Ursula von der Leyen.

URSULA VON DER LEYEN

»Dylan hat meiner Generation geholfen,
Kritik öffentlich auszusprechen, einfach mal
durchzuatmen.«

EU-Kommissionspräsidentin Ursula von der Leyen hat eine physische Verbindung zu Bob Dylan, eine, die lange zurückliegt. Ein Gespräch über ihre Begegnung mit Joan Baez, selbst aufgenommene Mixkassetten, Dylans knarzenden Sprechgesang und Lieder, die einen wie warmer Wüstenwind umwehen.

* * *

Ursula von der Leyen ist textsicher, als sie in der Berliner Mercedes-Benz-Halle ein paar Zeilen eines der bekanntesten Songs von Bob Dylan singt: »The answer, my friend, is blowin' in the wind«. Sie scheint das in diesem Moment nur für sich zu singen, während sie von ihrem Sitzplatz auf den Rängen auf die Zuschauer in der bereits hell erleuchteten Halle schaut, die langsam auf die Ausgänge zu drängen. Die Lieder von Bob Dylan hat sie ihr Leben lang immer wieder gehört, ihn aber bisher noch nie live gesehen. Das Konzert in Berlin im Frühjahr 2019 ist für sie eine Premiere. Zu diesem Zeitpunkt ist von der Leyen noch Bundesverteidigungsministerin. Wenige Monate später wird sie zur Präsidentin der Europäischen Kommission gewählt – das *Time Magazine* nimmt sie 2020 in die Liste der 100 weltweit einflussreichsten Persönlichkeiten auf, und die *Zeit* stellt sich die Frage, ob Ursula von der Leyen jetzt der drittmächtigste Mensch der Welt sei.

Mit ihrem aktuellen, bislang höchsten politischen Amt schließt sich für sie ein Kreis, sie kehrt damit an den Ort ihrer Geburt, nach Brüssel, zurück: Dort wird sie am 8. Oktober 1958 als Tochter des CDU-Politikers und späteren niedersächsischen Ministerpräsidenten Ernst Albrecht geboren. Nach dem Medizinstudium lebt sie mit ihrem Mann, dem Medizinprofessor Heiko von der Leyen, von 1992 an vier Jahre lang im kalifornischen Stanford. Seit 1990 ist sie CDU-Mitglied, war in späteren Jahren unter anderem Familien-, Arbeits- und ab 2013 Verteidigungsministerin.

Dass sie am Ende des Konzerts in Berlin noch mal den Text von Dylans ikonischem Song singt, wirkt auch wie ein Akt der Selbstvergewisserung. Wenige Minuten zuvor hatte Dylan ihn noch selbst auf der Bühne gespielt – als Zugabe und, wie ein Kritiker des *Rolling Stone* später zürnen wird, »verunstaltet als schlieriger Walzer ohne den Hauch der Originalmelodie«. Kann man so sehen. Ursula von der Leyen war über Dylans Umgang mit »Blowin' in the Wind« ebenso irritiert. Sehr sogar. Ihr Urteil darüber fällt jedoch nicht so vernichtend aus wie das des Kritikers.

* * *

Frau von der Leyen, Sie sollen vor Kurzem auf einer Feier ein Lied von Bob Dylan gesungen haben. Stimmt das?

Ja, ich habe den Dylan-Song »I Shall Be Released« gesungen. Das war auf der Feier zum 60. Geburtstag eines Freundes. Wir sangen das Lied mit verteilten Rollen. Es ist ziemlich schwer, diesen Song zu singen. Wir haben es aber, glaube ich, ganz gut hinbekommen! Ich singe ja leidenschaftlich gern, hab früher viel in Chören gesungen, meistens Klassik. Inzwischen ist meine Stimme tiefer, deshalb kann ich auch andere Lieder singen – sogar Bob Dylan.

Da geht es Ihnen wie Joan Baez, die inzwischen auch eine viel tiefere Stimme hat – und auf ihrer Abschiedstournee nicht nur ihre eigenen, sondern auch die Songs ihres früheren Partners und einstigen Protegés Bob Dylan kraftvoller singt als je zuvor.

Kurios, dass Sie Joan Baez ansprechen, denn sie ist im Grunde meine einzige physische Verbindung zu Bob Dylan.

Wie das?

Mitte der neunziger Jahre traf ich sie zufällig im kalifornischen Menlo Park, das liegt in der Nähe vor Stanford. Mein Mann hatte damals an der dortigen Universität ein Angebot für ein Forschungssemester bekommen. Da stand ich dann also an einem Nachmittag mit meinen fünf kleinen Kindern auf dem Weg zum Spielplatz und war fassungslos, als ich plötzlich Joan Baez sah, die dort Musik spielte.

Was ging Ihnen durch den Kopf?

Erst dachte ich, das sei ein Double. Aber sie wohnte offenbar in der Nähe. Hatte sich dort mit Freunden getroffen. Es war wie ein Familienpicknick auf dem Rasen. Es gab Schnittchen, sie sang dazu, und ich bin einfach mit meinen Kindern dabei gewesen. Ich habe diesen Moment geliebt! Ich habe kurz mit ihr gesprochen, mich aber nicht getraut, sie zu fragen, wie es sein konnte, dass ein Weltstar wie sie einfach so hier in diesem Park auftrat. Ich habe Joan Baez immer bewundert, zu ihr aufgeschaut – zu dieser großartigen Frau! Sie ist ja oft unterschätzt worden. Bob Dylan hat sie später überstrahlt, ist noch weiter gekommen als sie. Ich finde aber, das sollte ihre Rolle nicht schmälern.

Welches ist für Sie der bedeutsamste Song von Bob Dylan?

Ich liebe »Just Like a Woman«, aber auch »Blowin' in the Wind« – weil er Fragen stellt, ohne Antworten zu geben. Genau deshalb bringt er die Menschen immer noch zum Nachdenken, Menschen, die ganz unterschiedliche Erfahrungen und Meinungen haben. Mit seinen Liedern assoziiere ich das Erlebnis der amerikanischen Weite und diese Sehnsucht nach dem Unbekannten, nach Aufbruch und Freiheit. Seine Lieder spiegeln für mich aber auch jene wunderbare Wehmut und Sehnsucht, die nur die Jugend hat. Die spürt man auch noch im Alter. Obwohl sie viel blasser geworden ist, wahrscheinlich, weil man weiß, dass dieses Hinaus-ins-Offene-Gefühl nicht grenzenlos ist. Ich muss dabei immer an meinen alten Kassettenrekorder denken: wie ich in meinem ersten Auto, einem Fiat 500, fuhr, und auf dem Beifahrersitz lag der Kassettenrekorder. Autoradios gab es damals noch nicht. Und aus dem Rekorder drang die Musik von Bob Dylan, auch von Leonard Cohen und Simon & Garfunkel. Auf den Kassetten waren »Blowin' in the Wind« und viele andere Dylan-Lieder. Wenn ich mehrere Stunden unterwegs war, habe ich sie 30-, 40-mal hintereinander gehört.

Haben Sie die Kassetten selbst aufgenommen?

Ja. Kann man sich heute gar nicht mehr richtig vorstellen, oder? Diese kleinen Dinger, und wenn man beim Rausnehmen nicht aufpasste, gab es Bandsalat, weil sich die Bänder verheddert hatten. Es war damals eine kargere Zeit als heute, was Musik und visuelle Medien betrifft. Es gab nicht so ein Überangebot wie heute. Ich habe damals gelernt, mich auf Dylans Stimme zu konzentrieren, einfach weil ich mir »Blowin' in the Wind« immer und immer wieder anhörte. Diese wunderbare Melodie. Als ich Bob Dylan jetzt in Berlin das erste Mal überhaupt live erlebt habe, war er allerdings nicht so gnädig, diese Melodie zu spielen. Er spielte zwar den Song, aber nicht so, wie ich ihn kenne.

Waren Sie enttäuscht?

Es war ambivalent. Ich war einerseits fassungslos, aber zugleich überwältigt. Denn natürlich hatte ich erwartet, all meine Sehnsüchte in Melodieform aufleben lassen zu können. Und was macht er? Er kommt auf die Bühne. Er spricht kein Wort mit uns. Kein einziges Lied hat er uns geschenkt – jedenfalls nicht so, wie ich es kenne und liebe. Er hat uns nur einen knarzenden Sprechgesang gegeben. Ich war aber gekommen, um jenen Dylan zu hören, den ich kannte. Ich musste mich in dem Konzert also erst mal zurechtfinden, mich damit auseinandersetzen. Das hat etwas gedauert. Durch diese neuen Arrangements hat er aber, glaube ich, eine Disziplinierung auf das Wort erreicht und mich dazu gebracht, dass ich ihm zuhören musste, statt in meinen wehmütigen Erinnerungen an vergangene Zeiten zu schwelgen. Im Rückblick fand ich das grandios. Aber erst im Rückblick. Weil er mich zum Nachdenken gebracht hat. Sie merken ja, ich grüble noch jetzt, warum er mit seinen großen Liedern so umgeht.

Der frühere CIA- und NSA-Chef Michael Hayden hatte sich uns gegenüber auch mal als großer Dylan-Kenner und -Fan geoutet. In einem Moment sprach er begeistert über Lieder wie »Absolutely Sweet Marie« oder »Masters of War« und rechtfertigte dann die umstrittene Verhörmethode des Waterboardings, weil sie wichtige Informationen erbracht habe. Gibt es für Sie innere Konflikte, wenn Sie für Lieder wie »I Shall Be Released« oder »Blowin' in the Wind« schwärmen, als Verteidigungsministerin aber in ganz anderen Zwängen stecken?

Nein, das Ziel ist ja dasselbe – Frieden. Wenn auch die Ansätze unterschiedlich sein mögen. Die Bundeswehr ist auf dem Weg, stark zu sein, um im Idealfall niemals eingesetzt werden zu müssen. Aus einer Position der Stärke lässt es sich besser mit Aggressoren verhandeln als aus einer Position der Schwäche. Die Sehnsucht nach Frieden ist dieselbe wie in den Liedern von Dylan. Bei »Blowin' in the Wind« geht es ja auch nicht nur um Krieg. Das Lied stellt Fragen wie: »Wann bist du erwachsen? Wie viele Schreie musst du hören, eh du hinhörst?« Und es stellt eine grundsätzliche Frage: »Wie oft müssen wir von Leid und Unrecht hören, es sehen, ertragen, ehe wir aktiv werden und etwas dagegen unternehmen?«

Das ist eine Frage, die sich zurzeit offenbar viele Jugendliche stellen – nicht nur bei den Fridays-For-Future-Demonstrationen, auch in dem Anklagevideo des YouTubers Rezo, in dem er der CDU, aber auch der SPD und den Volksparteien im Allgemeinen vieles

vorwirft – unter anderem, nicht richtig zuzuhören. Welchen Er-
kenntnisgewinn hat diese Debatte, vor allem die Hysterie darum,
für Sie gebracht?

Dass es nicht reicht hinzuhören und Themen wie Klima- und Umweltschutz in Konferenzen zu bearbeiten und fleißig Gesetze zu machen. Wir müssen als Volkspartei auch den Ton treffen und in den Kanälen sein, über die wir alle erreichen. Es geht um Wahrnehmung und Kommunikation auf Augenhöhe. Rezo war eine harte Lektion. Aber wir lernen daraus und werden es besser machen.

Haben Sie Dylan als politischen Künstler wahrgenommen?

Ich sehe es so: Mit seinen Liedern und Texten hat Dylan einer Sehnsucht nach Aufbruch entsprochen, vor allem nach dem Aussprechen von Kritik. Aber es ist schwer, sich jetzt in diese Zeit zurückzuversetzen, in der seine Lieder entstanden sind und wirkten. Was war das doch damals für eine verkrustete, bleierne Zeit! Diese Starre in Deutschland, die das Schweigen über die Verbrechen aus der Nazi-Zeit hervorgerufen hatte. Und in den USA waren es Themen wie Rassismus, die Brutalität gegenüber Afroamerikanern, die Schranken zwischen gesellschaftlichen Gruppen, die viele Menschen aufbrachten. Das ist in dieser Dimension heute so nicht mehr nachvollziehbar. Bob Dylan hat meiner Generation geholfen, Kritik öffentlich auszusprechen, einfach mal durchzuatmen.

Jetzt reden Sie fast wie Joschka Fischer.

Ich!!??

Fischer ist auch ein großer Dylan-Fan. Er sagte uns mal, Dylan sei
für seine politische Initiation zentral gewesen und habe ihm eine

ganz andere Welt gezeigt als jene Enge im Schwäbischen, in der er aufgewachsen war.

Ja, das meinte ich mit Luftholen, durchatmen, die Lungen aufpumpen! Dieses Schweigen über die Vergangenheit, dieses Nicht-drüber-Reden zu überwinden.

Sehen Sie Dylan als linken Künstler?

Nein, aber ich sehe ihn als einen politischen Menschen. Na gut, ich würde ihn jetzt nicht als rechts bezeichnen. [Sie lacht.] Aber es geht bei Dylan nicht um die gängigen politischen Koordinaten. Es geht bei ihm um dieses Aussprechen, Aufbrechen, sich nach vorn bewegen, die Dinge auf den Punkt zu bringen – und dadurch zu provozieren. Er war nie Agitpropaganda. Er beherrscht die Kunst der Andeutung und der Zwischentöne im mehrfachen Sinne des Worts. Und deshalb könnten wir jetzt wahrscheinlich den ganzen Abend endlos über seine Lieder diskutieren. Weil er es einem so wunderbar schwer macht, sich schnell zu positionieren und sich dann abzuwenden. Ich finde, er hat sich den Kern des Kritischseins bewahrt, der ja darin besteht, seine Meinung ändern zu können, wenn sich die Wirklichkeit ändert.

Könnten Sie für uns folgenden Satz zu Ende führen: »Eine Welt ohne Bob Dylan wäre vorstellbar, aber ...«

Hm, das ist schwer. Eine Welt ohne Bob Dylan wäre sehr viel ärmer, weil mir dann dieses Gefühl von Weite und Offenheit fehlen würde, dieser warme Wüstenwind, der über den Boden fegt, Büschel von Steppenläufern vor sich hertreibend. Ja, das würde mir sehr fehlen.

Forever Young: The-Who-Gitarrist Pete Townshend und
Bob Dylan. »Bob Dylan und ich werden wohl nie eine
normale Unterhaltung führen«, sagt Townshend.

PETE TOWNSHEND

»Ich neige dazu, Bob Dylan auf ein
Podest zu stellen.«

Seine erste Gitarre machte Pete Townshend 1964 zu Klein-
holz. 57 Jahre später tritt er noch immer mit The Who auf.
Für »My Generation«, den größten Erfolg der Band, ließ er
sich seinerzeit von Bob Dylan inspirieren. Ein Gespräch über
alte Schamanen, Poesie und Politik und darüber, was Bob
Dylan mit Harold Pinter gemeinsam hat.

* * *

Die beiden schätzen sich, das haben sie in Interviews über den
jeweils anderen oft betont. Und jeder hat den jeweils anderen
namentlich in einem seiner Songs gewürdigt. Nur wenn sie
sich trafen, wussten sie offenbar nicht, wie sie miteinander
umgehen sollten. Bob Dylan und Pete Townshend, das ist eine
kuriose Geschichte über große Nähe und große Distanz.

1986, zu einer Zeit, als Dylan noch lange Interviews gibt, hat er
diese Verbundenheit zu Townshend mal einem australischen
Journalisten in Melbourne geschildert. Dylan redet wie ein
Wasserfall, ärgert sich darüber, dass er ständig nach dem rich-
tigen Zeitpunkt für das Ende seiner Karriere gefragt werde.
Erster Teil seiner Antwort: »Wenn du körperlich nicht mehr in

der Lage bist, auf die Bühne zu gehen – dann war's das. Dann ist es vorbei.« Dann redet er über ein Gedankenspiel, eine Art Generationenwechsel. »Wenn du allerdings jemanden Jüngeren entdeckst, dem du weiterhelfen könntest ...«, fängt Dylan an, führt den Gedanken nicht weiter aus und kommt auf den The-Who-Gitarristen zu sprechen: »Pete Townshend hat mal darüber gesprochen und ist dafür kritisiert worden. Aber ich, ich habe genau verstanden, was er damit gemeint hat. Er hat sich gefragt, ob es möglich ist, diesen richtigen Moment zu finden, die Fackel an jemanden zu übergeben. Das Problem ist nur, dass so was im Rock'n'Roll nicht passiert. Aber die Idee dahinter, die ist richtig.«

Das Interview ist auch schon fast 35 Jahre her – seitdem haben beide, Dylan wie Townshend, jeder auf seine Weise die Fackel weitergetragen.

Pete Townshend, am 19. Mai 1945 in London geboren, gründete 1964 mit dem Sänger Roger Daltrey, dem Bassisten John Entwistle und dem Schlagzeuger Keith Moon die Band The Who. Er war und ist bis heute der maßgebliche Songwriter der Gruppe, schrieb Hits wie »My Generation« und Rockopern wie *Tommy*. Seit dem Tod von Moon und Entwistle machen Daltrey und Townshend zu zweit weiter. 2012 erschien Townshends Autobiographie *Who I Am*, 2018 brachte er mit Daltrey ein neues Album heraus, das schlicht *Who* heißt, im selben Jahr erschien auch sein erster Roman *Das Zeitalter der Angst*. Townshend greift darin ein Thema auf, an dem er sich in den letzten 20 Jahren oft abgearbeitet hat – älter werdende Künstler, getrieben von der Angst vor Bedeutungslosigkeit und der großen Leere. Es gibt Sex, Drugs und Rock'n'Roll. Und Seitenhiebe auf The Who, die von den fiktiven Musikern im Roman als Gierschlünde gescholten werden, weil sie ihre Musik für Werbezwecke verkaufen. Townshend ruft uns für dieses Interview aus seinem Haus in London an. Das Gespräch dauert länger, als veranschlagt war – was nicht nur daran liegt, dass der Musiker immer wieder zu singen anfängt. Einmal macht er vor, wie der vielleicht berühmteste Who-Song geklungen hätte, wenn er ihn in einer Art Sprechgesang wie von Bob Dylan eingesungen hätte.

* * *

Mr. Townshend, Sie sind seit mehr als einem halben Jahrhundert nicht nur Rockstar und Gitarrenzerstörer von The Who, Sie haben zudem auch als Lektor bei dem Buchverlag Faber & Faber gearbeitet, ein Buch mit Kurzgeschichten und 2018 Ihren ersten Roman veröffentlicht. Was ging Ihnen durch den Kopf, als Sie die Nachricht hörten, dass Ihr Freund Bob Dylan den Nobelpreis für Literatur bekommen hatte?

Ich wünschte nur, Bob Dylan wäre mein Freund. Ich bewundere ihn sehr, schon seit seinen Anfängen. Wir sind uns jedoch nur ein paarmal begegnet, persönlich kenne ich ihn nur oberflächlich. Aber Bob Dylan war für mich schon immer in erster Linie ein Poet. Insofern habe ich mich sehr gefreut, als ich hörte, dass er den Literaturnobelpreis bekommen hat. Das war mehr als verdient. Ich fand nur, dass diese Würdigung ein bisschen spät kam. Der Nobelpreis ist in jedem Fall eine besondere Wertschätzung, die man nicht mit den meisten anderen Preisen für Künstler vergleichen kann. Die Preise basieren ja oft eher auf Verkaufszahlen von Konzerttickets, Alben, Downloads oder Büchern. Letztlich geht es dabei mehr darum, wie viel Geld ein Künstler einnimmt oder auf der Bank hat. Das ist eine entsetzlich traurige Art, Kunst zu bewerten. Davon mal abgesehen, fasziniert es mich, dass Bob Dylan weiterhin etwas zu sagen hat – was er ja auf seinem aktuellen Album wieder bewiesen hat. Dass er darüber hinaus als Performer nicht aufhören kann, regelrecht rastlos ist, hat glaube ich noch mit etwas anderem zu tun.

Womit?

Ich bin mir sicher, dass es in seinem Inneren eine Stimme gibt, die Angst davor hat, dass Bob Dylan verschwindet. Es gibt heute viele junge Menschen, die keine Ahnung mehr haben, wer Bob Dylan eigentlich ist. Vielleicht hat er auch einfach Angst vor dem Sterben oder dass ihm das Geld ausgeht. Ich weiß es nicht. Mir scheint nur, dass Bob Dylan auf eine sehr außergewöhnliche Weise getrieben ist, immer weiter zu machen.

Sind Sie das selbst nicht auch? Sie schreiben weiterhin neue Songs, gehen mit The Who auf Tournee.

Ich liebe es, Songs zu schreiben. Das stimmt. Wenn es aber in meinem Leben als Musiker etwas gibt, das ich gar nicht mag, sind es Live-Auftritte. Ich bin kein Performer von Natur aus, auch wenn das vielleicht den Anschein haben mag.

Gitarren zerstören oder den Arm wie einen Windmühlenflügel über die Saite zu schrubben – ist das nach all den Jahrzehnten doch zu anstrengend?

Darum geht es nicht. Grundsätzlich fällt es mir zwar leicht, live zu spielen. Nur ist jener Pete Townshend, der auf der

Bühne spielt, eine völlig andere Person als jene, die jetzt mit Ihnen spricht, und die ich wirklich bin. Ich habe ein Alter Ego, das an meiner Stelle auf der Bühne lebendig wird. Nur fühle ich mich innerhalb dieses Spannungszustands auf und jenseits der Bühne nicht wohl. Wenn ich dagegen Songs schreibe, bin ich ich selbst. Es erfüllt mich, Texte zu schreiben, dazu auf der akustischen Gitarre oder am Piano zu spielen. Das ist immer noch eine besondere Leidenschaft, ich bin verrückt danach. Deshalb hatte ich mir zu Hause auch immer Aufnahmestudios eingerichtet. Das war so, seit ich 18 bin. Aber so wie Dylan immer weiter zu touren, das ist nichts, was ich mir wünschte. Meinem Freund Roger Daltrey würde das sicher gefallen. Er ist da anders als ich. Für mich gilt: Je eher ich mit den Tourneen aufhören kann, desto glücklicher werde ich sein. Ich habe das Leben »on the road« nie wirklich gemocht. Ich weiß zwar, dass ich gut bin, wenn ich auf einer Bühne spiele. Ich weiß nur nicht, wer ich dann genau bin, wenn ich im Rampenlicht stehe. Ich bin nicht mehr daran interessiert, mich im Konzert in diesen Schamanen zu verwandeln. Meine kreative Energie entfaltet sich am besten zu Hause, wenn ich Songs schreibe. Wenn ich einen Song fertig geschrieben habe, lasse ich ihn los. Ich trage ihn dann nicht mehr mit mir herum. Bei Bob Dylan kommt es mir dagegen oft so vor, als würde er seinen gesamten Songkatalog mit sich herumschleppen. Er ist wie eine seltsame Jukebox – du weißt nie, in welcher Form er die bekannten Songs daraus abspielen wird. Aber ich freue mich jedes Mal, wenn er wie 2020 wieder ein neues Album veröffentlicht hat. Dass er darauf in einem Song The Who zitiert hat, hat mir natürlich besonders gefallen.

In »Murder Most Foul« beschreibt Dylan die Folgen der Ermordung John F. Kennedys und lässt in einem galoppierenden Namedropping die Beatles, Woodstock, Altamont und das The-Who-Erfolgsalbum Tommy *Revue passieren: »Tommy, can you hear me? I'm the Acid Queen.« Was meinen Sie, war das seine späte Antwort darauf, dass The Who ihn 1970 namentlich in »The Seeker« gewürdigt hatten?*

Wer weiß. Ich fühlte mich jedenfalls sehr geschmeichelt. Ich bin ein Riesenfan von ihm, und ich neige dazu, Dylan auf ein Podest zu stellen. Du kannst dir irgendeinen Bob-Dylan-Song herausnehmen, egal welchen – du wirst in jedem etwas finden, das auch heute noch relevant ist. Für mich gehört Bob Dylan einer anderen Spezies an. Ich weiß, so viel Wertschätzung kann problematisch sein. Ich kenne das ja aus eigener Erfahrung, wenn ich Fans von mir treffe und eigentlich nie eine normale Unterhaltung mit ihnen führen kann – weil sie auch in mir eine andere Spezies sehen. Bob Dylan und ich werden wohl nie eine normale Unterhaltung führen können. Auch deshalb, weil er sehr exzentrisch ist, ich bin es wahrscheinlich auch. Ich kann mir jedenfalls nicht vorstellen, dass wir es noch mal schaffen, ein normales Gespräch zu führen.

Sie sind sich doch schon begegnet. Wie verliefen denn Ihre Gespräche?

Ich hatte bisher nur wenige, meist sehr kurze Gespräche mit ihm. Bei einem war meine zweite Frau Rachel dabei. Dylan interessierte sich sehr für sie. Er wollte wissen, was sie so macht, fragte sie über ihr Leben aus. Sie ist eine Komponistin, eine klassische Organistin. Er war fasziniert von ihr. Na ja, und ich stand daneben, als Dylan quasi meine Frau interviewte, und wartete die ganze Zeit darauf, dass er auch mal mit mir sprechen würde – was er aber nicht tat. In all den Jahren hatten The Who und er zwar öfter auf denselben Festivals gespielt, auf der Isle of Wight und an anderen Orten, seltsamerweise hat es sich dabei nie ergeben, dass wir uns trafen. Zuletzt spielten wir beispielsweise beide 2016 auf dem Desert-Trip-Festival in den USA. Mit The Who flogen wir aber nur rein und nach dem Auftritt sofort wieder weg. Wenn ich jetzt darüber rede, fällt mir auf, dass ich Bob Dylan noch nie live gesehen haben.

Im Ernst jetzt?

Ich habe natürlich zig Filme von seinen Auftritten gesehen. Heutzutage sehe ich mir grundsätzlich nicht mehr viele andere Musiker live an, aber früher habe ich das noch oft gemacht. Dass ich Bob Dylan nie live gesehen habe, war auch keine bewusste Entscheidung, es hat sich einfach nur nie ergeben. Ich weiß allerdings, dass Dylan The Who mehrmals live gesehen hat. Und nach den Konzerten traf er uns. Einmal kam er zu uns, als wir unser Konzeptalbum *Tommy* in der Fillmore-East-Halle in New York aufführten. Am Tag zuvor war auch Leonard Bernstein gekommen, mit seiner Tochter, die damals 14 war. Bernstein kam backstage zu mir, er schüttelte mich, war völlig begeistert: »Pete! Pete! Das ist phantastisch. Phantastische Arbeit. Du musst noch mehr solcher Rockopern schreiben. Viel mehr. Phantastisch. Wundervoll. Ich hatte ja keine Ahnung, was ich erwarten sollte.« Dann zischte er wieder ab. Am nächsten Abend sagte mir jemand nach der Aufführung: »Bob Dylan würde gerne backstage kommen und dir hallo sagen.« Er kam dann in meine Garderobe. Stand einfach nur da. Ich könnte jetzt gar nicht sagen, was ich in diesem Moment von ihm erwartete. Vermutlich einen ähnlich euphorischen Ausbruch wie jenen von Leonard Bernstein. Aber Dylan sagte nur: »Hey.« Und ich dann: »Hey, wie geht's dir?« »Ganz okay«, sagte er. Ich fragte: »Würdest du nachher noch einen Drink mit uns nehmen?« Und Dylan: »Das geht nicht, ich habe noch einen Termin.«

Und dann?

Und damit war unsere Unterhaltung beendet. Das meinte ich, als ich vorhin sagte, wir beide werden in diesem Leben keine normale Unterhaltung mehr führen. Dylan erinnert mich in dieser Hinsicht stark an den Dramatiker Harold Pinter, den ich oft traf, als ich Mitte der achtziger Jahre eine Auszeit von The Who genommen und als Lektor bei Faber & Faber gearbeitet hatte. Pinter war unter den Schriftstellern die schwierigste Person, die einem bei Faber begegnen konnte. Weil er es, wie Dylan, einfach ablehnte, normale Gespräche zu führen. Ich wäre beispielsweise nie auf die Idee gekommen, Harold Pinter zuzurufen: »Schöner Tag heute, nicht wahr?« Er hätte sich dann nur brüsk umgedreht und mir »Waaaasssss?!« ins Gesicht gebellt. Woraufhin ich dann mit etwas mehr Nachdruck gesagt hätte: »Aber es ist doch wirklich ein schöner Tag, nicht wahr?« Was ihn wiederum zu einem noch lauteren »Waaasssss?!« motiviert hätte. Woraufhin ich dann schließlich gebrüllt hätte »Es ist verdammt noch mal ein irrsinnig schöner Tag, Harold, nicht wahr?« »Waaaaaaaasss?!«

Klingt wie eine Szene aus einem von Pinters Theaterstücken.

So war das mit Harold. Von den Begegnungen mit ihm mal abgesehen, hatte ich in dem Verlag viel Spaß. Zu meinem Job gehörte es, in die Welt der Populärkultur hineinzuspüren, wie Mode oder Musik von Politik inspiriert wurden, revolutionäre Ideen zu entdecken, die auf der Straße geboren wurden. Ich liebte diesen Job.

Warum sind Sie nicht bei Faber geblieben?

Ganz ehrlich? Weil ich in der Zeit nahezu kein Geld verdient habe. Am Ende musste ich The Who wieder zusammenbringen, für eine Stadiontournee zu unserem damals 25-jährigen Bestehen. Ansonsten wäre ich bankrott gewesen. Aber es war ein fabelhafter Job.

Verstehe. Auch wenn Sie sich mit Dylan nicht normal unterhalten konnten, war er dennoch ein großer Einfluss für Sie. Stimmt es, dass Dylans Musik Sie zu Ihrem größten Hit »My Generation« inspiriert hat?

Ja, das stimmt. Ich hörte mein erstes Dylan-Album 1962, und ich liebte *The Freewheelin' Bob Dylan*, das noch ein pures Folkalbum war. Vor allem aber gefiel mir sein drittes, das mit dem weißen Cover. Jetzt fällt mir doch partout der Name nicht mehr.

The Times They Are A-Changin'.

Genau. Als ich anfing »My Generation« zu schreiben, wollte ich zunächst, dass der Song sehr schlicht klang – wie ein simpler Blues: »Da da da da dadada, people try to put us down.« Es war eine Beschwerde, mehr noch: eine Anklage. Und *The*

Times They Are A-Changin' war ein Album voller Songs, die anklagten, die eine Veränderung einforderten. Oder auf seinem zweiten Album, darauf gab es den Song »Masters of War«, der mich damals stark beeindruckte. Wobei ich rückblickend finde, dass Dylan es sich damit zu leicht gemacht hat – als er diejenigen kritisierte, die in den Krieg zogen. Wir wissen, dass Krieg manchmal notwendig ist. Wir wissen aber auch, dass Krieg nie gut ist. Damit hatte er absolut recht. Aber zurück zu »My Generation«. Ich wollte vor allem, dass der Song cool klang. Meine erste Version hörte sich wie eine Mischung aus Bob Dylan und Mose Allison an.

Der amerikanische Jazzpianist?

Ja. Mir schwebte ein Mix aus Folksprechgesang und Jazzeinflüssen vor. In einer der ursprünglichen Fassungen singe ich den Song in einer von mir nachgeahmten Mose-Allison-Stimme: »People try to put us down, talking 'bout my generation.« Als wir dann mit The Who ins Studio gingen, passierte Folgendes: Roger fing an wie wild zu schreien, ich drosch auf meine Gitarre und Keith Moon auf sein Schlagzeug, und John Entwistle spielte viel mehr Noten auf seinem Bass, als nötig waren. So kam es zu der Version, die heute weltbekannt ist.

Ein Urschrei, ummantelt von überwältigendem Lärm.

Der Song hat viele Ecken und Kanten, Dynamik und Kraft, er strahlt jugendliche Energie aus. Aber »My Generation« sollte vor allem ein schlichtes Statement sein.

»Hope I die before I get old«.

Das ist oft missverstanden worden. Im Gegensatz zu einer weit verbreiteten Meinung ging es gar nicht darum, jung zu sein, oder darum, möglichst zu sterben, bevor man alt wird. Wir wollten einfach nicht so sein, wie die Menschen aus der vorherigen Generation. Jene Generation, die es im Zweiten Weltkrieg komplett vermasselt hatte.

Dylan hatte neben seinen anklagenden Liedern 1974 eine andere, philosophische Jugendmetapher eingeführt. In seinem Song »Forever Young« ist der Zustand des Jungseins ein Bild dafür, offen, neugierig, stark und anständig durchs Leben zu gehen.

Ich liebe diesen Song von Dylan. Er ist wunderbar. Viele meine Freunde haben darum gebeten, er möge doch auf ihrer Beerdigung gespielt werden. »My Generation« ist im Vergleich dazu sehr limitiert. Es ist das Lied eines jungen Mannes, der sagt: »Ich werde nicht so sein wie ihr.« Ich wollte eine Grenze ziehen zwischen meiner und der vorherigen Generation. Interessant war, dass dieser Song damals eigentlich schon nicht mehr notwendig war. Denn die ältere Generation hatte sich zu dem Zeitpunkt ja bereits von uns abgegrenzt und über uns geurteilt. Sie hatte uns als nutzlos, verzichtbar, geistlos, leer, marode und dreckig beschimpft. Mein Song war aber weniger eine Retourkutsche, ich wollte mich nur abgrenzen und sagen: Wir fangen auf unserer Seite neu an.

Sie haben sich später oft für Amnesty International engagiert. Anlässlich des 50. Geburtstags der Menschenrechtsorganisation ist 2012 die 4-CD-Box Chimes of Freedom *erschienen, auf der 72 Musiker ausschließlich Songs von Bob Dylan nachspielen. Sie waren auch darunter und sangen »Corrina, Corrina«. Warum gerade dieses Lied?*

Mit diesem Song verbindet mich eine besondere Geschichte. Das Lied stammt ja nicht zur Gänze von Dylan. Bereits in den zwanziger Jahren hatten es amerikanische Bluesmusiker aufgenommen, seitdem wurde es in den unterschiedlichsten Musikstilen neu eingespielt. Aus meiner Kindheit kannte ich »Corrina, Corrina« in einer englischen Folkfassung aus Lancashire in Northumberland, mit etwas anderem Text als Dylan ihn dann geschrieben hat. Aber Dylans Version liebte ich mehr als alle anderen. Als ich noch zur Kunstschule ging, gab es da ein sehr hübsches Mädchen, das zwei Jahre jünger war als ich. Sie wurde später meine erste Ehefrau. Und sie liebte diesen Song genauso wie ich. Dylan hat »Corrina, Corrina« auf dem Album *The Freewheelin' Bob Dylan* zu seinem eigenen Song gemacht. Als ich ihn dann für die Amnesty-CD neu aufnahm, habe ich mich vor ihm verneigt und den Song gleichzeitig für mich zurückerobert.

In den Sechzigern gehörten The Who neben den Beatles und den Rolling Stones zu jener »British Invasion« des Pop, die Amerika eroberte. Zu einer Zeit, als es in den USA Rassenunruhen und gewaltsam niedergeschlagene Proteste gegen den Vietnamkrieg gab – zu einer Zeit, als Dylan nicht nur Protestsongs sang, sondern für Afroamerikaner eintrat. Er war ein Mittler, der gesellschaftliche Spaltungen überwand. Hat er diese Rolle noch heute?

Ich weiß nicht, ob Bob Dylan heute noch diese Macht hat. Ich weiß auch nicht, ob er sie überhaupt je hatte. Glauben Sie denn, dass er diese Kraft heute noch hat?

Na ja, über seinen 17 Minuten langen Song »Murder Most Foul« ist in den Medien und im Netz jede Zeile mit Liebe zum Detail

interpretiert worden – dieses opulente Sittengemälde der USA,
das er da zeichnet, in dem er an vielen Stellen den Übergang vom
Traum in den Albtraum beschreibt, wenn er, quasi en passant, von
der Utopie des Woodstock-Festivals zum Wahnsinn und zu den
Toten des nur wenige Monate darauffolgenden Festivals in Alta-
mont springt. Darüber hinaus war es sein erstes Album seit langer
Zeit, das wieder auf Platz eins kam. Irrelevant ist er offenbar noch
nicht, oder?

Da haben Sie nicht unrecht. Sehen Sie, Dylan ist ja nur ein
bisschen älter als ich. Ich hörte seine ersten Alben bereits, als
ich noch aufs College ging. Und ich weiß noch genau, wie ich
damals versuchte, den Sinn hinter dem zu entdecken, was er
da sang. Heute sehe ich ihn einerseits als einen älteren Performer, der einst vom Folk zum Rock gewechselt ist. Gleichzeitig
ist er für mich wie ein Großmeister, ein Zirkusdirektor, der in
der Mitte von uns allen steht und immer noch versucht uns
zu motivieren, anzutreiben, für uns zu sprechen. Es gibt nur
wenige Galionsfiguren wie ihn. Heute, da haben wir Bewegungen wie Extinction Rebellion.

Die radikale Umweltschutzbewegung, die mit zivilem Ungehor-
sam Regierungen zwingen will, schärfere Maßnahmen gegen die
Klimakrise einzuleiten.

Ja. Nur gibt es heute im Umfeld von Extinction Rebellion und
anderen Bewegungen niemanden, der sich auf ein Podium
stellen und die Masse vor sich zur Ruhe bringen könnte. Dem
jeder zuhört, weil das, was er sagt, für alle Sinn ergibt, weil es
sie zusammenbringt. Bei anderen Protesten wie der Occupy-
Bewegung trugen dann die meisten Guy-Fawkes-Masken. Alle

versteckten sich hinter Masken, blieben anonym, alle werden gesichtslos. Dylan hat der Bewegung immer ein Gesicht gegeben. Er hat meiner Generation ein Gesicht gegeben, mein ganzes Leben lang. Und »Blowin' in the Wind« war der Song, der damals dem Ethos der Vorläufer der heutigen Klimaschützer direkt entsprach.

Wen meinen Sie damit?

Ich meine Philosophen wie Bertrand Russell, der in Großbritannien für den Abbau von Nuklearwaffen eintrat, oder den Aktivisten und Aktionskünstler Gustav Metzger, der mich am College unterrichtete. Metzger warnte schon damals vor Entwicklungen, die unseren Planeten zerstören würden – vor ausuferndem Verkehr und dem Massentransport, vor immer mehr Flugzeugen und Autos. Und das erkannte er 1961. Metzger war damals sehr wichtig für mich. Aber derjenige, der diesen Aktivismus umwandelte in der Hoffnung, dass sich in der Gesellschaft durch diese Verbindung von Kunst, Musik und Gemeinschaftssinn etwas verändern kann – das war Bob Dylan. Mit »Blowin' in the Wind« hat er all diese gesellschaftlichen Strömungen in Poesie übersetzt. Der Song ist schlicht, aber ungemein stark. Und darüber hinaus einfach wunderschön.

Ein Höhepunkt dieser Allianz aus Protest und Poesie war damals der »Marsch auf Washington« am 28. August 1963. Als Martin Luther King seine legendäre »I have a dream«-Rede hielt, sangen 250 000 Demonstranten mit Bob Dylan sein Lied »Blowin' in the Wind«. Joan Baez war ebenfalls bei ihm ...

Wann immer ich den Namen Joan Baez höre, schlägt mein Herz höher. Sie ist Bob Dylan ebenbürtig. Ich habe ihre Musik schon gehört, bevor ich Bob Dylan entdeckte. Sie war ja bereits erfolgreich, als er erstmals auf eine Bühne ging. Das sollte man nicht vergessen. Dylan und Baez waren damals Galionsfiguren – Aktivisten und Pazifisten.

Wenn Sie jungen Teilnehmerinnen und Teilnehmern der Demonstrationen von Extinction Rebellion oder Fridays for Future heute erklären sollten, worin die besondere Strahlkraft bestand, die von Dylan, Baez und Martin Luther King an jenem Tag in Washington ausging, was würden Sie ihnen sagen?

Ich kann dazu nur sagen, dass mir persönlich diese Strahlkraft heute fehlt. Aber ich bin jetzt ja auch schon 75. Wenn Sie einen jüngeren Menschen fragten, würde er Ihnen vielleicht eine andere Galionsfigur von heute nennen können. Ich frage mich allerdings, ob junge Menschen heute überhaupt Galionsfiguren wie Dylan brauchen. Durch Social Media kann heute jeder seine Ideen und Meinungen direkt und unmittelbar mit allen teilen. Nur, um das besser einordnen zu können: 1958 fand in Großbritannien der erste Protest gegen Nuklearwaffen statt, auf dem Trafalgar Square in London. In den kommenden Jahren wiederholten sich solche Aktionen und weiteten sich auch auf andere Länder aus. Das geschah vor allem deshalb, weil die Menschen, die daran teilnahmen, sich engagierten und andere überzeugen konnten, mitzumachen. Die Zeitungen berichteten anfangs kaum über die Hintergründe der Proteste. Sie schrieben erst darüber, nachdem sie stattgefunden hatten. Und dann bewegte sich die Berichterstattung größtenteils auf einem sehr niedrigen Niveau. Da wurde dann geschrieben, dass Männer in Dufflecoats und mit ungewaschenen Haaren mit ihren Freundinnen bei irgendjemandem in den Vorgarten pissten. Heute können sich Menschen über die sozialen Medien in Windeseile mobilisieren und zusammenkommen. Brauchen sie da noch Galionsfiguren wie Dylan? Ich weiß es nicht. Aber damals brauchten wir Bob Dylan, ganz sicher sogar. Wir brauchten Dylan, wir brauchten Martin Luther King, und wir brauchten John F. Kennedy, wir brauchten ehrliche Politiker. Donald Trump gehört ganz bestimmt nicht in diese Kategorie. Ich weiß nicht, was genau er alles in seiner Amtszeit angestellt hat. Aber eines weiß ich ganz sicher: Er hat sein Land nicht in jenem Sinne angeführt, wie John F. Kennedy es tat.

Mr. Townshend, welchen Dylan-Song würden Sie auswählen, um den 80. Geburtstag jenes Mannes zu würdigen, mit dem Sie kein normales Gespräch führen können?

Jetzt wird es kurios: Ich weiß, dass ich am Anfang unseres Gesprächs »Masters of War« ein bisschen gedisst habe. Aber genau diesen Song würde ich gerne an seinem Geburtstag singen.

Wie kommt es zu dem Sinneswandel?

Ich liebe die Schlichtheit des Songs. Und ganz grundsätzlich auch den Standpunkt, den Dylan darin vertritt, dass nämlich Pazifismus ein Wert an sich ist. Auch wenn der Blick auf Kriege an sich vielleicht etwas zu kurzsichtig ist. Aber es hat für mich einen großen Wert zu sagen: »Ich werde nicht kämpfen, egal worum es geht.« Also ein »Feigling« zu sein und im äußersten Fall zu sagen: »Okay, dann erschießt mich.« Für mich ist das ein Akt unglaublichen Heldentums.

Like a Rolling Stone: Ron Wood, Bob Dylan und
Keith Richards (v. l.) bei ihrem desaströsen Live-Aid-Auftritt
im Juli 1985 in Philadelphia. »Die drei haben dort gezeigt,
wie unberechenbar Rock 'n' Roll sein kann«, sagt
Wolfgang Niedecken.

WOLFGANG NIEDECKEN

»Dylan hat nie gefunden,
wonach er suchte.«

BAP-Mitbegründer und -Frontmann Wolfgang Niedecken ist der Elder Statesman des Deutschrock. Es gibt wenige Musiker, die das Gesamtwerk Bob Dylans so gut kennen und immer wieder durchdrungen haben, wie das Kölner Urgestein. Ein Gespräch über seine Begegnungen mit Bob Dylan, kölsche Übersetzungen von dessen Songs, Konzerte zwischen Gänsehautmomenten und Fiasko und eine lebenslange Spurensuche.

* * *

Es ist ein besonderer Moment deutsch-amerikanischer Freundschaft, als der Musiker aus New Jersey und sein Kollege und Kumpel aus Köln in einer zum Konzertclub umfunktionierten Kneipe in Berlin vor die johlende Menge treten. Da stehen sie, die Gitarren vorm Bauch, und halten einen kurzen Moment inne. Es ist sehr heiß, T-Shirts und Hemden sind durchgeschwitzt, die Haare kleben ihnen an der Stirn. Dann deutet der Mann, den sie auch den »Boss« nennen, mit dem Finger auf den anderen, nickt ihm kurz zu, so als wollte er sagen: »Fang du mal an.« Das macht er dann, alle Arme gehen hoch, als die ersten Akkorde erklingen und dann die Zeilen folgen, die sie alle kennen: »Mama take this badge from me«.

Bruce Springsteen und Wolfgang Niedecken auf einer Bühne, im Juli 1995. Niedecken und seine Soloband waren eigentlich nur gebeten worden, den Amerikaner bei einem Videodreh zu unterstützen – das Ganze wuchs sich dann aber doch zu einem Konzert aus. Und zu einer Hommage an jenen Musiker, der sie beide, den Amerikaner wie den Deutschen, geprägt hat wie kein anderer: Bob Dylan. Nur ein Moment von vielen, in denen Wolfgang Niedecken seiner großen Inspiration sehr nahegekommen ist.

Niedecken, geboren am 30. März 1951 in Köln, wurde bekannt als Sänger, Songschreiber und Gitarrist der Band BAP, die es seit 1977 in wechselnden Besetzungen bis heute gibt. Von BAP sind bisher 30 Alben erschienen, darunter *Für usszeschnigge* (1981), *Von drinne noh drusse* (1982), *Amerika* (1996) und zuletzt *Alles fließt* (2020). Niedecken schreibt die Texte seiner Songs in Kölner Mundart und singt auch auf Kölsch. 1995 veröffentlichte er sein Soloalbum *Leopardefell*, das ausschließlich aus Dylan-Songs bestand, die er ins Kölsche übersetzt hatte. Zudem ist er auch Maler, sein Studium der Malerei schloss er 1974 bei Larry Rivers in New York ab. Diesen Einfluss erkennt man noch heute beim Blick auf das Artwork der Cover von BAP. Darüber hinaus hat er sich immer wieder politisch und gesellschaftlich engagiert: 1992 initiierte er beispielsweise mit anderen Künstlern das Kölner »Arsch huh, Zäng ussenander«-Konzert gegen Fremdenhass und Rassismus. 2013 erhielt er das Bundesverdienstkreuz 1. Klasse. 2008 initiierte er das World-Vision-Projekt »Rebound« zur Reintegration ehemaliger Kindersoldaten in Afrika. Im November 2011 erlitt er einen Schlaganfall, von dem er sich jedoch vollständig erholte. Seine Autobiographien *Für 'ne Moment* (2011) und *Zugabe* (2013) erreichten beide die Bestsellerlisten.

Wir haben ihn mehrmals zu Dylan interviewt – zunächst nach einem gemeinsamen Besuch eines Konzerts von Dylan in Düsseldorf 2019, danach auf einem Restaurantschiff am Rhein und später noch ein weiteres Mal coronabedingt per Videokonferenz. Niedecken ist aus seinem Arbeitszimmer in Köln zugeschaltet. An der Wand hinter ihm hängt ein gerahmtes Schwarz-Weiß-Foto, das den jungen Bob Dylan zeigt. Es sieht fast so aus, als würde er Niedecken während des Interviews die ganze Zeit über die linke Schulter blicken.

* * *

Herr Niedecken, wenn Ihr Name genannt wird, folgt oft der Zusatz »der deutsche Bob Dylan«.

Ursprünglich hat man mich »Südstadt-Dylan« genannt, weil ich in Köln mit Gitarre und Mundharmonika Kneipengigs gespielt habe und dem Meister irgendwie ähnlich sah.

Sie sind nun selbst seit fast 50 Jahren mit BAP und unter eigenem Namen erfolgreich – ist der Dylan-Vergleich so was wie ein Adelstitel oder eher lästig?

Es hätte schlimmer kommen können, oder? Ich habe nie meine Wurzeln verleugnet. Ich hab mich immer auf meine vier Heiligen bezogen: die Beatles, die Stones, Bob Dylan und die Kinks. Die Beatles haben mich für Musik interessiert, die Stones haben mir gezeigt, wie man mit vermeintlichen Autoritäten auch umgehen kann, die Kinks haben mir dabei geholfen, bodenständig zu bleiben. Und Bob Dylan hat mich für Lyrik begeistert, dafür gesorgt, dass ich selbst Songs schreiben wollte. Ich weiß noch genau, wie das losging, ich war damals 15, spielte in einer Band, und es stand ein Auftritt bei einem Schulfest im Rheinbacher Gymnasium an. Ich war damals noch der Bassist. Vor dem Gig kam unser Sänger und sagte: »Hört mal, ich muss jetzt Abitur machen, ihr müsst euch 'nen neuen Sänger suchen. Ich hab keine Zeit mehr.« Aus irgendeinem Grund hatte er die Single von Dylans »Like a Rolling Stone« mit zu dem Gig gebracht und auch den Text rausgeschrieben. Der Song hat mich umgehauen. Ich sagte zu den anderen: »Okay, ich mach's. Ich singe.« Und meinem Freund Hein sagte ich: »Hein, du musst jetzt Bass spielen.« Wenn das damals nicht passiert wäre, würden Sie und ich uns jetzt vermutlich nicht miteinander unterhalten.

Gibt es aus dem ausufernden Werk Bob Dylans ein Album, das Sie besonders geprägt hat?

Mein Lieblingsalbum ist nach wie vor *Blood On The Tracks*. Mit den Liedern darauf hat er um seine Frau Sara gekämpft. Er hat gewinselt, hat gebettelt und geschimpft, davon gesungen, wie gemein er gewesen ist. Es sind Songs, die von einer Ausnahmesituation erzählen, wenn du denkst: Jetzt schwimmen mir die Felle weg. Er selbst hat allerdings stets bestritten, dass diese Lieder etwas mit seinem Leben zu tun hätten. Aber das waren wohl nur Nebelkerzen, die er gezündet hat. Sein Sohn Jakob Dylan hat jedenfalls mal in einem Interview gesagt, dass, wenn er die Songs von *Blood On The Tracks* höre, er immer den Eindruck habe, da redeten jetzt seine Eltern miteinander. Das sagt ja alles. Es ist ein authentisches, unglaublich intensives und poetisches Album, das er in kürzester Zeit eingespielt hat. Es berührt mich jedes Mal wieder aufs Neue.

Sie haben viele Dylan-Songs eingedeutscht, vielmehr: auf Kölsch gesungen. »Like a Rolling Stone« war der erste Song, den Sie 1982 unter dem Titel »Wie 'ne Stein« auf dem BAP-Album Vun drinne noh drusse *sangen. Später haben Sie solo mit Ihrer Leopardefell-Band ein komplettes Album mit Liedern von Dylan eingekölscht. Dylan auf Hochdeutsch zu singen war gar keine Option?*

Auf Hochdeutsch wäre es sehr viel schwieriger gewesen. Auf diese erste kölsche Übersetzung von »Like a Rolling Stone« bin ich allerdings nicht sonderlich stolz. Der Song war zwar auf einem unserer erfolgreichsten Alben, aber am liebsten würde ich die Übersetzung noch mal überarbeiten, damit sie meinen jetzigen Kriterien und Erfahrungen entspricht. Ich würde das heute viel akribischer und werkgetreuer machen als damals. Ehrlich gesagt konnte ich das damals noch nicht so gut. Aber Dylans Worte ins Kölsche zu übersetzen und auf Kölsch zu singen, war auf jeden Fall besser, als es auf Hochdeutsch zu versuchen.

Warum?

Hochdeutsch ist nun mal die Amtssprache, auf die man sich geeinigt hat. Es ist schwer, Gefühle in einer Amtssprache auszudrücken, vor allem, wenn du diese Texte dann singen musst. Die meisten meiner Kollegen, Herbert Grönemeyer, Udo Lindenberg und viele andere, haben inzwischen einen Dreh gefunden, mit dieser Amtssprache schnodderig umzugehen. Keiner singt »Oxforddeutsch«. Kölsch eignet sich besser dafür, Dylan zu singen, weil du beispielsweise in unserem Dialekt die Endungen abschleifen kannst. Es ist eine unglaublich melodische Sprache. In Köln singt man ja schon beim Reden. Das hilft schon mal sehr.

Die von Carl Weissner und Walter Hartmann übersetzten Dylan-Liedtexte erschienen in dem Wälzer Lyrics – Songtexte. 1962 bis 1985 *und galten lange Zeit als Standardwerk. Die deutschen Fassungen lasen sich jedoch wegen der Reimform manchmal arg gezwungen. War das Buch für Sie damals dennoch eine Orientierung?*

Zur Orientierung war es auf jeden Fall hilfreich, wobei mir die beiden schon leidgetan haben wegen dieser Vorgabe, auch im Deutschen die Reimform einzuhalten. Carl Weissner ist ja ein überaus versierter Übersetzer, hat Charles Bukowski und viele andere amerikanische Schriftsteller übersetzt.

Weissner und Hartmann weisen ja im Vorwort des Buches selbst auf die besonderen Schwierigkeiten hin: dass Bob Dylan im Lizenzvertrag für jene Ausgabe verlangt habe, dass die Reime des Originals möglichst erhalten bleiben sollten. »Eine solche Nachdichtung ist immer problematisch«, schreiben sie, »sie muss in vielen Fällen vom Wortlaut abweichen. Es ist klar, dass sich darüber streiten lässt, wie weit man dabei gehen soll und darf. Wir haben versucht, es in vertretbaren Grenzen zu halten, ohne allerdings halbe Sachen zu machen.«

Ja, man konnte daran gut sehen, wie schwer es ist, englische in deutsche Reime zu übertragen. Die Neuübersetzung von Gisbert Haefs ist im Vergleich dazu viel sachdienlicher, weil sie eben nicht an die Reimvorgabe gebunden ist. Wenn du diese Songtexte liest, verstehst du eher, um was es bei Dylan eigentlich geht. Die meisten Dylan-Songs, die ich auf Kölsch gesungen habe, hatte ich jedoch nie zielgerichtet auf eine Veröffentlichung hin übersetzt. Ich habe das über einen längeren Zeitraum gemacht, immer dann, wenn mir danach war. Einfach aus dem Antrieb heraus, dass ich seine Songtexte für mich selbst übersetzen und herausfinden wollte, ob sie sich auch auf Kölsch ausdrücken ließen oder eben nicht. Mein Soloalbum mit den Dylan-Songs sollte ja ursprünglich als BAP-LP erscheinen. Dass es anders kam, hatte auch mit einer der typischen BAP-Dynamiken zu tun.

Wie meinen Sie das?

BAP waren Mitte der neunziger Jahre im Rahmen der Tour zum *Pik Sibbe*-Album wieder richtig zusammengewachsen, es gab zu der Zeit kein Tauziehen um Soundeffekte oder Richtungen mehr. Wir schienen wieder an einem Strang zu ziehen. Es kam mir vor wie zu unseren Anfängen in den achtziger Jahren. Ich sagte zu meinen Kollegen: »Eigentlich sollten wir sofort nach der Tour ins Studio gehen und ein neues Album aufnehmen.« »Mit welchen Songs denn?« Ich sagte: »Ich habe jede Menge übersetzte Dylan-Songs, die wir einspielen könnten.« Das haben wir dann versucht. Nur ging es dann doch wieder ziemlich schnell in eine Richtung, die mir nicht gefiel – austauschbar und modernistisch, so wie damals alle klangen. Das war sehr weit weg von dem, was mir vorschwebte. Als dann alle ziemlich verzweifelt waren, sagte schließlich unser Gitarrist »Major« Heuser den wunderbaren Satz: »Hör mal, Wolfgang, du hast doch noch einen Vertrag für ein Soloalbum, mach doch ein Soloalbum mit Dylan-Songs.« Ich rief dann den Gitarristen Carl Carlton an, der brachte Ken Taylor und Bertram Engel mit, zwei Kollegen von BAP hatten auch Bock, und dann haben wir dieses Album aufgenommen. Und zwar ohne großartig zu proben. Es entstand wie in einer Jam-Session. Ich muss zugeben, dass ich dieses Album jetzt schon länger nicht mehr gehört habe – aber ich glaube, es würde mir immer noch gefallen. Was ich nicht von allen Liedern und Alben sagen würde, die ich je aufgenommen habe.

Sie haben sich jahrzehntelang immer wieder mit Dylan und seinem Werk beschäftigt. 2017 drehten Sie für Arte eine fünfteilige Doku über Bob Dylans Amerika. *Sie reisten zu jenen Orten, in denen er aufwuchs und die ihn geprägt haben, nach New York, Washington, Woodstock, Minnesota, Los Angeles, San Francisco und San Diego, wo er zur Zeit der Dreharbeiten ein Konzert gab. Seltsames Gefühl, sich auf eine historische Spurensuche zu begeben – und die Hauptperson dann am Ende live auf der Bühne erleben zu können?*

Dramaturgisch hätte man sich das nicht besser ausdenken können, dass Dylan während der Dreharbeiten auch in den USA auf Tournee war. Wir haben ihn in einer merkwürdigen Location erlebt – dem »Harras Ressort« im Southern California Valley Center nahe San Diego. Das ist ein Kasinokomplex in einem Indianerreservat, wo Glücksspiel erlaubt ist. Ein relativ unspektakulärer Hotelkomplex. Du trittst ein, erwartest eine Rezeption, die es aber nicht gibt. Dann stehst du in einem Spielkasino mit einem angegliederten Saal, in dem er dann auftrat. Nie hätte ich Dylan an so einem Ort erwartet. Das Konzert an sich durften wir zwar nicht filmen, was wir aber von vornherein wussten. Also haben wir nur die Location von außen gefilmt, was interessant genug war. Bewegender waren allerdings Gespräche mit Menschen aus seiner Geburtsstadt Duluth und anderen Orten, die prägend für ihn waren.

Haben Sie bei dieser Spurensuche etwas über Dylan gelernt, das Sie bisher noch nicht über ihn wussten?

Mir war vorher nicht bewusst, wie wenig Dylan und sein Werk in diesem neoliberalen amerikanischen System gewürdigt werden. Und wenn man sich doch an ihn erinnerte, wirkte es manchmal herzlos. Man würde doch annehmen, dass sein Elternhaus in Duluth in Minnesota, wo er geboren wurde, auf besondere Weise bewahrt werden müsste. In Deutschland hätte sich bestimmt eine Kulturbehörde dafür eingesetzt, aus dem Haus ein Museum, ein Zentrum zu machen. Heute wohnt eine freundliche Oma in dem Haus. Von Besuchern möchte sie lediglich, dass sie sich in ihr Gästebuch eintragen. Was ja ihr gutes Recht ist, sie wohnt halt zufällig in jenem Haus, in dem Dylan seine Kindheit verbracht hat. Natürlich pilgern Dylan-Fans dorthin. Nur kommt man sich schon ein bisschen blöde vor, wenn man dort steht und etwas in das Gästebuch schreibt – und das war es dann. Man wünschte sich, dass man mehr aus diesem Haus gemacht hätte. Als ich in Duluth war, habe ich vor allem meiner Phantasie freien Lauf gelassen. Einmal habe ich mich an das Ufer des Lake Superior gesetzt und jene Passagen aus seiner Autobiographie *Chronicles* gelesen, in denen er von seiner Kindheit an diesem See schreibt, den Erinnerungen an die Nebelhörner der gewaltigen Schiffe, die von hier aus über den Lake Michigan und mehrere Kanäle zum offenen Meer gelangten. Das Eisenerz gelangte aus dieser Region über Schiffe bis zur weiteren Verladung auf die Hochseefrachter. Das Wichtigste war für mich, ausgehend von Dylans Beschreibungen, an diesem Ort meinen eigenen sinnlichen Erfahrungen nachzugehen. Ich habe über die Jahre hinweg ja alle möglichen Dylan-Biographien gelesen. Nachdem ich viele der darin beschriebenen Orte besucht habe, müsste ich sie jetzt eigentlich allesamt noch mal lesen, weil ich das Beschriebene mit meinen eigenen Eindrücken abgleichen möchte.

Was ging Ihnen durch den Kopf, als Sie sahen, dass Dylan in Duluth ausgerechnet mit zwei Gullideckeln geehrt wird, die auf den berühmtesten Sohn der Stadt hinweisen?

Das ist halt ein rührender Versuch einiger der dort ansässigen Künstler, die ihn auf diese Weise wenigstens ein bisschen würdigen möchten. Es gibt in Duluth eine Initiative, die es sich zum Ziel gesetzt hat, jene Konzerthalle zu erhalten, in der Dylan seinerzeit den letzten Auftritt von Buddy Holly erlebt hatte, bevor dieser bei einem Flugzeugabsturz ums Leben kam. Für Dylan war dies ein prägender Moment, das hat er später auch in einer Dankesrede betont, als *Time Out of Mind* mit drei Grammys ausgezeichnet wurde, weil Buddy Holly dieses Album stark beeinflusst habe. Er sei bei den Aufnahmen gewissermaßen gegenwärtig gewesen.

Eine andere, politische Inspiration Bob Dylans ist 2020 erstmals detailliert gezeigt worden. Der Dokumentarfilm Jimmy Carter – Der Rock & Roll Präsident *schildert, wie ein bodenständiger Demokrat aus den Südstaaten ins Weiße Haus einzog und Arbeiter und Künstler gleichermaßen für sich einnahm. Der Film zeigt Aufnahmen, wie Carter Bob Dylan 1974 in seinem Amtssitz in Atlanta empfängt, zu einer Zeit, als er noch Gouverneur von Georgia war. Dylan hat darüber hinaus ein aktuelles Interview eigens für diesen Film gegeben, in dem er von seiner Wertschätzung Carter gegenüber erzählt.*

Der damalige Gouverneur Jimmy Carter empfängt
Bob Dylan 1974 in Atlanta.

Das ist tatsächlich ein überaus interessanter Film. Und die wenigsten haben mitbekommen, dass ich Bob Dylans Interviewpassagen für die deutsche Fassung synchronisiert habe.

Oh, das haben auch wir überhört. Wie kam es denn zu dieser Mitarbeit?

Jemand vom deutschen Filmverleih hatte mich angerufen und gefragt, ob ich das machen würde. Ich habe das natürlich als große Ehre empfunden. Der Film war auch für mich eine Entdeckung, denn ich hatte bis dahin nicht gewusst, dass Jimmy Carter in der damaligen Musikszene derart beliebt und gut vernetzt war. Neben Dylan hatte er ja auch Kontakt zu Willie Nelson, den Allman Brothers und vielen Jazzmusikern wie Dizzy Gillespie.

Bei dem Begriff Rock-'n'-Roll-*Präsident hatte man bislang immer an Bill Clinton und Barack Obama gedacht, die sich mit Bruce Springsteen, U2 oder Beyoncé und Jay-Z umgaben und mit ihnen in den Wahlkampf zogen.*

Ja. Es hatte mich überrascht, dass Dylan bereit war, eigens für diesen Film ein Interview zu geben, in dem er ausführlich darüber sprach, was er an Jimmy Carter schätzt. Mit Statements zu Politikern hält er sich ansonsten ja sehr zurück. Und Dylan hat sich, so wie es der Film zeigt, erkennbar darüber gefreut, dass Carter sich so gut mit seinen Texten auskannte – und diese immer noch kennt. Als Künstler weiß er da offenbar sehr wohl zu unterscheiden – zwischen all jenen, die ihn anhimmeln, aber nur Honig um den Bart schmieren, ohne sein Werk wirklich zu kennen, und eben Politikern wie Jimmy Carter, dem man im Film anmerkt, dass er sich mit Dylans Werk wirklich auseinandergesetzt hat. Das schien ihm sehr wichtig.

Vor diesem Film waren Sie schon einmal die deutsche Stimme Bob Dylans: 2013 gingen Sie auf Solotour, lasen auf Deutsch aus seiner Autobiographie Chronicles *und spielten einige seiner Songs auf Englisch. Aus dem Buch lasen Sie vor allem jene Passagen, in denen Dylan beispielsweise von der Angst erzählte, nach seinem Motorradunfall seine Hand nicht mehr fürs Gitarrespielen nutzen zu können, oder davon, mit der Musik aufzuhören und etwas ganz anderes zu machen – beispielsweise eine Möbelfabrik oder eine*

Fischfarm kaufen. Warum haben Sie sich vor allem Momente der Selbstzweifel ausgesucht?

Ich wollte mich nicht auf das bereits hinlänglich Bekannte fokussieren, wann er seinen ersten Plattenvertrag bekam oder Ähnliches. Das habe ich mal als bekannt vorausgesetzt. Momente des Selbstzweifels stehen in einer Künstlerkarriere für besondere Weggabelungen. Davon mal abgesehen, kenne ich selbst solche Zweifel nur zu gut: wenn ich nachts wach werde und überlege, ob das eigentlich okay ist, wie ich mir ein Album oder ein Projekt vorgestellt habe. Oder ob ich mich damit womöglich lächerlich mache. Man muss sich als Musiker immer hinterfragen, versuchen herauszufinden, ob man auf dem Holzweg ist. Ich fand diese Passagen in Dylans Autobiographie auch deshalb so beachtenswert, weil er sich darin als verwundbarer Mensch zeigt. Die Mauer, mit der er sich in Interviews und anderen öffentlichen Äußerungen oft umgibt, gibt es in diesem Buch eben nicht. Fragen zu seinen Beweggründen oder Privatem hat er ja oft kategorisch abgeblockt, mit der Antwort: »It's all in the songs.« Die Hörer und Journalisten sollten sich gefälligst seine Songs genau anhören, dann würden sie es schon selbst herausfinden. Ich kann diese Haltung durchaus verstehen. Umso wertvoller fand ich, dass er sich in *Chronicles* öffnete und in seine Seele blicken ließ. Im Kontext dieser Lese-Konzertreihe fand ich es auch schön, seine Songs auf Englisch zu singen. An jenen Abenden wäre es jedenfalls unverschämt gewesen, meine kölschen Versionen seiner Songs zu singen. Denn es ging ja um ihn, nicht um mich.

Als Sie Mitte der neunziger Jahre mit Ihrer Soloband mal Bruce Springsteen bei einem Konzert zu einem Videodreh in einer Ber-

liner Kneipe unterstützten, sangen Sie gleich zwei Dylan-Songs zusammen, »Knockin' on Heaven's Door« und »Highway 61 Revisited«. Wusste Springsteen, dass Sie mal ein Album mit Dylan-Songs auf Kölsch eingesungen hatten?

Ja. Ich hatte ihm eins davon mitgebracht, als ich ihn ein paar Monate zuvor in New York getroffen und interviewt hatte. Ein Freund von mir, der damalige Sony-Music-Chef Jochen Leuschner, hatte das Treffen arrangiert. Bei der Gelegenheit haben Springsteen und ich uns kennengelernt und ein bisschen angefreundet. Wenige Wochen später kam dann dieser Anruf, ob ich nicht Lust hätte, mit meiner Band Bruce Springsteen bei einem Videodreh für seinen Song »Hungry Heart« in einer Berliner Kneipe, die mittlerweile »Butter« heißt, zu unterstützen. Das ließ sich mit meinem Tourneeplan vereinbaren, also fuhren wir hin. Wir haben uns noch schnell »Hungry Heart« draufgeschafft, und am Vorabend des Drehs bekam ich dann einen weiteren Anruf seines Managements: Bruce wolle die Zuschauer bei dem Dreh nicht zu Statisten degradieren, wir sollten ihnen vielleicht ein paar zusätzlich Songs bieten, die wir in den Umbaupausen live spielen könnten. Ob ich nicht schnell eine Liste von Songs aufschreiben könnte, die wir nicht groß proben müssten? Das haben ich dann gemacht, neben den Stones standen auch zwei Dylan-Songs auf der Liste. Was soll ich sagen: Es war ein Riesenspaß. Übrigens hatte mir Springsteen bei unserem ersten Treffen in New York noch gesagt, ich solle ihm besser zwei von meinen kölschen Dylan-CDs geben – eine für ihn selbst, die andere wollte er Bob Dylan geben.

Wissen Sie, ob er das gemacht hat?

Ja. Denn kurz darauf bekam ich eine Anfrage von Bob Dylans Management: Ob ich ihnen nicht eine ganze Kiste mit *Leopardefell*-CDs schicken könnte – für deren Archiv.

Springsteen und Sie sind beide stark von Dylan geprägt worden. Nach dem Kneipenkonzert sind Sie öfter als Gast mit ihm aufgetreten. Müssen wir uns das als Treffen von zwei Nerds vorstellen, die sich vor oder nach einem Auftritt stundenlang über das Neueste von Bob Dylan austauschen?

Ich habe Bruce jetzt leider schon länger nicht mehr gesprochen. Als er die letzten Male in Deutschland spielte, war ich mit meiner Band auch gerade unterwegs. Da hat sich das nicht ergeben. Aber wann immer wir uns in der Vergangenheit trafen, war eine der ersten Fragen: »Hast du schon das neue Dylan-Album gehört? Ist super, oder?« Und dass wir beide damals überhaupt zusammen in einer Berliner Kneipe Dylan-Songs spielten, war einfach ein großartiger Augenblick. Das war einer jener verrückten Momente, in denen ich dachte: Gleich klingelt der Wecker, du wirst wach und musst den Müll runterbringen. Wenn ich mit Bruce Springsteen spreche, spielt Dylan immer eine Rolle. Und wenn wir uns das nächste Mal treffen, bin ich mir ganz sicher, dass wir dann über *Rough and Rowdy Ways* reden werden. Und mutmaßlich werden wir beide begeistert sein, dass Dylan ein wirklich kredibles Alterswerk ohne Geschnulze vorgelegt hat.

1992 waren Sie schon einmal in Ihrer Eigenschaft als Dylan-Koryphäe und auch als Journalist nach New York gereist, um über das All-Star-Konzert anlässlich des 30. Bühnenjubiläums von Bob Dylan zu berichten, an dem Dylan auch selbst teilnahm. Neil Young,

John Mellencamp, George Harrison und Eric Clapton gehörten zu den Gästen. Aber nicht alle brillierten. Welche Performance haben Sie als Höhepunkt in Erinnerung, welche war besonders enttäuschend?

Enttäuschend war gar nichts, am bewegendsten war für mich der Auftritt am Schluss, als die »Allerheiligenband«, wie ich sie nenne, »My Back Pages« spielte. George Harrison, Eric Clapton, Tom Petty und Neil Young zusammen auf einer Bühne, das hat mich gepackt. Das sind Musikgrößen, die ihrerseits alle von Dylan geprägt waren und die wiederum auch mich stark beeinflusst haben. Und dann saß ich in dieser Halle, und sie alle spielen dieses Lied, das auch noch einer meiner Lieblingssongs von Dylan ist. Das war ein unfassbarer Gänsehautmoment. Als ich später den Live-Mitschnitt dieses Konzertes bekam, habe ich sofort diesen Song gespielt und hab geheult vor Rührung. Das geht mir manchmal heute noch so. An dem Abend kam mir Stevie Wonders Version von »Blowin' in the Wind« überinterpretiert und zersungen vor, aber das ist Geschmackssache. Die Clancy Brothers wirkten mit »When the Ship Comes In« irgendwie wie auf der falschen Party. Der Madison Square Garden ist halt kein Folkclub.

Wenige Tage vor diesem Dylan-Konzert hatte ich Keith Richards in Paris interviewt, der zu dem Zeitpunkt heilfroh war, dass er bei diesem Festival nicht mitmachen musste. Der gemeinsame Auftritt mit Dylan und Ron Wood beim Live-Aid-Konzert 1985 in Philadelphia war ihm noch in sehr schlechter Erinnerung.

Kann ich mir vorstellen, es war ja auch ein Fiasko.

Trotzdem hängt in Ihrem Arbeitszimmer in Köln eine Karikatur, die alle drei bei jenem Auftritt zeigt. Welche Geschichte verbirgt sich dahinter?

Dieses Bild hängt deshalb an meiner Wand, weil die beiden Rolling Stones Ron Wood und Keith Richards zusammen mit Bob Dylan für uns durch Live Aid zu den Heiligen Drei Königen des Rock wurden. Ausgehend von deren Live-Aid-Auftritt hat es mir mein Freund, der Zeichner und Maler Sebastian Krüger, gemalt und ins Krankenhaus geschickt, als ich nach meinem Schlaganfall noch auf der Intensivstation lag. Er wollte mich damit aufmuntern und zum Lachen bringen. Und er wusste: Ein Bild mit diesen dreien würde eine heilsame Wirkung auf mich haben. Damit hat er recht behalten.

Den Live-Aid-Auftritt selbst hatte ich 1985 gar nicht in Echtzeit mitbekommen, weil ich zu dem Zeitpunkt drei Monate mit dem Wohnmobil in der Türkei unterwegs war. Damals gab es ja weder Handy noch Internet oder Streaming. Ich habe mir dann erst nach meiner Rückkehr eine Aufzeichnung davon angesehen. Die drei hatten die undankbare Aufgabe, vor dem großen Schlussakt, als alle Künstler gemeinsam »We Are the World« sangen, vor den Vorhang zu treten, der die Bühne verhüllte, und mit akustischen Gitarren unter anderem »Blowin' in the Wind« zu singen. Wood hat in mehreren Interviews erzählt, dass Richards und er mit Dylan in den Tagen zuvor in New York alle möglichen Songs von Dylan geprobt hatten – nur nicht »Blowin' in the Wind«. Als am Tag des Konzertes dann alle drei schon auf dem Weg zur Bühne waren, soll Dylan plötzlich gesagt haben: »Lasst uns ›Blowin' in the Wind‹ spielen.« Da sei es zu spät gewesen, um noch etwas zu ändern. Davon mal abgesehen, waren es furchtbare Bedingungen, weil offenbar ein paar Monitorboxen nicht funktionierten und sie nicht richtig hören konnten, was sie da spielten. Dann riss Bob Dylan auch noch eine Saite, Ron Wood gab ihm schnell seine Gitarre und bekam von einem Roadie eine andere gereicht, die allerdings komplett verstimmt war.

Es klang wie eine schaurige Kakophonie.

Dieser ganze Gig war eine absolute Katastrophe. Hinzu kam, dass die drei bereits offenbar am Nachmittag begonnen hatten, ein bisschen vorzufeiern, gemeinsam mit Jack Nicholson, der sie dann ansagte und logischerweise auch nicht mehr ganz nüchtern war. Für mich war es trotzdem ein großer, wahrhaftiger Rock-'n'-Roll-Moment. Im Gegensatz zu den meisten anderen Bands, die an dem Tag auftraten – Queen, Led Zeppelin und wie sie alle hießen – und die mit viel Bombast die eigene Karriere ankurbelnd ein Riesentheater veranstalteten, haben Richards, Woods und Dylan an diesem Abend gezeigt, wie unberechenbar Rock'n'Roll sein kann. Ihr Auftritt war nicht gut, überhaupt nicht gut. Aber ihre Haltung hat mir sehr imponiert. Ich hatte lange Zeit ein Foto von den dreien in meinem Proberaum im Keller hängen. Mit der Zeit hat sich darum eine Art Heiligenschrein entwickelt, eine Installation, die bei jedem BAP-Konzert backstage steht. Wir haben andere Fotos, Devotionalien und Tourneepässe um dieses Foto drapiert. Und vor jedem Auftritt huldigen wir dann meinen persönlichen Heiligen Drei Königen.

Ungeachtet des Live-Aid-Fiaskos gab es später immer wieder mal gemeinsame Auftritte von Bob Dylan und den kompletten Rolling Stones – bei denen sie meistens »Like a Rolling Stone«

spielten. Die Mitschnitte davon zeigen immer wieder, wie Dylans Beharrungsvermögen und Jaggers Hyperaktivität aufeinanderprallen. Es ist ein bisschen wie bei einem Unfall – man will sich das eigentlich nicht ansehen, kann den Blick aber dennoch nicht abwenden.

Ich finde diese Auftritte dennoch großartig. Ich habe mir oft Filme davon angesehen. Man kann dabei sehr gut beobachten, wie Mick Jagger und die Stones versuchen ihr Spielchen mit Bob Dylan zu spielen – und wie er sich dem widersetzt. Sie spielen zwar seinen Song, aber sehr flott, in Stones-Manier eben. Dylan dagegen will sich nicht in dieses Korsett zwingen lassen. Seine eigene Band spielt den Song gewöhnlich ja so, wie er es will. Bei den Stones muss er sich in ein anderes Umfeld begeben. Er spielt dann aber seinerseits Spielchen mit den Stones.

Einer gegen alle, das ist schon ein bisschen unfair, oder?

Ich finde, Dylan macht das bravourös. Mal setzt er mit einer Zeile etwas später ein, beendet sie erst nach einer Verzögerung. Und man kann im Gesicht von Mick Jagger ablesen, dass er in solchen Momenten denkt: »Schafft er es jetzt noch oder nicht?« Dylan kriegt dann immer noch irgendwie die Kurve, findet zur Strophe zurück – und man sieht die Erleichterung in den Gesichtszügen der anderen Stones, dass es noch mal gut gegangen ist. Und wenn man ganz genau hinsieht, erkennt man auch ein Lächeln auf dem Gesicht von Bob Dylan, so als wollte er sagen: »So, jetzt habe ich euch alle mal wieder gehörig ins Schwitzen gebracht.«

Haben Sie eine ungefähre Vorstellung davon, wie viele Konzerte von Bob Dylan Sie gesehen haben – haben Sie womöglich Buch darüber geführt?

Buch geführt habe ich nicht, aber seit der ersten Tour, die ihn 1978 nach Deutschland geführt hat, als ich ihn in der Dortmunder Westfalenhalle erlebte, habe ich mindestens ein Konzert der jeweiligen Tour gesehen. Schätze mal, dass ich auf über 30 Konzerte komme.

Dylan-Kenner haben ihm auf der Bühne oft eine Mischung aus kultivierter Schüchternheit und absoluter Arschigkeit attestiert. Soll heißen: Er hat sein Publikum nie mit freundlichen Worten umgarnt, wenn er denn überhaupt etwas gesagt hat. Sie selbst sind da ganz anders. Hat Sie dieses Griesgrämige nie gestört?

Nein. Mir ist das komplett wurscht. Dylan muss sich nicht verpflichtet fühlen, irgendwelche Nettigkeiten vor oder während der Songs ans Publikum zu richten – auch nicht an mich. Klar, es gibt Musiker, die ein ganz anderes Naturell haben. Bruce Springsteen beispielsweise liebt es, sich dem Publikum mitzuteilen. Dylan ist eben wirklich sehr, sehr schüchtern – und das nehme ich ihm ab. Zum Glück hat er seit etwa 20 Jahren eine weitgehend gleich besetzte, exzellente Band um sich, die ihn trägt, die ihn auch antreibt. Gitarristen wie Charlie Sexton oder Larry Campbell, mit dem ich auch schon im Studio gearbeitet habe. Diese Band prägt ihn, mit ihrer Hilfe hat er sich entkrampft, musikalisch geöffnet. Er müsste schon wirklich stinkbesoffen sein, um mit dieser Band einen miserablen Auftritt hinzulegen. In früheren Jahren habe ich schon das eine oder andere Konzert von ihm gesehen, das wirklich furchtbar war. Aber nicht mehr in den letzten 20 Jahren.

Welches war Ihr schlimmstes Dylan-Konzert?

Es gab zwei. Ein Konzert in Essen in den frühen neunziger Jahren gehört dazu, das war ganz bitter. Da hatte er eine winzige Band mit Musikern aus einer US-Talkshow um sich, die immer blitzartig reagieren mussten. Dylan wusste den ganzen Abend eigentlich nie, in welchem Song er sich gerade befand. Er war in einer ganz üblen Verfassung. Er hat mir an diesem Abend sehr leidgetan. Wenn man selbst weiß, wie die nächste Strophe weitergeht – und er singt sie dann einfach nicht. Das war bitter. Noch schlimmer war das Konzert mit Tom Petty and the Heartbreakers in der Frankfurter Festhalle. Tom Petty begann und war großartig, aber dann kam Dylan dazu, versteckte seinen Kopf unter einer Art Palästinensertuch und ließ sich nur von hinten anleuchten. Sah furchtbar aus, er klang auch furchtbar. Ich hatte einen Freund mitgenommen, weil er wissen wollte, warum ich Bob Dylan so verehrte. Nach drei oder vier Songs sagte er nur: »Ich gehe dann schon mal zum Bierstand.« Er ist dann ganz raus aus der Halle gegangen. Ich hab bis zum bitteren Ende durchgehalten. Natürlich.

Ein Dylan-Konzert vorzeitig verlassen – das ging gar nicht, auch wenn es nicht zum Aushalten war?

Nein. Das habe ich nie gemacht. Ich verlasse ja auch selbst dann nicht das Stadion, wenn der 1. FC Köln 0:6 zurückliegt. Ich finde, das gehört sich nicht. Ich kann so was nicht. Sie können das Nibelungentreue nennen oder was auch immer, aber ich bleibe bis zum Schluss. Aber ich gebe zu, damals dachte ich: So ein Mist, das wird nicht mehr lange gut gehen, der will nicht mehr. Seine schlimmste Phase war die zweite Hälfte der achtziger Jahre, da hatte er, glaube ich, eine Midlife-Krise. Als 1989 dann das von Daniel Lanois produzierte Album *Oh Mercy* rauskam, waren wir alle erleichtert. Als Dylan-Fan war man zu der Zeit schon froh, wenn auf seinen damaligen Alben wenigstens ein guter Song war. Oft war nicht mal das der Fall.

Heute werden die Klassiker von einst von Dylan kunstvoll umarrangiert, in den achtziger und neunziger Jahren schien er sie lustlos herunterzunudeln oder gar mutwillig zerstören zu wollen. Haben Sie eine Erklärung dafür, wie er es schaffte, den Schalter noch mal umzulegen?

Ich vermute, dass es ein Segen für ihn war, als er sich mit George Harrison, Roy Orbison und Tom Petty vorübergehend zu den Traveling Wilburys zusammengetan hat. Von da an schien er wieder Lust und Spaß zu haben, Musik zu machen. Das war wie eine Kur für ihn. Eine, die zum Glück gewirkt hat. Er hat darüber hinaus auch in seiner Autobiographie beschrieben, wie er seine alten Stücke besser in den Griff bekam. Er habe eine Technik entdeckt, die ihm geholfen habe, diese Songs wieder singen zu können. Wobei er nicht verraten hat, was das für eine Technik ist. Ich bin jedenfalls immer noch nicht dahintergekommen. Soll mir auch egal sein: Hauptsache, er singt seine Songs wieder mit Verve, und er wird wieder eins mit seinen Liedern. Sehen Sie, Dylan hat in seiner langen Karriere vieles durchgemacht, er wurde aus dem Publikum heraus als »Judas« beschimpft, als er sich vom Folk abwandte und zur elektrischen Gitarre griff. Die Folkpuristen haben ihn ausgebuht. Das muss sehr schmerzhaft gewesen sein. Aber: Er hat immer durchgehalten. Bob Dylan ist niemand, der seinem Publikum je in den Arsch gekrochen ist. Er hat nie Konzessionen gemacht, um nett gefunden zu werden. Nicht nur dafür bewundere ich ihn.

Sie haben ihn zweimal persönlich getroffen. Wenn man jemandem begegnet, der einen selbst derart beeinflusst hat, birgt das auch die Gefahr, enttäuscht oder ernüchtert zu werden. Wie war das bei Ihnen?

Beide Treffen verliefen unter sehr angenehmen Voraussetzungen. Beim ersten Mal hatte mich Wim Wenders ihm vorgestellt, die beiden kennen und schätzen sich. Wir trafen uns zu dritt nach einem Konzert in Köln in seiner Garderobe. Es war ein interessiertes, unverstelltes Gespräch. Dylan erkundigte sich unter anderem über Preußen und die preußischen Könige. Unsere zweite Begegnung war lustiger. Dylan hatte gesehen, dass der Gitarrist von Tom Petty eine blaue Duesenberg-Gitarre spielte, der Hersteller sitzt in Hannover. Er wollte auch so eine haben, rief sogar selbst dort an, was die Leute in Hannover bass erstaunte. Die erste spezialangefertigte Gitarre war ihm zu schwer, und er hat sie zurückgeschickt. Erfreulicherweise haben die Duesenberg-Leute mir die zum 60. Geburtstag geschenkt. Danach hatte er gehört, dass die Duesenbergs eine Lap-Steel-Gitarre entwickelt hatten, die man mit einer Art Kapodaster in die gewünschte Tonart bringen kann. Die wollte er haben. Der Hersteller kam dann auf die Idee, dass es nett wäre, wenn ich ihm dieses Stück nach einem seiner Deutschlandkonzerte überreichen würde. Ich fuhr also zum Dylan-Konzert nach Saarbrücken. Und als ich ihm nach seinem Konzert die Gitarre gab, hat er sich gefreut wie ein kleiner Junge, der gerade eine neue Lok für seine Modelleisenbahn bekommen hat. Das war rührend. Er meinte, er werde das gute Stück sofort ausprobieren – noch auf der Fahrt in seinem Nightliner-Bus zum nächsten Auftritt nach Paris. Einen kleinen Verstärker hätte er auch dabei. Er wirkte auf mich sehr nahbar. Für mich war es ein heiliger Augenblick. Ich habe leider kein Foto davon. Ich wäre mir allerdings auch ziemlich blöde vorgekommen, wenn ich ausgerechnet in so einem Moment nach einem Foto gefragt hätte. Aber ich habe all diese Eindrücke wie einen Film in meiner Erinnerung gespeichert.

Sie haben mit Bruce Springsteen gespielt, auch mit Ray Davies von den Kinks. Wäre es ein Traum von Ihnen, auch einmal mit Bob Dylan aufzutreten?

Eher nicht. Mein Traum wäre, ihn noch einmal zu treffen und mich mit ihm mal ausführlich unter vier Augen unterhalten zu können. Das würde ich mir sehnlicher wünschen, als mit ihm auf der Bühne zu stehen. Ich würde liebend gerne mal ein intensives Gespräch mit ihm führen.

Worüber genau würden Sie mit ihm reden wollen?

Dylan ist für mich der ewig Suchende, er war es von Anfang an. Und er hat nie gefunden, wonach er suchte. Aber er gibt nie auf. Ich muss dabei immer an den The-Who-Song »The Seeker« denken, in dem Dylan, aber auch die Beatles ja namentlich erwähnt werden.

Und auch LSD-Guru Timothy Leary – alle wurden in diesem Song nach dem Weg zur Erkenntnis befragt, konnten aber auch nicht weiterhelfen.

Ja, weil Dylan eben immer der Suchende geblieben ist. So kann man sich ja auch einige seiner teilweise merkwürdigen Entwicklungen erklären, für die er oft gescholten wurde. Diese religiösen Alben, von denen *Saved* jenes war, das mich seinerzeit am meisten erschüttert hat.

Warum?

Ich dachte mir damals: Wie kann denn der Mensch, der all diese Meisterwerke wie *Blonde on Blonde*, *Highway 61 Revisited* und *Bringing It all Back Home* geschrieben hat, nur solche schnulzigen religiösen Texte singen? Die Antwort darauf fand ich erst später: weil er auf der Suche war. Und beim Suchen verläufst du dich halt ab und zu mal. Darüber würde ich mich beispielsweise gerne mit ihm unterhalten. Wie er diese Suchen empfunden hat, wie er von A nach B gekommen ist.

Mit welchem Dylan-Song würden Sie seinen 80. Geburtstag würdigen?

Ich glaube, mit »Every Grain of Sand«. Das ist ein wunderschönes Lied, das übrigens auch aus seiner religiösen Phase stammt und von einer Suche handelt. Ich glaube, er war zu jener Zeit tatsächlich sehr religiös und meinte die Texte, die er damals sang, wirklich von Herzen so. Es ist ein tolles Lied. Emmylou Harris hat es auf der Beerdigung von Johnny Cash gespielt. Es passt aber auch wunderbar zum Geburtstag eines bescheidenen, rastlosen Künstlers, der so manch einem den Weg gewiesen hat.

Herr Niedecken, beenden Sie für uns doch bitte folgenden Satz: »Eine Welt ohne Bob Dylan wäre vorstellbar, aber ...«

... aber dann wäre die Rock-'n'-Roll-Geschichte anders verlaufen. Bruce Springsteen hat mal sinngemäß gesagt: Elvis hat dem Rock'n'Roll die Hüften, den Arsch und den Unterleib und Bob Dylan hat ihm das Gehirn gegeben. Genau so sieht es aus.

False Prophet: Dylan während seiner
England-Tournee 1966. »Ich vergebe Bob Dylan
seine Schrulligkeit und werde ihn immer lieben«,
sagt T.C. Boyle.

T. C. BOYLE

»Ich höre jeden Tag Bob Dylan,
eigentlich höre ich ihn den ganzen Tag.«

T. C. Boyle gehört zu den einflussreichsten zeitgenössischen
US-Schriftstellern. Bei seinem Debüt stand Bob Dylan gewis-
sermaßen Pate – in dem historischen Roman *Wassermusik* hat
Boyle ihm ein Kapitel gewidmet. Ein Gespräch über Dylans
unterschätzten Humor, Glühbirnen- und Knüppelmetaphern,
Spotify-Sucht und Woodstock-Erinnerungen.

* * *

Er gilt als Rockstar der amerikanischen Literatur, was nicht
nur damit zu tun hat, dass er seinen Zuhörern bei Lesungen vor allem eine gute Show bieten will. »Vorlesen ist wie
Rock 'n' Roll«, sagt T. C. Boyle, der Mann mit der unver-
wechselbaren Krähennestfrisur. Auf seinen Lesereisen geht
er bevorzugt in schrillen T-Shirts und roten Chucks auf die
Bühne, liest ausschließlich im Stehen. Wenn er die ausge-
wählten Buchpassagen anmoderiert, ist er Frontmann und
Stand-up-Comedian in einem, setzt Seitenhiebe gegen Politiker, Kollegen und nimmt sich dabei auch gerne selbst auf den
Arm. Es sind kleine Eruptionen, wie Soli in einem Rockkon-
zert, es ist der Sturm vor der Ruhe – bevor er dann endlich
irgendwann anfängt zu lesen.

Auch in seinen Büchern hat der große Satiriker unter den US-Belletristen immer wieder ein bisschen Rock'n'Roll eingestreut, wenn er Zitate oder Themen aus Rocksongs aufnimmt und ausbaut. So verneigt er sich in seinem Wälzer *Wassermusik* vor Bob Dylan, Bruce Springsteen wird als Inspiration in der Kurzgeschichte *Greasy Lake* eingeführt, und der große Bluesmeister Robert Johnson wird in der Geschichte *Stones in My Passway, Hellhound on My Trail* wieder lebendig. Dylan aber, das sagt Boyle deutlich, hat ihn am nachhaltigsten geprägt. Es habe nur lange gedauert, bis er das selbst gemerkt hätte.

Eigentlich wäre Boyle selbst gerne Rockmusiker geworden. Anfang der achtziger Jahre war er sogar mal Sänger und Saxophonist in einer Band namens The Ventilators. Das sei aber, wie er heute sagt, mehr ein Hobby gewesen, weil er zu dem Zeitpunkt bereits als Dozent für Creative Writing an der Universität in Los Angeles unterrichtete und bereits erste Short Stories veröffentlicht hatte.

Thomas Coraghessan, kurz T.C., Boyle, am 2. Dezember 1948 in Peekskill im Bundesstaat New York geboren, gehört heute zu den bedeutendsten zeitgenössischen US-Schriftstellern. Er studierte an der State University in New York Englisch und Geschichte, arbeitete vier Jahre als Lehrer. An der Universität in Iowa nahm er an Creative-Writing-Seminaren teil, wo John Irving sein Förderer war. Seit 1974 ist er mit Karen Kvashay verheiratet, das Paar lebt in Montecito an der kalifornischen Pazifikküste und hat drei inzwischen erwachsene Kinder. Zu seinen größten Erfolgen zählen Romane wie *Wassermusik, Der Samurai von Savannah, Willkommen in Wellville* oder *América*. Boyle schreibt mit liebevollem Spott über Ex-Hippies und Weltenretter, die zwar Gutes im Sinn haben, aber nicht immer so handeln – und mit Furor über Waffenfetischisten, Wutbürger und konservative Moralhüter. Und immer wieder blickt er in die Abgründe bedingungsloser Ikonenverehrung – in seinen Romanen über den Sexforscher Alfred Kinsey, den Ernährungsapostel Harvey Kellogg, den Stararchitekten Frank Lloyd Wright oder den LSD-Philosophen Timothy Leary, die von ihren Anhängern wie Stars angehimmelt wurden. »Don't follow leaders / Watch the parkin' meters« – auch diese Erkenntnis teilt Boyle mit seiner großen Inspiration Bob Dylan.

* * *

Mr. Boyle, Sie haben eine gewisse Erfahrung mit runden Geburtstagen von Bob Dylan. Sie traten im Jahr 2001 bei einem kleinen Festival anlässlich seines 60. Geburtstags in New York auf und ließen ihn mit Patti Smith, Graham Parker und anderen Künstlern hochleben – wie kamen Sie zu der Ehre?

Nicht zu fassen, dass das auch schon wieder 20 Jahre her ist. Man muss noch dazu sagen, dass wir Bob Dylans Geburtstag damals ohne ihn gefeiert haben. Das *New Yorker*-Magazin hatte dieses Festival organisiert und uns dazu eingeladen. Bob Dylan selbst gab an dem Tag wahrscheinlich sein 300. Konzert in Folge – in Prag oder was weiß ich wo. Ich habe ihn an seinem 60. Geburtstag also nicht getroffen, auch sonst bin ich ihm bislang nie begegnet. Die Musiker unter uns Künstlern wie Patti Smith und Graham Parker hatten bei diesem Festival natürlich einen Vorteil: Sie konnten einfach ihre Lieblingssongs von Bob Dylan spielen. Ein Schriftsteller wie ich dagegen konnte nur über seinen Lieblingssong reden, darüber mit anderen Kollegen auf der Bühne diskutieren. Es war trotzdem großartig, eine wunderbare Art, seinen Geburtstag zu feiern.

Welches ist denn Ihr Lieblingssong von Dylan?

O Gott. Da gibt so viele. Die Frage ist für mich deshalb schwer zu beantworten, weil ich inzwischen exzessiv Spotify nutze und mir dort zig Playlisten von ihm angelegt habe, die ich sehr intensiv höre. Dabei habe ich auch viele mir bis dahin kaum bekannte Lieder von Dylan entdeckt. Eines seiner älteren habe ich in jüngster Zeit besonders oft gehört, es heißt »Po' Boy«. Ein wunderschöner, verrückter, schrulliger und freudvoller Song. Er kam für mich sozusagen aus dem Nirgendwo. Heute morgen fing ich meinen Tag damit an, dass ich mir drei Songs von Dylans aktuellem Album anhörte: »Key West«, »I've Made Up My Mind to Give Myself to You« und »False Prophet«. Ich höre Bob Dylan inzwischen jeden Tag, eigentlich höre ich ihn den ganzen Tag. Daran ist vor allem Spotify schuld. Eigentlich hasse ich ja Technologie, das meiste davon jedenfalls. Aber der Spotify-Roboter shuffelt meine Playlists, Hunderte seiner Songs, mit Lyrics, die ich über alles liebe. Zum Beispiel diese Zeilen hier: »Seen a shooting star tonight / And I thought of you« – und zwar in einer tollen Live-Fassung, die ich bisher noch nicht kannte.

Wir hätten jetzt gedacht, dass Sie eher ein analoger Mensch sind, dem seine Vinylplattensammlung das Allerheiligste ist. Sind Sie für die Generation Spotify nicht ein bisschen alt?

Meine Sammlung mit Vinylplatten von Dylan besitze ich natürlich immer noch. Die zu hören ist allerdings anstrengender. Dazu muss ich ja erst mal aufstehen, das Album aus der Hülle nehmen, auflegen und dann auch noch umdrehen, wenn ich die zweite Seite hören möchte. Und dann muss ich sie wieder wegpacken. Ich weiß, es wird oft über die Klangqualität von Spotify gelästert, aber ich finde, sie ist großartig. Und es ist alles so viel leichter zu handhaben: Wenn ich Dylan hören möchte, tippe ich einfach seinen Namen ein.

Sehen Sie Dylan, nachdem er nun Literaturnobelpreisträger ist, als Schriftstellerkollegen?

Ich sehe ihn als Künstlerkollegen. Nachdem er den Literaturnobelpreis gewonnen hatte, fragten mich ja viele Journalisten nach meiner Meinung. Ich fand und finde, dass Bob Dylan der größte Künstler unserer Zeit ist und dass er diese Auszeichnung verdient hat. Literatur ist ja ursprünglich aus Musik hervorgegangen. Noch bevor eine geschriebene Sprache existierte, gab es Poeten, die reimten und sangen, weil dies eine Möglichkeit war, Geschichten zu vermitteln und sich an sie zu erinnern. Nachdem ich all den Journalisten gesagt hatte, wie sehr ich Dylan diesen Preis gegönnt habe, konnte ich mir dann allerdings eine kleine Spitze nicht verkneifen. Ich sagte, nachdem jetzt erstmals ein Musiker diese hohe literarische Auszeichnung bekommen hat, hätte ich gehört, dass jetzt REO Speedwagon als heiße Favoriten für einen der nächsten Literaturnobelpreise gehandelt würden.

Wie gemein.

Sollte das doch nicht klappen, könnte das Nobelpreiskomitee gerne auch einen freundlichen, glücklichen amerikanischen Romanautor auswählen. Einen wie mich beispielsweise. Ich würde auch nicht Patti Smith als meine Stellvertreterin nach

Stockholm schicken, ich würde mich selbst auf den Weg machen. Versprochen.

Mit welchem seiner Alben oder Konzerte begann denn Ihre Liebe zu Dylan?

Sein Album *Blonde On Blonde* war meine Initiation, von dem Moment an, als ich diese Platte hörte, habe ich seine Musik erst wirklich verstanden. In den frühen Jahren seiner Karriere habe ich ihn allerdings noch nicht live gesehen. Ich begann relativ spät, auf Dylan-Konzerte zu gehen, in den achtziger und neunziger Jahren. In den Sechzigern fühlte ich mich seiner Musik noch nicht so leidenschaftlich verbunden. Damals liebte ich vor allem die Rolling Stones, die Kinks, die Yardbirds oder alte Bluesmeister wie John Lee Hooker. Dylan war für mich zwar präsent, aber eher im Hintergrund. Da meine besten Freunde allesamt Dylan-Fanatiker waren, wurde er erst über die Jahre hinweg zu meinem Lieblingssongwriter und -musiker. Dafür ist er es dann aber auch bis heute geblieben.

Sie sind also ein Dylan-Spätzünder. Warum haben Sie ihn in seiner Hochphase in den sechziger Jahren übersehen und lieber die Stones gehört?

Die Sechziger waren Dylans herausragende kreative Phase, das stimmt. Nur war ich in der Zeit mehr ein Headbanger, es ging mir um Jugend, darum, durchzudrehen. 1969 bin ich mit zwei Freunden und einer Freundin, die dann später meine Ehefrau wurde, von New York aus zum Woodstock-Festival gefahren. Da haben mich Santana und The Who begeistert, ansonsten hörte ich neben den Stones noch Led Zeppelin und solche Bands. Laut und wild. Dennoch habe ich Dylan damals nicht übersehen. Er war für mich immer präsent. Und je älter und gesetzter ich wurde, desto bewusster nahm ich dann auch das Tiefgründige in seinen Songs wahr.

Sie sind also im August 1969 mit zigtausend Fans zum Woodstock-Festival gefahren. Wie lange steckten Sie im Stau fest?

Ich verrate Ihnen jetzt mal was über meine Attitüde in jenen Tagen, das ist ein trauriger Tiefpunkt: Ich war damals so sehr Punk, dass ich auf gar keinen Fall schon am Freitagabend in Woodstock sein wollte, weil an dem Tag nur Folksänger auftraten. Und wen kümmern schon Folksänger? Ich habe also Richie Havens, Joan Baez und all die anderen verpasst. Wir haben Freitagnacht dann damit verbracht, in meiner Nachbarschaft in der Nähe von Peekskill im Bundesstaat New York herumzufahren. Wir fuhren über den Fluss, weiter in Richtung Woodstock. Wir suchten verzweifelt nach Drogen. Und wir bekamen schließlich auch welche. Aber zu dem Zeitpunkt war es bereits vier Uhr morgens am Samstag. Ein Großteil des riesigen Staus hatte sich da bereits aufgelöst. Da aber viele Leute, die nur wegen der Folksänger gekommen waren, wieder abfuhren, war die Straße, die nach Woodstock führte, irgendwann auf beiden Fahrspuren mit Autos verstopft, die vom Festival wegfuhren. Irgendwann kamen wir nicht mehr weiter, und so parkten wir unsere Karre einfach in den Büschen. Wir waren aber immer noch meilenweit vom Gelände entfernt und mussten zu Fuß weiter.

Und dann?

Wir konnten dann einfach so aufs Gelände gehen, Absperrungen und Kontrollen gab es keine mehr, sie waren niedergerissen worden, weil einfach so viel mehr Menschen gekommen waren, als man erwartet hatte. Und ich hatte mir extra noch Tickets in einem Plattenladen gekauft. Wir hatten auch ein Zelt mitgebracht, das wir neben unserem Wagen aufbauten. Wir gingen dann aber nicht mehr zurück, einfach weil es viel zu weit weg war vom Gelände.

Zu Zeiten von Woodstock gehörte die LSD-Kultur zum Mainstream der Jugendbewegung. Gleichzeitig gab es massive Proteste gegen den Vietnamkrieg, viele Männer hatten Angst, eingezogen zu werden. Drogenhedonismus und Protest – wie passte das für Sie damals zusammen?

Ich sehe das nicht als Widerspruch: Die Freiheit und das Befreiende der Drogenkultur standen im Gegensatz zu der Idee des Militarismus. Ich denke, dass jeder, der zu diesem Konzert ging, dem Krieg kritisch gegenüberstand. Das galt jedenfalls für die große Mehrheit der Woodstock-Besucher. Es war wie eine große Stammesversammlung von Menschen, die sich ähnlich kleideten, ähnlich aussahen, ähnlich dachten, die gleiche Musik mochten. Es war eine Kultur, die um LSD und andere Drogen herum entstanden war. Es war auch eine Opposition zur damaligen Regierung und deren Politik. Eine Opposition gegen den Krieg und die Einberufung.

Bob Dylan lebte und arbeitete lange Jahre in Woodstock. Bei dem Festival spielte er allerdings nicht mit, er verließ sogar vorher sein Haus – aus Angst vor den Massen von Fans, von denen er nichts Gutes erwartete. Er floh also vor Freaks, wie Sie damals einer waren.

Da haben Sie recht. Bob Dylan bleibt dennoch mein Held. Er war nicht in Woodstock, so what? Er war ja auch nicht in

Stockholm, um den Literaturnobelpreis am Abend der Verleihung persönlich entgegen zu nehmen.

Wir sahen Dylan zuletzt 2019 auf einem Konzert in Berlin. Unter all den berühmten Songs, die er an dem Abend spielte, gab es im Grunde nur einen, den man sofort erkannte: »It Ain't Me, Babe«. Der komplette Refrain heißt ja »It ain't me you're looking for, babe«. Bei allen anderen Songs musste man sich gewaltig anstrengen, um sie überhaupt zu erkennen. Das schien seine Botschaft ans Publikum zu sein: Ich bin nicht der, der ihr glaubt, der ich bin.

Ja, das ist Bob, wie wir ihn kennen – ganz gleich zu welcher Zeit er an welchem Ort auftrat. Ich sah ihn mal vor 25 Jahren in der Santa Barbara Bowl. Damals ging es mir genauso: Ich hatte oft nicht die leiseste Ahnung, welchen Song er da gerade spielte, weil er sie komplett anders arrangiert hatte, ohne einen einzigen Akkord, den ich hätte wiedererkennen können. Vielleicht wollte er das dem Publikum, in dem Sie an jenem Abend in Berlin saßen, ja tatsächlich mit diesem Song klarmachen: Ich bin nicht der, den ihr euch ersehnt. So war er immer – aber ich vergebe Bob Dylan seine Schrulligkeit und werde ihn immer lieben.

Hat seine Art, Songs zu schreiben, Sie als Schriftsteller beeinflusst?

In meinem ersten Roman *Wassermusik* heißt eines der insgesamt 104 Kapitel »It's Alright, Ma (I'm Only Bleeding)«. Aber abgesehen von diesem Zitat hat Dylan schon eine Präsenz in meinen Büchern. Wobei ich den Einflussrahmen eher auf die gesamte Populärkultur der sechziger Jahre erweitern würde, die ich beispielsweise in Romanen wie *Drop City* beschreibe, in dem es um eine aus den Fugen geratene Hippiekommune geht. Ich bin stolz darauf, ein Kind der Hippiekultur zu sein. Menschen aus dieser Zeit haben jedenfalls stets mit wachem Verstand jene Formen politischen Machtmissbrauchs kritisiert, die wir zuletzt in den vier Jahren unter Trump in seiner bisher radikalsten Form erleben mussten. Während der Obama-Jahre habe ich eine Zeit lang gedacht, dass wir den Kampf gegen Rassismus, Ungleichheit, Gier und Korruption gewonnen hätten. Da hatte ich mich getäuscht. Jetzt haben wir mit Joe Biden wieder einen Demokraten als Präsidenten und mit Kamala Harris eine Vizepräsidentin, die in dreifacher Hinsicht historisch ist: Sie ist die erste Schwarze, die erste Frau und die erste US-Amerikanerin mit indischen Wurzeln in diesem Amt. Es gibt inzwischen eine Menge dynamischer, junger Mitglieder bei den Demokraten – und Kamala Harris ist eine von ihnen. Ich hoffe, dass der Sieg von Joe Biden das Tor für diese neue Generation aufstoßen wird. Für eine neue Generation, die eine noch breitere Basis der Bevölkerung ansprechen wird, damit wir diesen schrecklichen Trumpismus, der Amerika zerstört, aus unserer Politik zurückdrängen können.

Der neue US-Präsident Joe Biden hatte im Wahlkampf den »Kampf um die Seele der Nation« ausgerufen. Ihrem 2015 erschienenen Roman Hart auf Hart, *in dem es um radikale Systemgegner und Verschwörungstheoretiker in den USA geht, haben Sie zu dem Thema ein Zitat vorangestellt – diesmal nicht von Dylan, sondern von D. H. Lawrence: »Die amerikanische Seele ist ihrem Wesen nach hart, einzelgängerisch, stoisch und ein Mörder. Sie ist noch nicht geschmolzen.« Ist das eine Erkenntnis, die viele Liberale die ganze Zeit nicht wahrhaben wollten? Hat Lawrence mit seiner Be-*

schreibung der amerikanischen Seele nicht exakt Trump voraus-
gesehen?

Das Zitat beschreibt die amerikanische Frontier-Mentalität, über die ja beispielsweise auch Faulkner schrieb. Das zielt auf die Härte des Landes, die schwierigen Bedingungen, unter denen die Menschen ihren Lebensunterhalt verdienen mussten. Das geht auf die Historie zurück, die sich aber auch in der Wirtschaft von heute spiegelt. Wir erleben heute eine große ökonomische Ungleichheit und sehen, dass bestimmte Konzerne Politiker kaufen und so das Land steuern, um davon zu profitieren. Und sie kontrollieren die Bevölkerung durch Propaganda, wie das für faschistische Bewegungen typisch ist. Sie schüren Ängste und Feindseligkeiten. Das sieht man bei Themen wie Abtreibung oder Einwanderung. Ein Demagoge wie Trump hat in diesen Bereichen Ängste geschürt und sich einen Dreck um Amerika geschert. Er war ein Desaster, nicht nur für Amerika, sondern auch für die restliche Welt.

Sie haben Trump 1990 mal auf einer Buchmesse in Las Vegas ge-
troffen, saßen neben ihm bei einer Buchpräsentation. Das könnte
man sich heute kaum vorstellen.

Ist aber passiert. An der Pinnwand, die Sie hinter mir sehen, hängt sogar ein kleines Foto, das Trump und mich zeigt. Auf dieser Buchmesse waren drei Autoren ausgewählt worden, vor einem großen Publikum gemeinsam aufzutreten. Zum einen war da Trump, der sein zweites Buch veröffentlicht hatte, in dem es darum ging, wie man im Business Erfolg hat. Er ging an diesem Tag übrigens nach unserem Auftritt nicht mehr mit uns zur gemeinsamen Pressekonferenz, weil kurz zuvor enthüllt worden war, dass er – wieder mal – bankrott war. Das nur am Rande. Außer ihm war da noch die Schauspielerin Angela Lansbury ...

... die Miss-Marple-Darstellerin ...

... sie hatte auch ein Buch geschrieben. Jedenfalls verbrachten Trump und ich ein, zwei Stunden zusammen. Wir hingen ein bisschen ab. Das war ... okay. Er war in Ordnung. Ich wusste damals ehrlich gesagt gar nicht genau, wer er war. Irgendein Immobilienmakler, dachte ich. Ich konnte ja nicht ahnen, wie er sich viele Jahre später entwickeln würde. Hätte ich es gewusst, hätte ich ihn an dem Tag unter Einsatz meines Lebens zu Tode gewürgt und ihn gegessen.

Haben Sie je geglaubt, dass die Songs von Dylan die Welt, die Politik, verändern konnten?

Ja. Absolut. Wir alle haben das geglaubt. Die ganze Rock-'n'-Roll-Generation hat das geglaubt. Der Geist und die Haltung dieser Songs waren es doch, die die Mauern des sogenannten »Reichs des Bösen« der Sowjetunion einrissen. Dass Trumps engster Alliierter Putin sie dann viele Jahre später wieder hochgezogen hat, ist eine andere Geschichte. Trotzdem glaube ich immer noch daran, dass Songs wie jene von Dylan die Welt verändern können. Meine Helden waren nie Generäle oder Politiker. Meine Helden sind Künstler. Kunst ist der Ausdruck unserer Seele. Im Angesicht unseres eigenen Todes und all der Bedrohungen des Universums ist es die Kunst, wie jene von Bob Dylan, die uns vor der absoluten Verzweiflung bewahrt.

Als Dylan in den sechziger Jahren das erste Mal nach Großbritan-
nien kam, fragte ihn ein Reporter, was denn seine Botschaft an
die Welt sei: »Keep your head up and always carry a light bulb«,
war seine Antwort. Das passt in den unruhigen, wirren Zeiten von
heute eigentlich noch besser als damals, oder?

Absolut. Und das Zitat zeigt auch, dass Dylan nicht nur tiefgründig, sondern auch unglaublich humorvoll sein kann. Ich
muss mir den Dokumentarfilm *Dont Look Back*, der ja Dylans
65er-England-Tournee beschreibt, unbedingt noch mal anschauen. Ich habe ihn bereits mehr als zehnmal gesehen. Dylan ist darin so cool – was für ein Punk! Ein absoluter brillan-
ter Punk, dem in diesem Moment die ganze Welt zu Füßen
liegt.

Dylans Glühbirnensatz scheint ja ein Zitat des US-Präsidenten
Theodore Roosevelt zu variieren: »Speak softly and carry a big
stick«. Sprich sanft und trage einen großen Knüppel ...

... wobei Dylan den Knüppel in eine Glühbirne verwandelt hat,
das ist der Unterschied zwischen einem Liberalen, der Licht
ins Dunkle bringen will, und einem Konservativen, der mit
dem großen Knüppel kommt. Dieser scharfzüngige Witz, den
Dylan hat, wird leider viel zu oft übersehen.

Jetzt ist Dylan 20 Jahre älter als bei seinem letzten runden Ge-
burtstag, den Sie ohne ihn, dafür mit Patti Smith feierten. Einen
Bluesmusiker würde mit 80 noch niemand für zu alt halten, doch
eine Rockikone macht diese Zahl zum Methusalem. Fragen Sie sich
manchmal, wie lange Dylan noch weitermachen wird?

Ich hoffe sehr, dass er noch lange Konzerte geben wird. Gott segne Bob Dylan! Und da er das wegen der Coronapandemie jetzt eine lange Zeit nicht machen konnte, hoffe ich zumindest, dass er in dieser Zwangspause jeden Tag mindestens 23 großartige neue Songs geschrieben hat. Sehen Sie, Rock'n'Roll ist ja immer noch eine vergleichsweise neue Kunstform. Als es in den *Sixties* losging, kannten sie die Leute noch nicht. Dann galt Rock lange Zeit als Teenager- und Jugendphänomen, das zunächst nur durch 45er-Singles, also Hits, angefeuert zu werden schien. Dass Alben komplexe Geschichten erzählen konnten, wurde vielen erst später bewusst. Niemand wusste damals, wie lange das alles dauern würde. Heute wissen wir, dass diese Musik Bestand hat, dass sie für immer bedeutsam sein wird. In jenen Tagen entdeckte ich, wie viele meiner Zeitgenossen, durch den Rock'n'Roll auch all die großartigen schwarzen Bluesmusiker wie Muddy Waters, B.B. und Albert King, die alle schon älter waren, aber immer noch weitermachten. Das ist auch gut so. Blues, Rock oder Folk sind Kunstformen, wenn du damit mal angefangen hast, machst du immer weiter – bis du irgendwann stirbst.

Mit welchem Dylan-Song würden Sie ihn an seinem 80. Geburtstag hochleben lassen?

Der offensichtliche wäre »Forever Young«. Die weitaus bessere Wahl wäre »Like a Rolling Stone« – weil ihn das Lied einfach am besten beschreibt: den Rastlosen, der immer weitermacht.

Könnten Sie folgenden Satz für uns zu Ende führen: »Eine Welt ohne Bob Dylan wäre vorstellbar, aber ...«

... total verarmt. Denn dann hätten wir all die Zeilen aus seinen Liedern nicht. Und mir würde der Name eines Kapitels in meinem Roman *Wassermusik* fehlen. Ich kann mich noch gut daran erinnern, als Dylan sich 1966 nach einem Motorradunfall das Genick gebrochen hatte. Da dachte ich zunächst, jetzt ist es vorbei mit ihm. Aber er ist zum Glück nicht nur körperlich genesen, er kehrte auch als Künstler ins Leben zurück und erfand sich in den Folgejahren immer wieder neu, blieb als Musiker lebendig. Bob Dylan ist wie Picasso, der hat auch bis ins hohe Alter große Kunst gemacht. Warum auch nicht. Bob Dylan ist lebendige Geschichte. Jeder hat Erinnerungen daran, wann er ihn das erste Mal live gesehen hat und welcher seiner Songs ihn durchs Leben getragen hat. Allein dadurch, dass Bob Dylan immer weitermacht, gibt er uns allen Hoffnung.

On the Road Again: Bob Dylan in einem Tourneebus
in den späten siebziger Jahren. »Dylan war immer rastlos,
ließ sich nicht festlegen«, sagt Robert Plant.

ROBERT PLANT

»Dylan und ich, wir spüren beide diesen Drang,
unterwegs sein zu müssen.«

Für viele Kritiker ist Ex-Led-Zeppelin-Frontmann Robert
Plant der beste Rocksänger aller Zeiten. Er selbst gibt sich be-
scheidener und lobt stattdessen lieber den Herrn und Meister
Bob Dylan, dem er erst im höheren Alter näherkam. Ein Ge-
spräch über Umarmungen mit Dylan im Regen, lange Haare,
Podcasts und Rastlosigkeit.

* * *

An Bob Dylan hat Robert Plant sich erst spät in seiner Karriere
herangewagt, zu einer Zeit, als er schon lange nicht mehr die
Rampensau von Led Zeppelin war, einer der erfolgreichsten
Rockbands aller Zeiten. 2006 spielte Plant mit seiner Soloband
in einem Konzert »Girl from the North Country«. Dass er ein-
leitend sagte, er wisse nicht genau, ob dieser Song von Mr. Zimmerman geschrieben wurde, wird in den Kommentarspalten
von YouTube bis heute von einigen zornig kritisiert. Davon abgesehen finden einige User, Plant habe die schönste Fassung
dieses frühen Dylan-Songs dargeboten. Ein anderer dagegen
schreibt: »Ich hätte nie gedacht, dass man diesen Song verhun-
zen könnte. Robert Plant hat es geschafft.« Was Plant dann
aber nicht davon abhielt, 2011 einen weiteren Dylan-Song,

»A Hard Rain's A-Gonna Fall« in Chicago zu singen. Bereits 2002 hatte er Dylans »One More Cup of Coffee« mit Einflüssen arabischer Musik für sein Soloalbum *Dreamland* neu arrangiert. Und bereits 1975 hatte Plant für das Led-Zeppelin-Album *Physical Graffiti* das Lied »In my Time of Dyin'« neu eingesungen – einen Blues-Song aus den zwanziger Jahren, den Dylan 1962 auf seinem Debütalbum interpretiert hatte.

Davon einmal abgesehen schien der Led-Zeppelin-Sänger in den siebziger Jahren der größte anzunehmende Kontrast zu Dylan zu sein. Auf dem Höhepunkt seines Ruhms hat er sich mal mit seiner blonden Löwenmähne auf den Balkon eines Luxushotels in Los Angeles gestellt, die Arme ausgebreitet und »Ich bin ein goldener Gott« gerufen – ein Fotograf hielt die Szene fest. Plant war damals der Inbegriff von allem, was im Rock großartig und zugleich lächerlich und dekadent war. Led Zeppelin machten Schlagzeilen mit Hits wie »Stairway to Heaven« und »Whole Lotta Love«, ausverkauften Stadionkonzerten sowie Sex- und Drogenexzessen. Und Plant, am 20. August 1948 im englischen West Bromwich geboren, wurde zum Vorbild zahlreicher anderer Hardrocksänger wie Bon Scott von AC/DC oder David Lee Roth von Van Halen. 1980 löste sich die Gruppe nach dem Tod des Schlagzeugers John Bonham auf. Plant begann daraufhin eine bis heute andauernde Solokarriere, umgab sich mit wechselnden Musikern und vermischte in seiner Musik orientalische Klänge mit Blues, Rock, Folk und Country. Sein Album mit der US-amerikanischen Countrysängerin Alison Krauss, *Raising Sands*, wurde 2009 mit fünf Grammys ausgezeichnet.

Mit den beiden anderen Led-Zeppelin-Mitgliedern kam er noch mal zu einigen wenigen gemeinsamen Auftritten zusammen – 1985 bei Live Aid, zuletzt 2007 in London mit Bonhams

Sohn Jason am Schlagzeug. Für das einmalige Reunionkonzert in der 20 000 Besucher fassenden O2 Arena, gab es 20 Millionen Ticketanfragen. Zur besseren Einordnung: Auf Platz eins der Liste der kommerziell erfolgreichsten Rocktourneen aller Zeiten steht seit Jahren U2 – mit 7,27 Millionen Zuschauern bei einer Tour mit 110 Konzerten. Die wiedervereinten Led Zeppelin wären somit *larger than life*. Die Spekulationen um eine ganze Tournee sind seitdem nie verstummt. Allein, Plant hat bislang alle Angebote ausgeschlagen. Der 72-Jährige hat schon lange keine Lust mehr auf die Gigantomanie von Stadionauftritten. Er nimmt lieber weiterhin Soloalben auf, macht Podcasts und ist mit Leidenschaft Vizepräsident seines Lieblingsfußballclubs – des englischen Erstligisten Wolverhampton Wanderers. Interviews gibt Plant nur noch selten. Und wenn er doch mit den Medien spricht, heißt es im Vorfeld, man möge bitte nicht über seine alte Band reden. Zu Bob Dylan befragt, spricht Plant dagegen ebenso ausschweifend wie ehrfurchtsvoll.

* * *

Mr. Plant, im Booklet Ihrer CD-Anthologie Digging Deep: Subterranea *schreiben Sie über Ihre nie endende Reise, die Sie als Musiker immer vorwärts in eine unbekannte Zukunft führe. Sind Sie da wie Bob Dylan unterwegs auf einer Never Ending Tour?*

Wir spüren wohl beide diesen Drang, die Notwendigkeit, unterwegs sein zu müssen. Darin sind wir uns sehr ähnlich. Meine Mutter hat sich schon in meiner Kindheit darüber aufgeregt, dass ich nicht still sitzen konnte. »Du hast den Veitstanz«, sagte sie mir dann immer.

Sie meinte jene Krankheit, bei der normale Bewegungen durch Zuckungen unterbrochen werden?

Ja. Ich kann mir jedenfalls gut vorstellen, dass es Bob Dylan in seiner Jugend ähnlich ging. Das ist vielleicht die größte Gemeinsamkeit zwischen mir und dem Herrn und Meister, wie ich ihn nenne. Was Dylan in seiner Musik noch heute erreicht, ist einfach nur brillant. Ich meine, sein neues Album *Rough and Rowdy Ways* ist schlicht großartig. Als ich es zum ersten Mal hörte, dachte ich nur: wow. Dylan ist ein Mann auf einer Mission.

Sind Sie das nicht?

Doch. Ich habe schon auch das Gefühl, dass ich das irgendwie bin. Ich kann Ihnen nur nicht sagen, worin zum Teufel meine Mission besteht. Vielleicht darin, auf Tourneen zum nächsten Ort zu gelangen, das nächste musikalische Projekt in Angriff zu nehmen – und immer wieder darüber nachzudenken, was ich da eigentlich mache. Im Gegensatz zu Dylan bin ich ja nur ein Sänger, ich spiele nicht oft auf Instrumenten. Obwohl – während ich mit Ihnen spreche, steht direkt neben mir eine verstimmte Gitarre. Die werde ich jetzt aber nicht benutzen. Davon mal abgesehen bin ich viel zugänglicher als Bob. Das ist offensichtlich.

Nach dem Ende von Led Zeppelin und dem Beginn Ihrer Solokarriere sind Bob Dylan und Sie sich öfter im Umfeld von Auftritten auf großen Festivals begegnet.

Wir sind mal beide bei einem Open Air im spanischen La Coruña aufgetreten und haben uns dort getroffen. Dylan fragte mich, ob ich Spanien möge. Ich sagte ja. Woraufhin er nur meinte: »Wusstest du, dass es in dem Land 150 Stierkampf-arenen gibt?« Als wir 2019 beide beim Roskilde-Festival spiel-ten, trafen wir uns ebenfalls. Das war eine wirklich denkwür-dige Begegnung.

Warum?

Ich hatte mir zunächst seinen Auftritt in Roskilde angesehen. Dylan wirkte auf mich in seiner Performance wie eine Art großartiger Hofnarr, er hatte dieses Funkeln in seinen Augen. Das konnte ich deshalb so gut sehen, weil es diese High-De-finition-Kameras gab, die seine Gesten auf große Leinwände projizierten. Er hatte mir vor dem Konzert ausrichten lassen, dass er sich nach seinem Auftritt gerne ein bisschen mit mir unterhalten würde. Also trafen wir uns später, dort, wo all die Busse geparkt waren. Es war dunkel und regnete. Da standen wir beide uns dann in Kapuzenjacken gegenüber. Ich legte meine Hand auf seine Schulter, wir umarmten uns, hielten uns fest. Wir lachten, sahen uns beide an, von ganz nah. Wir sahen die Linien im Gesicht des anderen, sprachen über Zei-len in unseren Songs und all die Straßen, die wir auf unseren Tourneen befahren hatten. Dann lachten wir wieder. Und Dy-lan sagte zu mir: »Mann, du kannst auch nicht aufhören.« Es war ein großer, ein bewegender Moment. Es gibt so viele von uns, die es immer noch zutiefst genießen, auf der Bühne zu stehen, trotz all der Giftpfeile, die im Leben auf dich abge-schossen werden, trotz all der Missgeschicke, die dir passieren. Du kannst in diesem Geschäft kein Held sein. Wen kümmert das auch? Helden müssen Erwartungen gerecht werden. Ich glaube nicht, dass Dylan das macht. Und ich mache es auch nicht. Bob Dylan hat seine Position eine Million Mal geändert, eine Rolle, die wir ihm ja zugeschrieben haben – die Rolle des Erzählers, als Stimme einer, ach was, zweier oder dreier Generationen. Dylan war in der Hinsicht immer rastlos, ließ sich nicht festlegen – das kann ich gut nachempfinden. Ich muss dann immer an meine Zappeligkeit zu Schulzeiten denken. Fest steht auch, dass seine Songs über Jahrzehnte hinweg eine Resonanz hatten und bis heute noch haben – und zwar auf einem Level, an das meine Lieder nicht mal annähernd heranreichen können.

Machen Sie sich da jetzt nicht ein bisschen zu klein?

Nein. Viele meine Lieder sind im Vergleich zu seinen eher oberflächlich, leichtfüßig. Mein Solosong »Hurting Kind« beispielsweise ist nicht mit »Like a Rolling Stone« zu vergleichen, Dylans Songs sind tiefgründiger. Ich musste mich anfangs anstrengen, um herauszufinden, wovon er sprach. Seine Musik verwies auf Woody Guthrie, Reverend Gary Davis, Dave Van Ronk und all diese großen amerikanischen Künstler, von denen ich in meinen jungen Jahren noch nichts wusste. Dylan nahm die Details Amerikas in sich auf und brachte sie in seinen Liedern ohne jede Zurückhaltung zum Ausdruck. Er entfachte ein soziales Gewissen, das spektakulär ist. Dylan war der erste Songschreiber, der »Hallo« zur Realität sagte. Ich dagegen bin eben nur ein Sänger ohne Gitarre. Ich bin einfach der Typ, der ich nun mal bin. Aber in diesem Antrieb, nicht zu verharren, fühle ich mich ihm sehr nah. Es macht mir Spaß, immer wieder mit neuen Musikern zu arbeiten und ganz andere Klänge zu entdecken und in meine Musik einzubeziehen.

Ihre jüngsten Exkursionen führten Sie eher ins Digitale. In Ih-
rem Podcast »Digging Deep« erzählen Sie von den Entstehungs-
geschichten Ihrer Solo-, aber auch von Led-Zeppelin-Songs. Ihre
Podcastfolgen sind millionenfach gestreamt und heruntergeladen
worden. Wenn Sie ein neues Album veröffentlichen, hat das heute
nicht mal annähernd so viel Resonanz. Macht Sie das wütend?

Jaja, Podcasts sind doch auch nur wie eine weitere Kurve in
der Straße, nicht wahr? Was schmerzt, ist etwas anderes: Da
loderst du im Studio, um wunderschöne Musik zu kreieren,
und dann siehst du, dass sich die Leute die Musik mit Hilfe
ihrer Smartphones anhören, die per Bluetooth mit winzigen
Lautsprechern oder Minikopfhörern verbunden sind. Dabei
geht so viel Klangqualität verloren. Aber was soll ich machen –
so ist es heute nun mal. Das ist die Realität. Die Podcasts machen mir einfach Spaß, ich erzähle von meinen Songs, wie sie
entstanden sind, wo ich herkomme.

Sie leben heute wieder auf einer Farm nahe Ihrem Geburtsort
West Bromwich nordwestlich von Birmingham.

Ich war immer stolz darauf, Teil eines Stammes zu sein, ich
spürte diese Verbundenheit mit jener Region, in der ich aufgewachsen bin. Ich hatte in meinem Leben ein paar Exkursionen ins Paradies, inzwischen bin ich zurückgekommen in die
Mitte Englands. Dorthin, wo ich eigentlich immer gelebt habe.
Es ist eine sehr gemütliche Umgebung. Meine Mitmenschen
machen kein Aufhebens um mich.

Mr. Plant, es gibt noch etwas, das Sie und Bob Dylan verbindet.

Nämlich was?

In Ihren Solokonzerten spielen Sie oft auch Songs von Led Zeppelin – meist stark verfremdet, in neuen Arrangements. Diese Lust an der Dekonstruktion des eigenen Werkes erlebt man auch bei Dylan immer wieder.

Ich mache das aber nicht ganz so extrem wie Bob Dylan.

Mal ehrlich: Ist Ihnen das als Zuschauer bei Dylan-Konzerten nicht auch oft so gegangen, dass Sie einen Song gar nicht oder erst mit erheblicher Verzögerung erkannt haben?

O ja. Aber sehen Sie, wann immer er auf Tournee geht – was bei ihm ja ständig der Fall ist, wenn er nicht wie wir alle wegen der Coronapandemie nicht auftreten kann –, wird irgendwo auf diesem Planeten irgendjemand sagen: »Ich habe letzte Nacht ein Konzert von Bob Dylan gesehen. Und, Mann, ich hatte die ganze Zeit keinen blassen Schimmer, dass er da gerade ›Masters of War‹ spielte, bis ich eine Zeile daraus aufschnappte.« Ich sehe das so: Wenn du als Musiker schon so lange Konzerte gibst, wie Bob Dylan oder ich das machen, dann musst du dir auf der Bühne selbst gefallen und dich bei Auftritten bei Laune halten, indem du Variationen in die Lieder bringst. Für all jene historisch interessierten Musikliebhaber kannst du meinetwegen eine Ausstellung machen, in der du die Entstehungsgeschichten der Songs dokumentierst und deine Ansichten, die du hattest, als du den Song geschrieben hast. Aber wenn du einen Song 50 Jahre nachdem du ihn aufgenommen hast, immer noch exakt so spielst wie damals – Mann, dann hast du echt Probleme.

Eine Led-Zeppelin-Ausstellung gab es bisher noch nicht, dafür das von Ihnen und den anderen beiden noch lebenden Bandmitglie-

dern kuratierte Fotobuch Led Zeppelin by Led Zeppelin. *Darin gibt es ein Bild von 1973, als Sie in den USA auf Tournee waren. Sie stehen mit Ihrer Löwenmähne in der Lobby eines New Yorker Hotels, vor Ihnen empört sich eine kleine ältere Frau, die Ihnen den Zeigefinger entgegenhält.*

Die alte Dame schimpfte mit mir, weil ich zu lange Haare hatte.

Sie sind inzwischen 72, tragen die Haare immer noch schulterlang. Sorgt Ihre Frisur heute auch noch für Gesprächsstoff – nur anders als damals?

Eigentlich nicht. Ich persönlich sehe meine langen Haare als eine Art Mitgliedskarte für eine Art alte Bruderschaft. Die Leute gucken ansonsten eher mitleidig auf alte Männer mit langen Haaren, wahrscheinlich denken sie, die wären in einer bestimmten Zeit stecken geblieben. Und das ist das Letzte, was auf mich zutrifft. Manche denken wohl auch: Der Typ ist eigentlich ein bisschen zu alt, um noch so lange Haare tragen zu können.

Ist das für Sie inspirierend, dass Bob Dylan auch mit 80 plant, weiterhin auf Tournee zu gehen?

Ja, sicher. 2019 war ich mit meiner Band, den Spaceshifters, mit Willie Nelson auf Tour. Er stellt etwas anderes dar als wir – er ist in den USA ein nationales Kulturgut, ein amerikanischer Schatz. Er hat eine so wunderschöne Stimme. Nelson ist für mich wie ein großartiges Wappen Amerikas, er steht dafür, wie das Land sein könnte, wenn es ein bisschen mehr Spaß an sich selbst hätte. Jedenfalls hatte Nelson einen Klavierspieler dabei, der 92 war. Oder nehmen Sie Pinetop Perkins, der wurde 97 Jahre alt, spielte bis kurz vor seinem Tod noch Piano. Wenn ich keine Konzerte mehr geben könnte, wüsste ich nicht, was ich sonst machen sollte. In meinem Alter könnte ich schlecht auf meine andere große Leidenschaft, den Fußball, umsatteln – auch deshalb, weil meine fußballerischen Fähigkeiten nach wie vor so durchschnittlich sind, wie sie es schon immer waren. Nein, ich muss als Musiker einfach weitermachen. Es gibt noch so viele Orte, zu denen ich hinmöchte.

The Times They Are A-Changin': ein weiß geschminkter
Bob Dylan bei einem Konzert der *Rolling Thunder Revue*
1975. »Was soll ich sagen? Kiss haben Bob Dylan
beeinflusst«, sagt Gene Simmons.

GENE SIMMONS

»Bob Dylan ist mein Held.«

Die Horrorschminke hält ihn für immer jung. Sie ist sein Markenzeichen und so bekannt wie die Maske von Darth Vader. Die wenigsten wissen, dass Kiss-Bassist Gene Simmons damit auch Bob Dylan beeindruckt hat. Ein Gespräch über die ungewöhnliche Zusammenarbeit mit seinem Idol, darüber, was Dylan mit dem Dalai Lama verbindet und warum Kiss im Gegensatz zu Dylan nicht auf eine Never Ending Tour gehen können.

* * *

Sie sind beide mit weiß geschminkten Gesichtern auf die Konzertbühnen gegangen. Der eine trug dazu Blumenhut, scharte Künstlerkolleginnen und Kollegen wie Joan Baez, Allen Ginsberg und Sam Shepard um sich, nannte das Ganze Rolling Thunder Revue und tingelte 1975/76 durch Dorfschuppen, Gemeindezentren und Tennishallen an der Ostküste der USA. Der andere schminkte sich für seine Auftritte seit 1973 eine furchterregende Schwarz-Weiß-Fratze, zwängte sich in Brustpanzer, Lederkorsetts mit Fledermausflügeln, trug gigantische Plateauschuhe und gab so auf der Bühne einen brunftigen Dämon, der Kunstblut und Feuer spuckte. Es sah ein bisschen so aus, als würde Godzilla versuchen zu singen – zu einer Musik, die wie eine Herde wild gewordener Büffel über die Zuschauer donnert.

Bob Dylan hatte sich nur für diese eine Tournee das Gesicht weiß geschminkt, für Gene Simmons, Mitbegründer, Bassist und einer der Sänger von Kiss, wurden die Schminkauftritte ein Markenzeichen, das er nun seit fast 50 Jahre beibehalten hat – abgesehen von einer Phase in den achtziger und neunziger Jahren, in der die Band ungeschminkt auftrat. Dass es eine Verbindung zwischen Dylans kurzzeitiger Schminkvorliebe und Kiss gibt, war lange Zeit kaum bekannt. Dass Simmons und Dylan sich 1993 gar zum gemeinsamen Komponieren getroffen hatten, ist in den Medien bislang allenfalls nur am Rande erwähnt worden.

Simmons hat große Lust, über seine Bewunderung Bob Dylans zu sprechen. Was ungewöhnlich für einen der größten Selbstdarsteller des Rockgeschäfts ist, der in seinen Interviews bislang vor allem am liebsten über sich selbst gesprochen hat. Als er aus Los Angeles per Videoschaltung anruft, meldet er sich in akzentfreiem Deutsch. »Guten Morgen«, sagt er und lacht, als er hört, dass es in Deutschland ja schon Abend sei. Der Sohn einer ungarischen Holocaustüberlebenden hat die deutsche Sprache bereits in der Kindheit gelernt. Er spricht sie immer noch gerne, auch wenn es nicht mehr viele Gelegenheiten dazu gibt. Er habe das Land, das der Welt Einstein und Marx gegeben habe, immer bewundert, sagt er, »es ist sehr bedauerlich, dass es in der Mitte des vergangenen Jahrhunderts verrückt wurde. Aber man kann die Kinder von heute nicht für das Verhalten ihrer Eltern verantwortlich machen«. Simmons hat eine sonore freundliche Stimme, die man so gar nicht mit dem Blut und Feuer speienden Kiss-Dämon in Verbindung bringen kann.

Gene Simmons wurde am 25. August 1949 als Chaim Witz in Haifa, Israel, geboren. Sein Vater verließ die Familie, als Chaim noch ein Kind war. Als er acht war, wanderte seine Mutter mit ihm nach New York aus. Er nahm später den Mädchennamen seiner Mutter an, nannte sich erst Eugene, dann Gene Klein, bevor er sich den Künstlernamen Gene Simmons zulegte. Bevor er als Musiker Erfolg hatte, arbeitete er unter anderem als Lehrer und Büroschreibkraft. 1974 war er Mitbegründer der Hardrockband Kiss, zu deren Markenzeichen es gehörte, dass alle vier Musiker in Fantasy-Schminkmasken auftraten. Mit mehr als 100 Millionen verkauften Tonträgern zählt die Band, die Hits wie »Detroit Rock City« oder »I Was Made For Loving You« schrieb, zu den erfolgreichsten der Welt. Wenn Simmons nicht mit Kiss auftrat, versuchte er sich zuweilen als Schauspieler, entdeckte und förderte andere Bands wie damals Van Halen, gab Zeitschriften und mehrere autobiographische Bücher mit Titeln wie *So wird man Rockstar und Millionär* heraus.

Simmons und seine Kollegen können für sich in Anspruch nehmen, die wohl einzigen fleischgewordenen Comicfiguren der Rockhistorie zu sein. Die Superhelden der Comics haben den jungen Simmons mindestens genauso geprägt wie seine musikalischen Vorbilder, die Beatles und Bob Dylan. »Superman ist ein US-amerikanischer Held, der selbst gar nicht aus Amerika stammt, das hat mich ungemein fasziniert«, sagte er einmal in einem früheren Gespräch mit uns. »Superman kam zu uns, weil sein Planet zerstört wurde, er erreichte die Erde in einer kleinen Raumarche, er war ein Fremder in einem fremden Land.« So fühlte er sich nach seiner Ankunft in New York auch lange Zeit – wie ein »Außenseiter in Amerika«. In den USA fand Simmons wegen der anfänglichen Sprachprobleme zunächst nur schwer Anschluss, flüchtete sich in die Phantasiewelten der Comics und in die Musik. Inzwischen gehört er zu den erfolgreichsten Rockstars aller Zeiten. Simmons' Mutter starb 2018. An ihr habe er immer bewundert, dass sie trotz ihrer furchtbaren Erfahrungen den Glauben an das Gute im Menschen nicht verloren habe: »Man kann immer vergeben, sollte aber nie vergessen.« Der Leitsatz seiner Mutter sei stets gewesen: »Jeder Tag über der Erde ist ein guter Tag.« Ein Leitsatz, den er auf die ihm eigene Weise zu seinem ganz eigenen Credo umgewandelt hat: »*Rock 'n' Roll all night and party every day*«.

* * *

Mr. Simmons, die wenigsten wissen noch, dass Sie für Ihr 2004 erschienenes Soloalbum Asshole *mit Bob Dylan gemeinsam den Song »Waiting for the Morning Light« geschrieben und aufgenommen haben. Nun gehören Sie von Ihrem Musikstil und Image her nicht unbedingt zu jenen Musikern, von denen man erwarten würde, dass sie mit Dylan arbeiten. Wie kam es dazu?*

Wir alle haben unsere Helden, Menschen, zu denen wir aufschauen. Das ist für mich Bob Dylan. Im Bereich der englischsprachigen Populärmusik ist Dylan wahrscheinlich derjenige, den die meisten meiner Kollegen nennen würden, wenn man sie fragte, wer sie vom Songwriting und der Musik her am stärksten beeinflusst hat. Von John Lennon, den Byrds bis Jimi Hendrix – für jeden war Dylan der alle anderen überragende Künstler. Jemand, der mit Folk begann, der Woody Guthrie und dessen Song »This Land Is Your Land« liebte, der sich dann zu einem einzigartigen Künstler entwickelte, der

uns tiefgründige Lieder wie »The Times They Are A-Changin'«
schenkte. Wir alle träumen von Dingen, die wir erreichen wollen, bevor wir sterben. Und ich habe immer davon geträumt,
einmal einen Song mit Bob Dylan zu schreiben. Ich bin als
Mensch sehr geradeheraus, und wenn ich etwas erreichen will,
dann versuche ich auch, es zu bekommen. Das Einzige, was
mir passieren kann, ist, dass jemand nein sagt.

*Nun dürften Sie nicht der einzige Rockstar sein, der gerne mal mit
Dylan gearbeitet hätte. Was das betrifft, soll Dylan sehr wähle-
risch sein. Wie haben Sie es geschafft, dass Ihr Traum Wirklichkeit
wurde?*

Ich nahm den Hörer in die Hand, rief Bobs Manager an und
sagte: »Hi, hier ist Gene Simmons.« »Hi, Gene, wie geht's?«
»Hör mal, ich würde gerne einen Song mit Bob schreiben. Was
hältst du davon?« Er sagte: »Nun, weißt du, es ist nicht die
einfachste Sache der Welt. George Harrison und ein paar andere Größen haben das mal gemacht. Aber lass mich das mal
prüfen, ich rufe dich dann zurück.« Ich hatte fest damit ge-
rechnet, dass Bob sagen würde: »Vielen Dank, aber ich bin viel
zu beschäftigt.« Stattdessen rief er mich gleich selbst an und
sagte: »Ich komme gleich morgen zu dir.« Ich stand erst mal
unter Schock. Er ließ sich dann in einem weißen VW-Liefer-
wagen bringen – ich besaß damals ein Gästehaus aus Holz, so
eine Art altes Bauernhaus. Ich sehe ihn noch, wie er aussteigt,
der Wagen fährt wieder weg, und er kommt mit seinem Gitar-
renkoffer zu mir nach oben. Da saßen wir dann zusammen in
einem Raum, packten erst mal die Gitarren aus, stimmten sie.
Und es gab Momente, da bin ich einfach in Ehrfurcht neben
ihm erstarrt.

Woran erinnern Sie sich sonst noch?

Als Bob anfing zu spielen, fiel mir auf, dass seine Gitarrenläufe nicht bluesbasiert waren. Es klang eher nach Rockabilly oder Jazz, jedenfalls überhaupt nicht nach Blues oder Rock. Wir lachten viel, tauschten Ideen aus, erzählten Geschichten. Er sagte mir damals, dass er als Nächstes einen Film plane. Für mich war es eine Ehre, in einem Raum mit Bob Dylan zu sitzen, einen ganzen Tag lang dieselbe Luft wie er einatmen zu dürfen. Wir arbeiteten dann Stück für Stück an verschiedenen Songs. Mal hatte ich eine Idee für einen Akkord, mal er, so ging das hin und her. Das Kuriose war, dass ich zu dem Zeitpunkt gar nicht wusste, dass es schon viel früher eine Verbindung zwischen Kiss und Bob Dylan gab.

Was für eine Verbindung meinen Sie?

Das ist eine längere Geschichte, aber Bob Dylan wusste von Kiss, lange bevor wir uns das erste Mal getroffen hatten. In den siebziger Jahren hatte ich in einem Club im New Yorker Greenwich Village mal ein wunderschönes Mädchen namens Scarlet Rivera getroffen. Wir kamen ins Gespräch. Ich nahm sie mit zu mir in meine Wohnung, wir waren dann eine Zeit lang zusammen. Und ich weiß noch, dass sie einmal in meinem Zimmer stand, quasi unbekleidet, und auf ein Poster von Kiss an der Wand deutete.

Sie hatten Poster Ihrer eigenen Band in Ihrem Zimmer hängen?

Ja, ich bin nun mal selbst mein größter Fan. Das muss so 1975 gewesen sein. Wir standen mit Kiss noch ganz am Anfang, waren aber ziemlich schnell groß und berühmt geworden. Wir hatten erfolgreiche Platten, ohne damals einen Hit zu haben. Jedenfalls stand Scarlet da, deutete auf eines der Kiss-Poster und sagte: »Was sind das denn für Typen mit dem Make-up im Gesicht?«

Sie wusste nicht, dass Sie einer davon waren?

Nein. Ich sagte ihr dann: »Ich spiele in dieser Band, sie heißt Kiss.« »Und was soll das mit der Schminke?«, fragte sie weiter. Ich wusste in dem Moment ehrlich gesagt nicht, was ich darauf antworten sollte, also sagte ich: »Wir tragen dieses weiße Make-up und die schwarzen Konturen drauf, weil wir wollen, dass auch die Menschen in der letzten Reihe der Konzertsäle sehen, wie wir unsere Münder bewegen.« Damals gab es ja noch keine Videoeinwände auf der Bühne, insofern brachte dieses Make-up eine zusätzliche Strahlkraft. Sie war ganz fasziniert davon. Dann fragte ich sie: »Und was machst du so?« »Oh, ich spiele Geige.« »Geige, das ist cool«, sagte ich – und dachte, sie spielt vielleicht in einem Sinfonieorchester. »Ja, ich spiele Geige in der Band von Bob Dylan.« Wow – das haute mich wirklich um. Wir haben uns dann eine Weile nicht gesehen. Sie muss dann aber wohl Bob Dylan von unserem Make-up erzählt haben, der sich daraufhin ein frühes Kiss-Konzert in New York angesehen hat. In dem Netflix-Film von Martin Scorsese über Dylans Rolling Thunder Revue spricht Bob sogar darüber, wie Scarlet Rivera ihm damals sagte: »Schau dir mal diese Band an, sie tragen weißes Make-up.« Jedenfalls fing Bob auf seiner Tour dann auch an, sich sein Gesicht weiß zu schminken. Was soll ich sagen? Kiss haben Bob Dylan beeinflusst.

Haben Sie mit Dylan darüber gesprochen, als Sie sich 1993 zu Ihrer Songwriting-Session trafen?

Nein, zu dem Zeitpunkt wusste ich über diese Zusammenhänge noch nichts. Scorseses Film erschien ja erst 2019.

Dass Dylan in den siebziger Jahren frühe Kiss-Konzerte besucht haben soll, haben Sie demnach damals gar nicht mitbekommen?

Nein. Ich habe das selbst erst erfahren, als ich Bob in dem Martin-Scorsese-Film darüber reden hörte. Und dann gibt es da ja noch diese andere Geschichte, mit Sharon Stone, die als Teenager offenbar großer Kiss-Fan war. Sie erzählt in dem Film ja auch, dass ihre Mutter sie mal zu einem Kiss-Konzert mitgenommen hat, als sie 19 war. Sie trug dabei ein Kiss-T-Shirt. Später traf sie dann Bob Dylan – und ich bin mir sicher, dass er sie sehr attraktiv fand. Er soll sie dann gefragt haben: »Welche Art von Musik magst du?« Und Sharon antwortete: »Oh, ich liebe Kiss.« »Kiss, du magst Kiss? Was ist denn an denen so besonders?« Sie sagte: »Die tragen dieses schrille Make-up, und einer spuckt Feuer – du musst sie dir mal ansehen.«

Nun ist Scorseses Rolling Thunder Revue *ja keine klassische Dokumentation. Sie hat nicht zuletzt deshalb den Zusatz »A Bob Dylan Story«, weil sie in vielen Abschnitten eine freche Vermischung aus Fakten und Fiktion bietet. So ist der im Film gezeigte Regisseur Stefan van Dorp, der damals angeblich angestellt war, die Tournee zu dokumentieren, komplett erfunden. Das Interview mit Sharon Stone ist zwar real, ob aber die Geschichte, die sie erzählt, so stimmt, da sind sich selbst die Experten nicht sicher.*

Schauen Sie, Bob Dylan bleibt ein Rätsel, selbst für jene, die ihm nahegekommen sind. Aber genau das ist es doch, was Dylan ausmacht – man kann nie herausfinden, wer er wirklich ist. Ich habe Leute getroffen, die viel Zeit mit Bob verbracht haben, und man würde meinen, dass zumindest sie etwas über seine wahre Persönlichkeit sagen könnten – aber bei Bob ist das nicht der Fall.

In dem Film sagt Bob Dylan ja den schönen Satz: »Ohne Maske sagt man nicht die Wahrheit, mit Maske schon.« Haben Sie darüber auch mal nachgedacht?

Nein. Bei Kiss hat sich die Idee zu dem Make-up für uns ganz natürlich ergeben. Anfang der siebziger Jahre waren wir nur eine weitere von sehr vielen Bands in New York City. Wir versuchten anders zu sein als alle anderen. Deshalb fingen wir einfach an, uns zu schminken, ohne irgendeinen Plan. Es passierte alles sehr schnell, aber dieses ursprüngliche Make-up hat seit 48 Jahren Bestand – es ist heute noch so ziemlich genau dasselbe, das wir uns damals ausgedacht hatten. Aber um noch mal auf die Session mit Bob zurückzukommen: In dem Moment war ich einfach nur glücklich, mit ihm im selben Raum zu sitzen. Ich muss allerdings zugeben, dass es manchmal ein bisschen schwer war, alles zu verstehen, was er sagte. Man musste schon genau hinhören. Wir haben viel herumgealbert, und ich konnte nicht glauben, dass wir gemeinsam Songs schrieben, etwa vier. Am Ende des Tages sagte Bob dann kurz bevor er ging: »Mach du sie mal fertig, ich bin mir sicher, sie werden gut.« Dann ging er, und es war vorbei. Während ich mit ihm an diesen Songs arbeitete, kam es mir so vor, als würden wir seit Tagen zusammensitzen, die Zeit verging sehr langsam. Nachdem er gegangen war, fühlte es sich so an, als hätte das Ganze nur fünf Minuten gedauert. Es war sehr seltsam.

Sie haben vier Songs mit ihm geschrieben, aber veröffentlicht wurde nur einer?

Das kann man nicht so eindeutig beantworten. Auf meinem Boxset *Vault* habe ich Eindrücke der Aufnahmesessions veröffentlicht und dokumentiert, wie wir zusammengearbeitet haben. Da sind verschiedene Versionen einiger Stücke zu hören, an denen wir gearbeitet haben. Eines heißt »Na na na na«. Weil ich den Text nicht zu Ende bringen konnte, habe ich das im Scat-Stil eingesungen, so wie es die alten Jazz- und Bluesmusiker oft gemacht haben. So geht das oft, wenn ich Songs schreibe. Die Musik kommt zuerst, und bevor ich mir überlege, was ich singen soll, fange ich einfach mit »Ooga chacka, ooga chacka« an – das sind ja keine englischen Wörter, aber sie klingen rhythmisch und hören sich sofort gut an. Ich erfinde erst mal Wörter.

Wer hat bei Ihrer Zusammenarbeit die Musik und wer den Text geschrieben?

Bob und ich haben uns schnell verstanden, gegenseitig Akkorde vorgeschlagen. Ich dachte, dass Bob irgendwann anfangen würde, die Texte aufzuschreiben – das hat er aber nicht getan! Bob hat Akkorde beigesteuert, ich ebenfalls. Ich schrieb die Melodie und den Text. Ich bat ihn nachher noch: »Bob, wir müssen den Text noch fertig schreiben, du hast ja die Tracks, schreib du doch den Text.« »Nein«, sagte er dann, »mach du das mal, Mr. Kiss.« Ja, so nannte er mich immer, Mr. Kiss. Blöderweise habe ich von unserer Session keine Fotos. Ich habe einfach nicht daran gedacht. Damals hat man halt noch nicht die ganze Zeit Fotos und Selfies gemacht, es war eine viel privatere Welt. Es gibt ein Video zu einem Dylan-Song, das vor einigen Jahren erschienen ist. Es zeigt ihn, wie er eine Straße entlanggeht und ihm dabei mehrere ikonische amerikanische Künstler folgen. Darunter ist beispielsweise ein Elvis-Imitator, und irgendwann sieht man ein Gene-Simmons-Lookalike, im kompletten Kiss-Make-up, das ihm folgt. Das hat mich sehr beeindruckt.

Inwiefern hat Bob Dylan Sie denn als Musiker und Songwriter beeinflusst?

Wenn du Songs schreibst, vor allem wenn du Texte schreibst, musst du seine Lyrics kennen und gelesen haben. Es ist Poesie. Wenn man sich nur anhört, auf welche Weise er die Worte benutzt, wie sie rhythmisch in den Songs herumspringen, dann merkt man, dass da ein Meister am Werk ist. Das kann man in der Schule nicht lehren. Man kann zwar Musik und Musiktheorie studieren, aber man kann nicht lernen, wie man einen guten Song schreibt. Das ist etwas, was man nicht wirklich in Worte fassen kann.

Erinnern Sie sich, wann Sie ihn zum ersten Mal bei einem Konzert gesehen haben?

Ich habe zwar seit meiner Jugend seine Musik gehört, ihn selbst dann aber erst sehr spät erstmals live gesehen. Wir sind mit Kiss seit fast 50 Jahren ständig auf Tournee, da hatte sich das lange Zeit nie ergeben. Bis wir dann einmal in Australien waren und drei Konzerte in Melbourne gaben. Wie sich herausstellte, spielte Bob Dylan in jenem Zeitraum auch dort, in einem Open-Air-Theater außerhalb der Stadt – und zwar genau an jenem Tag, als wir gerade Pause hatten. Als fuhren wir hin, um ihn endlich live zu sehen. Nun ist es so, dass Bob seine Songs nicht so spielt, wie man sie von den Plattenaufnahmen her kennt. Er spielt sie so, wie er sie am Tag des Konzertes fühlt. Mir fiel es manchmal schwer, die Songs zu erkennen. Es war, wie soll ich sagen, ein Abenteuer. Es gibt niemanden, der das so durchzieht wie er. Alle anderen von uns, die Stones, McCartney, Kiss oder wer auch immer, spielen ihre Songs auf der Bühne so, dass das Publikum sie wiedererkennt. Bob tendiert in der Hinsicht viel mehr zum Jazz. Er nimmt sich seine eigenen Songs vor, verändert deren Rhythmus, deren Melodien – er verändert das Gefühl, das sie bei uns auslösen.

Was ging Ihnen durch den Kopf, als Sie hörten, dass er den Nobelpreis für Literatur bekommen hat?

Ich war nicht überrascht. Dylan ist für mich ein, wie es im Englischen heißt, *man of letters*. Der Begriff trifft nicht nur auf Künstler zu, die Bücher oder Gedichte schreiben, sondern auch auf Songwriter. Er schreibt Poesie auf einer höheren Ebene. Vor allem war Dylan der Erste, der anfing, in seinen Songs Fragen zu stellen – beispielsweise in »The Times They Are A-Changin'«. Normalerweise geht es in Popsongs nicht um große Themen. Bobs Songs sind dagegen viel tiefgründiger, man muss seine Texte wirklich lesen, damit man dahinterkommt, um was es in dem Song geht. In den frühen Beatles-Songs war das auch noch nicht der Fall: »She loves you, yeah, yeah, yeah« – das ist ja keine besonders tiefgründige Botschaft. Wir alle lieben diesen Song, aber er regt jetzt nicht sonderlich zum Nachdenken an. Oder nehmen Sie Elvis. Wir alle lieben seine Musik, aber Lieder wie »Devil in Disguise« haben auch nicht gerade Tiefgang, es geht um Frauen, Eifersucht, Herzschmerz. Ich muss doch nur einen Songtitel wie »Are You Lonesome Tonight« lesen, dann weiß ich schon, worum es in dem Lied geht. Oder nehmen Sie »Like a Virgin« von Madonna, ein guter Song, aber nichts, das man singen möchte, wenn man 60 oder 70 ist, oder? Weil die Texte einfach nicht mehr wahr sind. Wenn du dagegen einen Bob-Dylan-Song wie »The Times They Are A-Changin'« hörst, klingt das schon viel interessanter, du fängst an, den Text zu lesen, es ist wie klassische Literatur. Vor Bob Dylan war Popmusik einfach nur Popmusik. Dylan hat für viele andere Musiker den Weg geebnet und sie inspiriert, über andere Dinge zu schreiben als nur über Mädchen und wie man ihnen hinterherläuft.

Dann hat Dylan Sie also vor allem als Musikliebhaber begeistert und weniger als Musiker von Kiss, oder?

Kiss-Lieder sind nicht anders als jene Popsongs, die ich gerade erwähnte. Wir schreiben Lieder darüber, wie man das Leben feiern sollte, oder Songs, in denen es um knallharte Typen geht – »Dr. Love« oder »God of Thunder«. So was halt. Mit Kiss geben wir dem Publikum Zucker, du nimmst ihn auf, er schmeckt sehr gut, du fühlst dich gut – aber dann ist es auch schnell vorbei, die Wirkung lässt nach, Zucker verbrennt schnell. Oder du bekommst einen Zuckerrausch. Das ist nicht zu vergleichen mit Bobs Liedern. Ich könnte ihm nie das Wasser reichen. Bobs Musik ist zeitlos, die wird auch unseren Kindern und Enkeln noch was sagen.

Ist Dylan für Sie ein politischer Künstler?

Nein, ich sehe ihn nicht als politischen Künstler. Für mich ist Bob Dylan ein Humanist. Er ist für mich niemand, der sich mit politischen Kategorien wie »konservativ« oder »liberal« erfassen ließe. Hurricane Carter beispielsweise war ein Boxer, der zu Unrecht wegen eines Mordes, den er vielleicht nicht begangen hatte, im Gefängnis saß. Bob hielt dies für ein sehr wichtiges Thema, schrieb einen Song darüber und gab Benefizkonzerte, um Geld für Carters Verteidigung zusammenzubringen. Wir brauchen mehr Leute wie Bob Dylan, die aus einem humanistischen Antrieb heraus agieren und nicht nur einen politischen Standpunkt vertreten. Ich habe Bob Dylan jedenfalls noch nie auf einem Parteitag gesehen, weder bei den Demokraten noch bei den Republikanern.

Er fühlte sich zumindest Präsident Jimmy Carter in besonderer Weise verbunden, was Dylan selbst in einem aktuellen Dokumentarfilm über Carter kürzlich noch mal bestätigt hat.

Die Verbindung zwischen Jimmy Carter und Bob Dylan gründete darauf, dass Carter zuallererst ein erdverbundener Mensch war, ein Erdnussfarmer, der für die Politik kandidierte. Er war kein gewöhnlicher Politiker. Vielleicht war es das, was die beiden verbunden hat – auch auf einer menschlichen Ebene. Jimmy Carter ist, nach allem, was man über ihn weiß, ein ganz normaler Mensch, der versuchte Gutes zu tun. Es gibt bei uns, in Deutschland und überall sonst auf der Welt, viele Berufspolitiker, deren einziger Job es zu sein scheint, wiedergewählt zu werden. Wenn man sie fragt, was sie tun würden, wenn sie keine Politiker wären, fällt vielen

Bob Dylan besucht den wegen Mordes
inhaftierten Boxer Rubin »Hurricane« Carter 1975 im
Clinton-State-Gefängnis in New Jersey.

die Antwort schwer. Carter war mehr mit der Realität verbunden als andere. Aber sehen Sie, unter Obama gab es ein paar Vorwärtsbewegungen, in den letzten vier Jahren sind wir in Amerika ein paar Schritte zurückgegangen. Ich bin mir aber sicher, dass wir uns wieder nach vorne bewegen werden. Aber das ist kein Selbstläufer: Man muss immer die Augen offenhalten, um sicherzustellen, dass die Menschheit das Richtige tut. Und dafür brauchen wir auch Künstler wie Bob Dylan oder Persönlichkeiten wie beispielsweise den

Dalai Lama – beide haben meiner Ansicht nach vieles miteinander gemeinsam.

Wie kommen Sie auf den Dalai Lama?

Ich kenne ihn ein bisschen, wir haben mal etwas Zeit miteinander verbracht. Der Dalai Lama und auch Bob Dylan erinnern uns immer daran, dass die Menschheit im Grunde gut ist. Von meinem Treffen mit dem Dalai Lama habe ich, im Gegensatz zu jenem mit Bob Dylan, zum Glück ein Foto. Warten Sie, ich zeig's Ihnen mal. Hier, schauen Sie, er hat mir dieses Handzeichen gewidmet, das in der Gebärdensprache »I love you« bedeutet. Ich bin mir sicher, dass Bob Dylan und der Dalai Lama gut miteinander auskommen würden. Vielleicht werden beide ja noch mal zusammen auf einer Bühne stehen. Wäre das nicht großartig?

Mit welchem seiner Songs würden Sie Bob Dylan an seinem 80. Geburtstag hochleben lassen?

Ach du meine Güte! Als Erstes würde ich ihm ein tief empfundenes Happy Birthday wünschen. Und dann würde ich ihm sagen, dass die Welt ein besserer Ort ist, weil es jemanden wie Bob Dylan gibt. Es gibt unzählige Menschen, die seine Songs gehört haben und deren Leben sich dadurch verändert hat. Bob Dylan hat ihren Geist für alle möglichen Dinge geöffnet.

Kiss sind zurzeit auf der End-of-the-Road-Welttournee, danach soll Schluss sein mit Live-Auftritten. Bob Dylan dagegen macht immer weiter mit seiner Never Ending Tour. Sie könnten ja auf Schminke, Rüstung und Plateauschuhe verzichten und ohne Feuer-

und Kunstblutspucken noch ein paar Jahre nur als Musiker wei-
termachen. Wäre das keine Option?

Interessante Idee, darüber habe ich noch nicht nachgedacht.
Aber das, was Kiss-Konzerte ausmacht, ist nun mal die auf-
wendige Show. Im Hinblick darauf kannst du nicht ewig wei-
terspielen, nicht bis zum Ende, so wie das die ganz Großen
wie B. B. King gemacht haben und wie es Dylan ja wohl auch
vorhat. Sehen Sie, ich bin jetzt 71, fühle mich großartig, bin
in großartiger Form. Aber wenn ich als 80-Jähriger 20 Zenti-
meter hohe Plateauschuhe mit Drachenzähnen tragen, Feuer
spucken und an einem Seil durch die Luft fliegen muss – dann
würde ich nach einer halben Stunde an einem Herzinfarkt
sterben. Aber es gibt in meiner Branche, was das Alter betrifft,
keine Regeln, wie lange du das machen darfst. Alles ist möglich. Es muss nur echt und authentisch sein.

Vollenden Sie doch bitte den folgenden Satz für uns: »Eine Welt
ohne Bob Dylan wäre vorstellbar, aber ...«

... es wäre mit Sicherheit eine sehr viel traurigere Welt. Wir
brauchen Poesie, wir brauchen Künstler, die wichtige Fragen
stellen – »Was hat das alles zu bedeuten? Warum sind wir
hier?« Der Rest von uns geht oft mit geschlossenen Augen
durchs Leben. Ich bin einer von ihnen. Bob Dylan ist nicht nur
ein Musiker, der Gitarre spielen und singen kann. Bob Dylan
steht über der Musik und auch der Politik. Das macht ihn so
wunderbar.

Tryin' to Get to Heaven. »Wenn er selbst mit dem, was er auf der Bühne macht, zufrieden ist – dann sollte Dylan weitermachen bis er 100 ist«, sagt Dan Brown.

DAN BROWN

»Was Dylan betrifft, bin ich ein Spätzünder.«

Seit *Sakrileg* hat der amerikanische Thrillerautor Dan Brown weltweit mehr als 200 Millionen Bücher verkauft. Vielleicht sind ihm seine Flops aus frühen Jahren gerade deshalb besonders gut im Gedächtnis geblieben. Denn angefangen hat er als Songwriter. Ein Gespräch über Altersweisheit und darüber, warum Bob Dylan ihn anfangs überforderte.

* * *

Den Horror einer Pandemie hat Dan Brown bereits in seinem 2013 erschienenen Roman *Inferno* vorweggenommen. Ein verrückter Wissenschaftler lässt darin ein Virus auf die Menschheit los, um die drohende Überbevölkerung zu verhindern. Heute empfindet Dan Brown die reale Welt mitunter verrückter, nicht nur wegen der Folgen der Coronapandemie, sondern auch aufgrund der zunehmenden Polarisierung, die, nicht nur in den USA, sachliche Auseinandersetzungen nahezu unmöglich macht. Seine Thriller mit dem Harvardprofessor und Symbolforscher Robert Langdon sind weltweite Bestseller und mit Tom Hanks in der Hauptrolle mehrfach verfilmt worden. Zuletzt hat der Amerikaner ein Buch veröffentlicht, das niemand von ihm erwartet hätte: ein illustriertes, interaktives Kinderbuch. In *Eine wilde Symphonie* (2019) lässt Brown eine dirigierende Maus durch die Tierwelt streifen, porträtiert Elefanten, Spinnen, Wildschweine oder Gürteltiere in Gedichten und eigens von ihm komponierten klassischen Musikstücken. Denn Brown, am 22. Juni 1964 in Exeter in New Hampshire geboren, wollte eigentlich Musiker werden. Nach dem Englisch- und Spanischstudium versuchte er sich zunächst als klassischer Komponist, dann als Sänger und Songwriter in Los Angeles. Ohne Erfolg. Bob Dylan war jemand, den er in dieser Phase nur am Rande wahrnahm. Erst viel später wusste Brown ihn dann umso mehr zu schätzen.

Während des Interviews per Videoschalte sitzt der Thrillerkönig in einer Bibliothek in seinem Haus in New Hampshire und erzählt eher beiläufig davon, dass er sich im Frühjahr mit dem Coronavirus infiziert hatte – zum Glück aber nur milde Symptome bekam.

* * *

Mr. Brown, was war Ihr erster Gedanke, als Sie 2016 die Nachricht hörten, dass Bob Dylan den Nobelpreis für Literatur gewonnen hat?

Ich setzte mich hin und begann erst mal seine Songtexte genauer zu lesen. In all den Jahren zuvor hatte ich mich wohl von seiner Musik zu sehr ablenken lassen und die Aussagen seiner Songs, ihre Poesie, nicht wirklich wahrgenommen. Jedenfalls fand ich es wunderbar, dass das Nobelpreiskomitee mit Dylans Liedtexten eine Form der Sprachkunst wertgeschätzt hat, die formal keine Prosa war. Von dem Moment an habe ich Dylans Songs dann tatsächlich mehr gelesen – statt sie nur zu hören.

Jetzt wird Dylan anlässlich seines 80. Geburtstages abermals gewürdigt. Für einen Schriftsteller ist das ja noch kein Alter, bei dem sich die Frage nach dem Aufhören aufdrängen würde. Finden Sie es ungerecht, dass es bei 80-jährigen Rockmusikern oft heißt: Jetzt sollte aber Schluss sein?

Also wenn ich an die Zahl 80 denke, sehe ich meinen Vater vor mir. Er ist 84, spielt Tennis und führt noch immer ein pulsierendes Leben. Einerseits höre ich besonders von Musikern und Sportlern oft, dass es nun mal eine Zeit im Leben gibt, in der sie sich zwangsläufig zurückziehen müssen. Nämlich dann, wenn das zunehmende Alter es ihnen unmöglich macht, das zu tun, was sie früher getan haben. Wenn sich die Leute aber immer noch Konzertkarten kaufen, um Bob Dylan einmal oder zum wiederholten Male live zu erleben, und wenn er selbst mit dem, was er auf der Bühne macht, zufrieden ist – dann sollte er weitermachen, bis er 100 ist. Er ist eine Legende. Auch wenn er heute auf der Bühne nicht mehr so ausdrucksstark klingt wie früher, weil seine Stimme nachgelassen hat, sind diese Auftritte dennoch sehenswert. Denn Dylan besitzt heute eine Eigenschaft, die er in jungen Jahren noch nicht hatte und die seine Auftritte auf andere Weise auflädt – Erfahrung. Sein Alter, seine 80 Jahre: Das alles legt er ja in seinen Gesang hinein – und das macht ein Konzert von ihm auch heute zu einem besonderen Erlebnis.

Sie selbst wollten ursprünglich ja ebenfalls Musiker werden – was in der öffentlichen Wahrnehmung Ihrer Person jedoch bislang kaum erwähnt wurde.

Stimmt.

Sie haben Klassik komponiert, ein Album namens Musica Animalia *herausgebracht, das sich nur 500-mal verkaufte. Auch Ihre Versuche als Songwriter und Popsänger brachten Sie nicht weiter. Hat Ihnen das zugesetzt, dass Sie mit Ihrer ursprünglichen Berufswahl, Musiker zu werden, so erfolglos waren?*

Schauen Sie, meine Liebe zur Musik begann sehr früh. Wir hatten bei uns zu Hause keinen Fernseher. Meine Mutter war Berufsmusikerin, mein Vater war ebenfalls ein sehr talentierter Musiker. Meine Eltern schenkten mir immer viele Kinderbücher – die von Dr. Seuss liebte ich besonders. Und während ich sie las, hörte ich mich oft durch die Sammlung klassischer Musik meiner Eltern – *Peter und der Wolf*, *Karneval der Tiere*, Tschaikowski, Béla Bartók, Bach.

Für ein Kind ist da viel Schwermut darunter.

Viel schweres Zeug, ja. Aber nicht nur. Beethovens »Ode an die Freude« ist einer meiner absoluten Favoriten, ich liebte damals einfach diesen massiven Klang. Ich war noch ziemlich jung, verstand diese Musik nicht, aber ich fühlte mich gut, wenn ich sie hörte. Auf der Universität studierte ich später Musikkomposition und kreatives Schreiben. Ich liebte beides: Kurzgeschichten, Gedichte schreiben, aber auch klassische Musik komponieren. Als ich die Universität verließ, wusste ich nur, dass ich einen Beruf wollte, in dem ich kreativ sein konnte. Ich wusste jedoch nicht, ob ich Schriftsteller oder Musiker werden wollte. Ich entschied mich zunächst für die Musik. Nur war der Markt für Komponisten, die Klassik schrieben, damals nicht sehr groß. Also zog ich nach Los Angeles, versuchte es in einem anderen Genre, wollte Singer-Songwriter werden. Ich schrieb viel Popmusik.

Anything goes, wenn man ein Verständnis für Struktur hat?

Popmusik ist im Grunde genommen wie klassische Musik, die etwas anders arrangiert ist. Beide Genres sind miteinander verwandt. Es sei denn, man nimmt experimentelle Musiker wie Philip Glass und andere, die sich mit atonaler Musik beschäftigen. Viele Popsongs sind im Grunde wie Kirchenhymnen – nur anders arrangiert und von einem Schlagzeug angetrieben.

Warum sind Sie kein Popstar geworden?

Ich hatte anfangs Erfolg, jedenfalls unterschrieb ich einen Produktionsvertrag, machte sogar ein Album – das dann allerdings nur neun Menschen kauften. Ein Misserfolg. Etwa zu dieser Zeit hatte ich die Idee für meinen ersten Roman, *Diabolus*. Ich schrieb ihn, und der erste Verleger, der ihn las, kaufte ihn. »Wow«, dachte ich, »mit den Büchern geht es doch viel leichter als mit der Musik.« Dann erschien *Diabolus* – und etwa neun Menschen haben den Thriller gekauft.

Flops pflasterten Ihren Weg.

Ich war ernüchtert, dachte nur: »Okay, als Autor Erfolg zu haben, wird auch verdammt schwer.« Und so ging es erst mal weiter: Auch meine zwei weiteren Romane waren Ladenhüter. Bis dann 2003 *The Da Vinci Code* (auf Deutsch 2004 als *Sakrileg* erschienen) herauskam.

Welche Rolle spielte Dylan für Sie in jenen frühen Jahren, als Sie ernsthaft versuchten, als Songwriter und Sänger Erfolg zu haben?

Es ist mir heute fast ein bisschen peinlich – aber damals war mir Dylan noch kein Begriff. Ich kannte zwar viele, die seine Poesie für wunderbar hielten. Aber ich selbst habe damals nicht wirklich verstanden, was ihn ausmachte. Und seinen Gesang fand ich, ehrlich gesagt, ziemlich flach. Zu der Zeit waren für mich Billy Joel und Elton John wichtiger. Ich liebte deren Musik, aber auch die Texte, die Bernie Taupin für Elton John schrieb, und Billy Joel hielt ich sowieso für einen großartigen Texter. Darüber hinaus hörte ich die Beach Boys, die Beatles, die Eagles, Bands, bei denen Harmonien im Sound sehr wichtig waren. Was Dylan betrifft, bin ich ein Spätzünder. Erst als ich ihn mir in späteren Jahren anhörte, wurde mir bewusster, wie großartig er war und wie viele andere Musiker sich auf ihn beriefen. Und damit änderte sich auch meine Meinung zu seinem Gesang – heute finde ich ihn als Sänger phänomenal.

Eine ziemliche Kehrtwende.

Ja, mir war einfach klar geworden, dass diese Art des Gesangs sein Stil ist. Es hat eine ganze Weile gedauert, bis ich das verstanden habe. Immerhin habe ich seitdem mein Blickfeld erweitert: So ist mir nicht entgangen, dass sein Sohn Jakob Dylan ebenfalls ein sehr guter Musiker ist. Es gibt einen Song, den er mit seiner Band The Wallflowers aufgenommen hat, »One Headlight« heißt er, der mir bis heute extrem gut gefällt. Vielleicht liegt es auch daran, dass der Sohn darauf so klingt wie sein Vater.

1963 begleiteten Bob Dylan und Joan Baez Martin Luther King bei seinem Protestmarsch auf Washington. King hielt seine legendäre »I have a dream«-Rede, Dylan sang »Blowin' in the Wind«.

Der gemeinsame Auftritt war ein kraftvolles Symbol gegen den Rassismus.

Ja.

In den vergangenen Jahren wurden in den USA zahlreiche Schwarze von Polizisten getötet, es gab weltweit Proteste gegen diese Form der rassistisch motivierten Polizeigewalt, die abermals von zahlreichen Ausschreitungen begleitet wurden. Der Schulterschluss zwischen Dylan und Martin Luther King stand ja auch für »black and white together«. Ist so ein Moment wie jener im Jahr 1963 wiederholbar?

Ich glaube schon, dass so etwas möglich ist. Mehr noch: Ich finde, dass so etwas wieder geschehen muss. Wir haben in den USA eine sehr dunkle Phase hinter uns. Wer gegenwärtig Nachrichten liest oder schaut, kann den Eindruck gewinnen, dass die Welt untergeht. Und leider hatten wir es in der Politik zu Trump-Zeiten zuletzt mit Leuten zu tun, die sehr laut brüllten, lausige Vorstellungen von Politik hatten und höchstwahrscheinlich geisteskrank sind. Viele Menschen glauben daher, die Welt sei ein schlechter Ort. Wenn Sie sich aber in der letzten Zeit aus einer der vielen Demonstrationen wahllos ein paar Menschen herausgegriffen hätten, dann wären Sie wahrscheinlich auf Lehrerinnen, Arbeiter, Ärzte, Mütter und Väter gestoßen, die Sie nie als böse stigmatisieren würden. Ich bin ein Mensch, der fest daran glaubt, dass es mehr Liebe als Hass, mehr Gutes als Böses auf der Welt gibt. Dass sich die Schreihälse immer durchsetzen, wird sich ändern. Wie sich auch unser Land ändern wird. Ich wünsche mir Versöhnung, mehr Mitgefühl, dass sich wieder so etwas wie ein Gemeinschaftsgefühl herausbildet. Wir sind ja nur noch wütend aufeinander – das finde ich an der gegenwärtigen Situation so verstörend. Darüber hinaus sind wir so unglaublich politisch korrekt geworden. Niemand kann mehr irgendetwas sagen, ohne dass sich jemand anderes zutiefst beleidigt fühlt – und zwar so sehr, dass ein Austausch von Meinungen gar nicht mehr möglich ist. Debatten, die diesen Namen verdient haben, sind einfach verschwunden. Auch vor diesem Hintergrund ist »Blowin' in the Wind« noch heute ein ausdrucksstarkes, wichtiges Lied, weil es Fragen stellt, die damals wie heute drängend sind. Und dass jeder, der einigermaßen die Gitarre beherrscht, diesen Song spielen kann, macht ihn umso wertvoller. Ich habe das Lied selbst oft auf meiner Gitarre gespielt und dazu gesungen. Von all seinen Songs ist er mir der liebste.

Können Sie sich vorstellen, dass Sie eines Tages vom Thrillerschreiben eine Auszeit nehmen und doch noch mal als Musiker auftreten? Nur so zum Spaß?

Vielleicht. Ich bin mir nicht sicher, ob die Welt dafür bereit wäre. Ab und zu habe ich mal für Freunde gespielt. Als ich damals in Los Angeles lebte und es als Musiker versuchte, bin ich einige Male live aufgetreten. Ich könnte durchaus ein Album veröffentlichen, denn ich habe so um die 40 Songs mit einer exzellenten Band aufgenommen. Nur so zum Spaß. Aber sehen Sie: Ich bin in erster Linie Schriftsteller, und als solcher bin ich eine Marke. Und glauben Sie mir, niemand will einen Romanautor Liebeslieder singen hören.

Warum nicht? Stephen King scheint das nicht zu kümmern – er tritt ab und zu mit einer Band namens Rock Bottom Remainders auf, in der andere Thrillerautoren und Simpsons-Erfinder Matt Groening mitwirken.

Ich weiß. Das ist aber ein wenig anders, weil sie vor allem Coverversionen spielen. Sie wählen spontan die eine oder andere Stadt aus, treten dort auf, nur so zum Spaß. Das fände ich auch nicht schlecht. Ein Album mit eigenen Songs zu veröffentlichen ist noch mal eine andere Herausforderung. Wir werden sehen. Man soll nie nie sagen.

Knockin' on Heaven's Door: Bob Dylan in dem Western
Pat Garrett jagt Billy the Kid aus dem Jahr 1973.
»Als käme er aus einer anderen Welt«, sagt Martina Gedeck.

MARTINA GEDECK

»Man hat das Gefühl, Dylan in die Weite und
Freiheit folgen zu können.«

Martina Gedeck gehört zu den erfolgreichsten deutschen
Filmstars. Zu Bob Dylan hat die Schauspielerin eine beson-
dere Verbindung, seit sie ihn erstmals auf einem Konzert in
Düsseldorf sah. Ein Gespräch über verschluckte Silben, Dylan
als Schauspieler, sein verräterisches Herz und warum seine
Songs große Erzählkunst sind.

* * *

Martina Gedeck geht mit dem Laptop in der Hand durch ihre
Wohnung und filmt sich dabei selbst. Kurz nachdem unser
Interview per Video begonnen hat, bricht es wegen schlechter Verbindung immer wieder ab. Sie sucht ein Zimmer, in
dem die Internetverbindung besser ist. Es erinnert ein bisschen an die verwackelten Handkameraaufnahmen aus dem
Independent-Horrorfilm *Blair Witch Project*. Dann sitzt sie an
einem Tisch in einem anderen Raum, die Verbindung steht,
wir sehen und hören uns. In Zeiten von Corona hat man sich
an solche Interviewsituationen längst gewöhnt. Gedeck, 1961
in München geboren, hatte einen ihrer größten Erfolge 2006
mit dem DDR-Drama *Das Leben der Anderen*, der Film gewann
einen Oscar. Darüber hinaus war sie als Ulrike Meinhof in

dem RAF-Film *Der Baader Meinhof Komplex* zu sehen, der nach dem gleichnamigen Bestseller von Stefan Aust entstand. Sie spielte in dem von Robert De Niro inszenierten CIA-Thriller *Der gute Hirte* an der Seite von Matt Damon und Angelina Jolie sowie in *Nachtzug nach Lissabon* mit Jeremy Irons. Eine ihrer großen Leidenschaften aber gehört einem Künstler, der scheinbar ewig schlecht gelaunt ist und offenbar keine Lust hat, seinem Publikum zu gefallen: Bob Dylan. Wenn Martina Gedeck über dessen Songs spricht, ist sie hoch konzentriert. Fällt man ihr ins Wort, beendet sie unbeirrt ihren Gedanken.

* * *

Frau Gedeck, Sie haben Bob Dylan in den neunziger Jahren erstmals bei einem Konzert in Düsseldorf gesehen. Das Publikum schien ihn dabei nicht sonderlich zu interessieren. Sie dagegen waren tief beeindruckt. Warum?

Für die meisten von uns ist es schwer vorstellbar, wie das ist, wenn man seit Jahrzehnten weltweit derart berühmt ist. Als ich Bob Dylan in Düsseldorf sah, war er das schon seit mehr als 30 Jahren – weltberühmt. Nun betreibt aber Bob Dylan eine fragile Kunst, fragil auch deshalb, weil sie immer mit Öffentlichkeit zu tun hat. Die Öffentlichkeit kann ein Bild, das sie sich von einem Künstler macht, zementieren, es kann sich verfestigen. Als Künstler ist man dann oft nur noch die Reproduktion einer Vorstellung, die andere von einem haben. Und ab einem bestimmten Level des Ruhmes besteht die Gefahr, dass man sich nur noch in sich selbst spiegelt und nicht mehr aus seinem ursprünglichen Antrieb heraus kreativ ist. Und Bob Dylan wollte, glaube ich, immer unmittelbar auf seine inneren Bewegungen reagieren. Er hat sich ja schon in seinen Anfängen massiv dagegen gewehrt, dass man ihn auf ein bestimmtes Bild festschreibt.

Sie meinen den legendären Eklat beim Newport Folk Festival 1965, als Dylan erstmals mit einer elektrisch verstärkten Fender Stratocaster auftrat und von den Folkpuristen ausgebuht wurde. Viele seiner frühen Fans warfen ihm daraufhin Verrat und Anbiederung an den kommerziellen Rock und Pop vor.

Das war von ihm eine deutliche Absage an jene Fans, die glaubten zu wissen, wie er zu sein habe. Er hat sich sehr dagegen verwehrt, vereinnahmt zu werden. Dylan schien bereits als ganz junger Sänger eine gewisse Distanz zu haben – zu sich selbst und auch zum Publikum. Und das ist das Eigentümliche an ihm, dass er sich so verhielt in einer Zeit, in der die meisten Rockmusiker sehr auf sich bezogen waren, viel von sich selbst erzählen wollten und dabei alle möglichen, eher expressiven Ausdrucksformen ausprobierten. Die Rolling Stones oder später auch Queen hatten auf diese Weise ja relativ früh eine Art Mythos von sich selbst erschaffen. Es musste spielerisch und verrückt zugehen. Es ging um das Ausbrechen, darum, aus etwas Festem herauszutreten und andere Formen zu finden. Formen, die mit Freiheit, mit Anarchie oder mit beidem zu tun haben mussten. Dieser Wahnsinn war vielen Musikern ganz wichtig.

Und Bob Dylan war nicht in diesem Sinne wahnsinnig?

Dylan schien sich genau entgegengesetzt dazu zu verhalten. Er hat schon in seinen Anfängen eine rigide, sehr strenge Form des Auftritts gefunden. Er stand da meist allein mit seiner Gitarre, wie ein Bänkelsänger. Er bewegte sich kaum, sang konzentriert, darauf fokussiert, sehr ausdrucksstark seine Lieder zu singen, mit komplexen Texten, funkelnd vor Brillanz. Die Haltung, die er dabei einnahm und bis heute einnimmt, ist eben keine, die von ihm selbst erzählt. Er spricht auch nicht zum Publikum: »Jetzt hört mal zu, was ich euch alles zu sagen habe, wie es mir geht und was ich alles fühle.« Bei Konzerten von Dylan geht es darum, Geschichten zu erleben, zuzuhören.

Sie haben die Stones angesprochen: Mick Jagger und Bob Dylan sind mehrmals zusammen aufgetreten, haben im Duett Dylans Song »Like a Rolling Stone« gesungen. Da wurden die von Ihnen beschriebenen Gegensätze sehr deutlich: Auf der einen Seite tänzelte der große Zampano Mick Jagger, auf der anderen Seite stand der Stoiker Bob Dylan, der unbeeindruckt von Jaggers Hyperaktivität einfach vor dem Mikrofon verharrte.

Ja, ich habe Mitschnitte davon gesehen, die Dylan mit Jagger, aber auch mit anderen Musikern zeigten. Ich fand das bestechend.

Warum?

Mir fiel auf, wie scharf Dylans Blick in solchen Momenten war und wie präzise er die Worte setzte. So trat er zurück hinter die Inhalte – hinter das, was er zu sagen hatte. Dieses ewige Sich-Andienen und Buhlen um Aufmerksamkeit auf der Bühne kann sehr anstrengend sein. Auch für die Zuschauer, die werden ja in einen permanenten Spannungszustand versetzt. Bei Dylan geht das fast unmerklich vonstatten, man wird hineingezogen in die Geschichten, es entsteht ein Sog, der einen auf ganz natürliche Weise mitnimmt. Ich empfinde das als lebensecht, es gibt dabei nichts Bemühtes, nichts Aufgesetztes. Er stellt uns eine Geschichte vor – mit großer Klarheit, Verstandesschärfe und mit gewaltigen poetischen Bildern. Ich kenne niemanden, dem dies so gelingt wie ihm.

Und dass er auf sein Publikum, ob nun in Düsseldorf oder anderswo, nicht eingeht, es geradezu ignoriert, das stört Sie nicht?

Im Gegenteil: Mir gefällt das sehr, weil er sich nicht verstellt. Zumal er sich sehr klar auf das Publikum bezieht, nur anders, als man das gemeinhin gewohnt ist.

Dylan-Fans, die ihn oft erlebt haben, nennen das auch schon mal eine Mischung aus kultivierter Schüchternheit und absoluter Arschigkeit.

Ich glaube, es steckt mehr dahinter, als es die oft geäußerte Kritik an seinen vermeintlich lieblosen Auftritten vermuten lässt. Er steht ja nicht als Privatperson da oben. Er macht dieses Spiel »It's so nice to be in Berlin, the last time I was here, I met my bla, bla, bla« nicht mit. Wenn Musiker sich so äußern, erleben wir einen privaten Menschen – oder das Vorgaukeln eines solchen. Was ja überhaupt nicht schlecht ist, das kann jeder halten, wie er will. Aber Dylan interessiert das Private nicht in dem Moment auf der Bühne. Er weist von sich weg auf etwas anderes hin. Er schafft einen Raum, der ganz und gar für die Geschichte reserviert ist, die er erzählen will, einen Raum, den wir nicht kennen, er aber schon. Spätestens am Ende eines solchen Songs hat man das Gefühl, der Ort, von dem er singt, käme einem doch bekannt vor, die Dinge, von denen er spricht, wären einem doch zutiefst vertraut, und man hat das Gefühl, ihm in die Weite und Freiheit folgen zu können, ja dort sogar selbst auch schon immer zu Hause gewesen zu sein, es nur vergessen zu haben. Das Fremde, Widerständige seiner Performance ist anziehend. Und irgendwie auch beruhigend, denn er bewegt sich darin furchtlos und souverän. Vermutlich hat jeder seine ureigene Geschichte mit Dylan, weil man durch seine Songs, durch sein Wesen – sofern man bereit ist, sich darauf einzulassen – auf eine andere Ebene gehoben wird, und die ist was ganz Persönliches, für jeden Menschen anders. Hinzu kommt, dass seine Musik, seine Art des Gesangs, relativ einfach und eingängig ist. Er ist wie ein Moritatensänger. Das Musikalische scheint nicht so wichtig, es gibt der Geschichte einen Rahmen, ist aber nicht die Hauptsache. Die Musik ist für die Worte da, nicht umgekehrt. Das reicht zurück in ganz alte Zeiten, als man Geschichten vortrug und dazu die Lyra spielte, damit das Interesse nicht erlahmt. So hat man das schon vor Tausenden von Jahren gemacht, Dylan knüpft daran ein bisschen an. Das Ambiente, die äußeren Gegebenheiten spielen dabei eben keine Rolle. Ich weiß noch, dass die Atmosphäre in der Konzerthalle in Düsseldorf wahnsinnig unromantisch war, es war viel zu hell, es gab nur Plastikstühle, es wirkte überhaupt nicht feierlich. Auch auf der Bühne gab es nichts Spektakuläres, die Lichttechnik war nichts Besonderes. Und dennoch strahlte Dylan an diesem Abend etwas sehr Männliches und Souveränes aus, ein Funken Verachtung, ein Hauch von Heiterkeit – und dann die Art, wie er die Worte formt, wie er sie in den Mund nimmt, manchmal fast ausspuckt, klar, hart, wie unter dem Brennglas. Er spricht ja eigentlich eher, als dass er singt.

Viele Kritiker klagen nach seinen Konzerten, er würde nuscheln und murmeln, man verstehe fast nichts.

Dann muss man genauer hinhören. Wir sind ja keine Amerikaner, und es gibt sicher in Deutschland Menschen, die das Amerikanische, wenn es locker gesprochen wird, nicht immer gut verstehen. Ich finde seine Art zu singen kongenial. Sein Sprechen ist immer rhythmisch. Er verschluckt nicht, er erschafft Erzählbögen. Das heißt, er dehnt manchmal die Silben und manchmal zieht er sie zusammen. Das ist seine Kunst. Das ist seine Art zu gestalten. Ähnlich wie bei einem Rapper – dem würde man auch nicht vorhalten, dass er Silben verschluckt. Ich wundere mich darüber, dass es diese Form der Kritik überhaupt gibt. Wie kann man jemanden für das, was er ist, was ihn ausmacht, kritisieren? Ich sehe gar keinen Sinn darin. Das ist so, als würde man sich darüber beklagen, dass das Meer Wellen hat. Dylans Stimme ist im Laufe der Jahre tiefer geworden. Aber er hatte schon immer eine unebene Stimme, sie klang nie glatt.

Können Sie uns genauer erklären, warum ihn diese Stimme zu einem guten Erzähler macht?

Seine Stimme fließt, sie kommt von irgendwoher, sie ist gleichsam »wettergegerbt«. Man hört darin ein Lächeln und einen gewissen Gleichmut, manchmal Spott. Er spricht nie aufgeregt, verzweifelt oder hysterisch. Er jammert nicht. Seine Gefühle sind stark, aber sie überwältigen ihn nicht. Er bleibt Herr der Lage. Wir schauen ihm nicht dabei zu, wie er sich entäußert, sondern wir werden eingeladen, ihn zu begleiten. Dylan ist jemand, der nicht lügt.

Ist Dylan für Sie mehr ein Erzähler und weniger ein Sänger?

Nein, er singt. Aber es ist schon so, dass sein Sprechen und seine Gedanken einen großen Raum einnehmen. Ich mag die Art, wie er singt, wie er mit seiner Stimme umgeht. Manchen mag sie gleichförmig scheinen, tatsächlich aber ist sie durchlässig und nuanciert, ein Instrument, das die Feinheiten und Zwischentöne seines Denkens und Empfindens seismographisch abbildet.

Was bedeutet Ihnen Dylan heute? Haben Sie sein neues Album Rough and Rowdy Ways *gehört?*

Ja, ich höre es oft, auch beim Autofahren, auf langen Fahrten. Das Album ist unglaublich gut. Es kommt zur rechten Zeit. Pure Poesie, man hatte fast vergessen, dass es sie noch gibt. In einem Song singt er beispielsweise: »Can't remember, when I was born / And I forgot, when I died.« Immer wieder gibt es solche Sätze. Sie zeugen von seiner Liebe zum Leben und auch von seiner Nonchalance und Lockerheit. Und dann kleine Liebeslieder, in denen er über Frauen oder zu Frauen spricht – ganz zärtlich, warm und zugewandt.

Wenn Sie seine Songs im Auto hören, ist das eine Art Hörspiel?

So weit würde ich dann doch nicht gehen zu behaupten, dass seine Songs Hörspiele sind.

In dem neuen Song »I Contain Multitudes« singt er: »I'm just like Anne Frank, like Indiana Jones / like them British bad boys, The Rolling Stones / I go right to the edge, I go right to the end / I go right where all things lost are made good again.« Es gab kritische

Stimmen, die bei diesem galoppierenden Namedropping nicht mehr mitkamen und sich nach den Zusammenhängen fragten. Wie ging es Ihnen?

Na ja, das ist ein Song, da muss man gar nichts erklären. Mit einigen wenigen Strichen zeichnet er eine Welt! Wer ist dieser Mensch, in dessen Haut er da schlüpft? Egal! Es ist diese Freiheit im Dichten und Denken, das spielerische Umgehen damit, und die Präzision, mit der er das macht, das haut mich immer wieder um. Es macht mich richtiggehend glücklich, muss ich sagen. In einer der ersten Zeilen des Songs sagt er noch: »Got a tell-tale heart, like Mr. Poe«, »tell« heißt erzählen, »tale« ist die Geschichte, also ein Geschichten erzählendes Herz. Er spielt auf Edgar Allan Poes Erzählung *The Tell-Tale Heart* (*Das verräterische Herz*) an.

... eine von Poes berühmtesten Schauergeschichten, in der der Erzähler einen alten Mann tötet – dessen Herz er aber nach dem Mord noch pochen zu hören meint.

Diese Umschreibung, die Dylan da von sich selbst gibt, trifft es absolut. Und es ist das Herz, das erzählt, nicht »mind« oder »brain«. Das ist das Entscheidende. Das Herz lügt nicht, es schlägt. Und zwar von allein, es unterliegt nicht dem eigenen Willen, das ist das Interessante. Ich habe mich immer wieder gefragt, was Dylan wohl zu jenem Amerika zu sagen hätte, wie es sich in den Jahren unter Donald Trump entwickelt hat. Er hat ja lange geschwiegen. Und dann schreibt er diesen phantastischen Song »Murder Most Foul«. Baff – damit hat er es allen so richtig um die Ohren gehauen.

Der Song ist 17 Minuten lang, arbeitet sich an dem Mord an John F. Kennedy und seinen Folgen ab – es ist auch ein Gleichnis über ein Amerika, dessen Ideale zur Hölle fahren.

Und es ist so liebevoll und macht einen so traurig. Man ist im Innersten berührt von diesem Song. Wie er das beschreibt, Amerika, das geliebte Amerika, es liegt da vor einem wie ein großes Tier, das langsam verblutet. Er zählt in diesem Song die wichtigen Punkte auf, all die wichtigen Momente, die es ausgemacht haben, die uns etwas bedeutet haben und immer noch bedeuten.

Von dem neuen Album mal abgesehen, welche Songs von Dylan sind für Sie besonders wichtig oder prägend?

Das sind Songs wie »Hurricane«, »Shelter from the Storm« oder »A Hard Rain's A-Gonna Fall«, die habe ich immer geliebt. Da sagt er es eigentlich schon: »And I'll tell it and think it and speak it and breathe it / And reflect it from the mountain so all souls can see it / Then I'll stand on the ocean until I start sinkin' / But I'll know my song well before I start singin'.« Der letzte Satz hat mir das Wichtigste gesagt, was über die »performing arts« zu sagen ist, den habe ich dann versucht zu beherzigen.

Reden wir ein bisschen über Dylans Wirkung im Film: Regielegende Martin Scorsese hat ihm in gleich zwei Dokumentarfilmen ein Denkmal gesetzt – in No Direction Home *und zuletzt in der Netflix-Doku* Rolling Thunder Revue.

No Direction Home ist ein sehr schöner Film. Dylan ist wie ein schwarzer Prinz, der sich leicht erstaunt durch eine absurde

Wirklichkeit bewegt. Obwohl er ständig von Leuten umgeben ist, wirkt er ganz solitär, so als folgte er einer unsichtbaren Spur, die keiner sonst sieht. Am meisten hat mich beeindruckt, wie er auf die Bühne geht, wie fokussiert er in dem Moment ist und wie er sich von nichts ablenken lässt. Dylan ist sehr ernsthaft, er lacht ja eigentlich nie in dem Film.

Nur ausgewiesenen Dylanologen ist noch präsent, dass Bob Dylan auch Filmauftritte als Schauspieler hatte – als Begleiter eines Outlaws in Pat Garrett jagt Billy the Kid, *später als heruntergekommener Sänger, der die Welt retten soll, in* Masked and Anonymous. *Wie sehen Sie Dylan als Schauspieler?*

In beiden Filmen hat er eher eine Beobachterrolle. Er hebt sich deutlich ab, als käme er aus einer anderen Welt. Er ist behutsam in seiner Performance und beteiligt sich – wenn überhaupt – eher en passant am Geschehen. Und eigentlich nur dann, wenn es gar nichts anders geht. Er hört genau zu, das ist auffallend, und es ist etwas, was viele Schauspieler vergessen, weil sie zu sehr mit sich selbst beschäftigt sind. Das ist er nicht. Durch seine Anwesenheit stellt er den im Film behaupteten Kosmos infrage, da er sich nicht einfügt in die materiellen und weitgehend patriarchalen Gesetze, die hier herrschen. Ein Poet, der weiß, dass es sinnlos ist, andere zu beherrschen.

Jetzt ist Bob Dylan 80 geworden. Die Frage, wie lange er noch singen, schreiben, live auftreten wird, bekommt inzwischen eine andere Dringlichkeit als zu seinem 60. oder 70. Geburtstag. Was macht das mit Ihnen?

Ich finde es gut, dass er immer weitermacht, dass seine Stimme, sein Dichten und sein Singen einfach sein Metier sind. Und dass er das gern macht, denn sonst hätte er vermutlich längst aufgehört. Damit zeigt er letztlich auch so etwas wie Treue seinem Publikum gegenüber. Ich hoffe sehr, dass er weiterhin Konzerte gibt. Künstler wie Bob Dylan machen den Kosmos aus, in dem ich mich bewege. Die Vorstellung, dass er – oder Leute wie die Stones, Paul McCartney oder Neil Young – irgendwann nicht mehr da sein könnten, ist seltsam. Wir haben uns so sehr daran gewöhnt, dass sie immer da sind, dass immer neue Songs kommen und wir ihnen begegnen können. Ich bin sehr froh, solche Zeitgenossen zu haben. Das hat mir oft Kraft gegeben und auch Mut gemacht. Und ich möchte ihn gern noch einmal auf der Bühne sehen.

Könnten Sie für uns am Ende dieses Gesprächs den folgenden, letzten Satz ergänzen: »Eine Welt ohne Bob Dylan wäre vorstellbar, aber ...«

... nicht so schön.

Subterranean Homesick Blues: Bob Dylan in dem
Video zu seinem gleichnamigen Song, das 1967 in dem
Dokumentarfilm *Dont Look Back* zu sehen war.
»Dieses Balancieren, dieses Schweben, das Ungefähre
bei Dylan – das ist Poesie«, sagt Otto Schily.

OTTO SCHILY

»Bob Dylan repräsentiert für mich den
Umbruch wie kein anderer.«

Für den früheren Innenminister Otto Schily ist er eine Art
Geistesverwandter, deshalb hat er sich den legendären Sänger
2019 noch einmal in einem Konzert in Berlin angesehen. Ein
Gespräch über Brüche im Lebenslauf, das Scheitern der 68er
und herausfordernden Sprechgesang.

* * *

Am Ende des Konzerts macht jener Mann, den sie als SPD-In-
nenminister unter Rot-Grün einst den »roten Sheriff« und
»Otto der Harte« nannten, etwas, das an diesem Abend streng
verboten ist. Eigentlich. Otto Schily holt sein Smartphone aus
der Jackentasche und filmt jenen kleinen Sänger im weißen Ja-
ckett, der dort unten auf der Bühne der riesigen Berliner Mer-
cedes-Benz-Arena »Blowin' in the Wind« singt: Bob Dylan und
sein Jahrhundertsong. Fotos und Videos sind auf Anordnung
des Künstlers strikt untersagt. Aber Otto Schily möchte diesen
Moment festhalten. Im Frühjahr 2019 war das, als Dylan wieder
mal auf Deutschlandtournee war und Schily den Amerikaner
auf der Bühne wieder einmal als Protagonisten des Wandels
erlebte, als jemanden, der sich immer seine Skepsis und Kritikfähigkeit bewahrt hat, auch dem eigenen Mythos gegenüber.

Eigenschaften, die Schily sympathisch sind – und die viel mit seinem eigenen Leben zu tun haben. Otto Schily, am 20. Juli 1932 in Bochum geboren, hat eine bewegte politische Karriere hinter sich. Der Jurist hat gegen den Vietnamkrieg demonstriert, war Rechtsbeistand rebellierender Studenten, wurde bekannt als Anwalt verschiedener RAF-Terroristen und betätigte sich als Bürgerrechtler. Er ist Gründungsmitglied der Grünen, wechselte 1989 jedoch zur SPD. Von 1998 bis 2005 setzte er sich als Innenminister unter Gerhard Schröder für eine verschärfte Sicherheits- und Überwachungspolitik in Deutschland ein, mit dem Ziel einer effektiveren Terrorbekämpfung. Heute arbeitet Schily wieder als Anwalt. Und hört immer noch Bob Dylan. Weil der ihn sein Leben lang begleitet habe, sagt Schily. Kein Wunder also, dass er ihn bei dem Konzert in Berlin – verbotenerweise – filmte. Sein Glück, dass er dabei so weit von der Bühne entfernt saß, dass Dylan es nicht bemerkte.

* * *

Herr Schily, gibt es einen Song von Bob Dylan, auf den Sie in Ihrem Leben nicht verzichten könnten?

Das ist »Blowin' in the Wind«, der Song hat sich mir am meisten eingeprägt. Wie auf dem Album *Finjan Club*, dem Live-Mitschnitt eines Konzerts in Montreal von 1962. Das Cover finde ich sehr schön: der junge Bob Dylan, so wie man ihn in Erinnerung hat. Nun gehöre ich nicht zu den Dylan-Experten, die seine Texte auswendig kennen. Und als ich das Dylan-Konzert in Berlin besuchte, hatte ich zugegeben Mühe, die Texte akustisch zu erfassen. Der Gesang von Bob Dylan ist ja nicht gerade so, dass er sehr deutlich artikuliert. Live war es für mich besonders schwierig, alles zu verstehen. Ich musste seine Lieder dann zu Hause nachlesen. Es sind sehr poetische Texte. Insofern lohnt es sich immer, Dylans Texte später auch in Ruhe einfach nur zu lesen.

Henryk M. Broder schrieb mal: »Bob Dylan kann auf eine phantastische Weise nicht singen.«

Haha, das ist ein kluger Satz! Ich würde aber eher sagen: Dylan hat eine besondere Form des Artikulierens von Tönen und Worten, die immer hängen bleibt und die sehr authentisch ist. Er erzeugt eine Atmosphäre, die einzigartig ist. Und: Er hat das Denken und Fühlen der sechziger Jahre artikuliert, bis hin in dieses Rebellische, das sich ja in dieser Zeit entwickelt hat …

Rebelliert hat er dann auch gegen die Erwartungshaltungen all jener Bewunderer, die ihn zur Folk- oder Politikone stilisierten. Bei seinen Konzerten wurde er oft ausgebuht.

Das spricht ja für ihn, dass er nicht gefällig ist. Er spielt auch keine gefällige Musik. Das ist sie nie gewesen. Bei seinem Konzert in Berlin hat es mich dann doch ein bisschen gestört, dass es zum Teil etwas ins Gefällige abrutschte. Aber eben nur ein bisschen. Denn meistens blieb er ja, wie man ihn kannte – ungefällig. In dem Zusammenhang fiel mir besonders sein Song »It Ain't Me, Babe« auf. Darin geht es ja um eine Beziehungsgeschichte, er erklärt einer Frau, warum er sich von ihr trennt. Und dass er die Erwartungen, die sie an ihn richtet, zurückweist. Ich hatte ein bisschen das Gefühl, dass das an dem Abend auch an seine Zuschauer gerichtet war: »Ihr kommt hierher, ihr wollt Bob Dylan und erwartet jemanden, den ihr gar nicht kennt, der ich gar nicht bin. Aber ich bin, wer ich bin. Und ich lasse mich nicht zu irgendeiner Geschmacksrichtung hinziehen, die ihr erwartet.« Man hat den Eindruck, dass diese Haltung bei ihm nicht verstandesmäßig kalkuliert ist, sondern eher seinem Grundgefühl entspricht. Das muss man ihm zugutehalten: dass er ein eigensinniger Mensch ist. Und jemand wie er geht dann eben nicht sofort nach Stockholm, um sich den Literaturnobelpreis abzuholen. Ein Charakter ist er!

Die verschiedensten politischen Bewegungen haben immer wieder versucht, Dylan für ihre Zwecke einzuspannen. Er selbst hat das nie mit sich machen lassen. Wie hat das ein Vollblutpolitiker wie Sie all die Jahre wahrgenommen?

Das hat mir immer imponiert – dieses Beharren auf seiner Individualität und auf seiner Authentizität.

Wir wollen Sie jetzt nicht mit Bob Dylan vergleichen – aber Sie haben sich ebenfalls in einer bestimmten Szene bewegt und sich dennoch niemals komplett von ihr vereinnahmen lassen.

Das stimmt. Deshalb ist mir Bob Dylan so sympathisch. Weil er sich nicht im Kollektiv aufgelöst hat. Kollektivismus war mir immer sehr fremd. Das war in all den verschiedenen Stationen meines Lebens so – egal in welchem Umfeld ich mich befand – bis hin zur Sozialdemokratie. Aber noch mal zurück zu dem Dylan-Konzert. Ich fand ja die riesige Mercedes-Benz-Halle in Berlin für einen Musiker wie ihn absolut ungeeignet. Visuell konnte ich ihn kaum wahrnehmen. Ich habe nur Schemen von Bob Dylan gesehen. Ich habe aus der

Distanz nur vermuten können, das da unten, das könnte Bob Dylan sein. Später habe ich dann in einer Rezension nachgelesen, dass er sich nach einem Tanzschrittchen kurzzeitig anlehnen musste – was in seinem Alter ja nicht weiter verwunderlich ist. Nur: Ich selbst hatte das an dem Abend gar nicht gesehen. Überrascht hat mich dagegen, wie präsent er musikalisch war. Und das, obwohl in einer so großen Halle nur schwer Atmosphäre entstehen kann, weil vieles verfliegt und fremd wirkt. Ich finde, bei einem Bob-Dylan-Konzert muss eine gewisse Nähe da sein.

Sprechen Sie da aus Erfahrung von eigenen Auftritten als Redner?

Ja. Als Redner weißt du: Wenn du keine Beziehung zu einem Saal gewinnst, dann passiert da nichts. Mit dir nicht und mit dem Saal auch nicht. Dylan bekam dennoch Resonanz vom Publikum, weil alle, die da waren, also sagen wir zu 99 Prozent, Verehrerinnen und Verehrer waren, die vielleicht auch deshalb gekommen waren, um ihn noch einmal, vielleicht ein letztes Mal, auf der Bühne erleben zu können.

Fans aus den unterschiedlichsten Generationen.

Ja, und das ist schon erstaunlich: Selbst ein so alter Zausel wie ich geht mit 86 noch zu Bob Dylan.

Was ist es, das Sie heute in Dylan und seiner Musik sehen – ist es vor allem die eigene Jugend?

Für mich repräsentiert er wie kein anderer eine Zeit des Umbruchs. Eine Zeit, in der sich die Gefühle, Vorstellungen und die Gedanken der Menschen deutlich geändert haben. Wir wissen inzwischen zwar, dass die 68er-Bewegung politisch gescheitert ist. Aber ein kultureller Umbruch war diese Zeit allemal. Ein tiefer Umbruch. Stimuliert wurde das alles in erster Linie zunächst aus Amerika, das darf man nicht vergessen. Obwohl viele Demonstrationen jener Zeit natürlich gegen den amerikanischen Krieg in Vietnam gerichtet waren, waren die 68er nicht per se antiamerikanisch. Und es gab zu der Bewegung hier gleichermaßen eine Resonanz, ein Pendant, in den Vereinigten Staaten. Und kaum jemand hat das Lebensgefühl dieser Zeit so verkörpert wie Bob Dylan – und auch Joan Baez.

Dass Dylan sich dagegen wehrte, haben wir schon besprochen. Zum Teil driftete diese Ikonisierung ins Extremistische ab. Etwa bei Mark Rudd, dem Anführer der Studentenbewegung an der Columbia University, der in Amerika so bekannt war wie Rudi Dutschke in Deutschland. Bezug nehmend auf ein Zitat aus Bob Dylans Song »Subterranean Homesick Blues« – »You don't need a weatherman to know which way the wind blows« – gründete er später die militante Untergrundorganisation der Weathermen, die ein Vorgänger der RAF war.

Ja, und ich vermute, dass diese Geschichte Bob Dylan nicht besonders gut gefallen würde. Man sollte da keinen Kausalitätszusammenhang herstellen. Aber eine ähnliche Entwicklung haben wir in Deutschland erlebt – die Fraktionierung in Kleingruppen und der Fanatismus, der Ideologismus, der sich daraus entwickelt hat. Mit der Leichtigkeit, der Poesie und auch Sprödigkeit von Bob Dylan hat diese Entwicklung nichts mehr zu tun. Man merkt ja in vielen seiner Songs, die man im Kopf behalten hat, dass sie auch immer Brüche in sich haben. Dass sie nie eindeutig sind. Wenn man sich beispielsweise

»Don't Think Twice, It's All Right« anhört, das er in Berlin am Klavier gespielt hat: Das ist ja eine Art Verabschiedung. Er verabschiedet sich von seiner Freundin und wirft ihr eine Menge Gemeinheiten hinterher. Aber dann kommt ein Satz darin vor, in dem er andeutet: Es wäre ja eigentlich doch ganz schön, wenn du zurückkehrtest. Das ist doch wunderbar – dieses Balancieren, dieses Schweben, das Ungefähre. Das ist Poesie. Und Poesie ist nie eindeutig.

Herr Schily, zum Schluss möchten wir Sie bitten, folgenden Satz für uns zu Ende zu führen: »Eine Welt ohne Bob Dylan wäre vorstellbar, aber ...«

... ärmer.

Chimes of Freedom: Bob Dylan und Muhammad Ali
1975 Backstage im Madison Square Garden in New York
bei einem Benefizkonzert für den inhaftierten Boxer Rubin
»Hurricane« Carter. »Er bringt unterschiedliche Geschichten
Amerikas zusammen«, sagt Daniel Cohn-Bendit.

DANIEL COHN-BENDIT

»Ich glaube, dass Bob Dylan das
Politische gehasst hat.«

Daniel Cohn-Bendit hat mehr als fünf Jahrzehnte lang die
politischen Debatten in Deutschland und Frankreich geprägt –
als Ikone der Studentenrevolution 1968, als Grünen-Politiker
und leidenschaftlicher Europäer. Mit Bob Dylan und seiner
Musik fühlte er sich bereits verbunden lange bevor er Aktivist und Politiker wurde. Ein Gespräch über die Saga von Bob
und dem roten Dany, die politische Strahlkraft von Songs, Dylans jüdische Identität und Momente, in denen er dem Sänger
nicht folgen konnte.

* * *

Der eine französische Präsident hatte ihn seinerzeit zum
Staatsfeind erklärt und des Landes verwiesen, ein anderer
wollte ihn viele Jahre später zum Umweltminister machen.
Ein halbes Jahrhundert liegt zwischen beiden Einschätzun-
gen, zwischen 1968 und 2018, zwischen Charles de Gaulle und
Emmanuel Macron, die jeweils ihre ganz eigene Sicht auf den
Deutschfranzosen Daniel Cohn-Bendit hatten, den einsti-
gen Studentenführer. Die Zeiten ändern sich: »For the loser
now will be later to win / For the times they are a-changin'«.
Wohl kein anderer von Bob Dylans Songs eignet sich besser

als Soundtrack des ereignisreichen Lebens Cohn-Bendits als »The Times They Are A-Changin'«. Das Angebot, Umweltminister unter Macron zu werden, hat der Mann, den sie in jungen Jahren »Dany le Rouge«, den roten Dany, nannten, zwar nicht angenommen, dafür berät er den derzeitigen französischen Präsidenten inoffiziell – außerparlamentarisch, wenn man so will.

Cohn-Bendit wurde am 4. April 1945 im südwestfranzösischen Montauban geboren, wohin seine jüdischen Eltern vor den Deutschen geflohen waren. Er selbst sagte mal, er sei im Sommer der Befreiung gezeugt worden – 1944 landeten die alliierten Streitkräfte beim D-Day in der Normandie. In den fünfziger Jahren kehrte seine Familie nach Deutschland zurück. Cohn-Bendit machte an der hessischen Odenwaldschule Abitur und studierte in Frankreich Soziologie. 1968 verwies die französische Regierung den Sprecher der Pariser Studentenbewegung und vermeintlichen Unruhestifter des Landes. Erst zehn Jahre später wurde das Einreiseverbot aufgehoben. Nach seiner Ausweisung aus Frankreich wählte Cohn-Bendit 1968 Frankfurt als neue Heimat, wurde dort eine der Führungsfiguren der Spontibewegung, zu der auch der spätere Außenminister Joschka Fischer zählte. 1984 trat er mit Fischer den Grünen bei und machte sie in Hessen regierungsfähig. Im Frankfurter Magistrat wurde er erster ehrenamtlicher Dezernent für multikulturelle Angelegenheiten, von 1994 bis 2014 gehörte er als Abgeordneter sowohl der deutschen als auch der französischen Grünen dem Europäischen Parlament an und war lange Zeit einer der populärsten EU-Politiker. 2014 schließlich gab er seinen offiziellen Ausstieg aus der Tagespolitik bekannt.

Daniel Cohn-Bendit ist mit dem Fahrrad zu unserem Gespräch in Frankfurt gekommen. Der in Coronazeiten notwendige Mundschutz mindert seinen Redefluss nicht im Geringsten. Bob Dylan und seine Songs haben Cohn-Bendit fast sechs Jahrzehnte lang begleitet, begeistert und stimuliert, zuweilen jedoch auch irritiert und verstört. Es ist eine Verbundenheit, die begann lange bevor er ein Star der 68er-Bewegung wurde. Sie dauert bis heute an.

* * *

Herr Cohn-Bendit, es heißt, Sie hätten im Vorfeld Ihres Geburtstags am 4. April 2013, der Tag, an dem Sie endlich offiziell ein »68er« wurden, bei Bob Dylan angefragt, ob er nach Paris kommen und auf Ihrer Geburtstagsfeier spielen würde. Sie sollen dann eine SMS erhalten haben: »Bob Dylan kommt nicht«, er spiele an dem Tag leider in Charleston, South Carolina. Stimmt die Geschichte?

Ja, ich habe Bob Dylan tatsächlich eingeladen. Freunde von mir hatten einen Kontakt zu seinem Management vermittelt. Und das schrieb mir dann: »Bob Dylan kommt nicht.« Das war halt so ein witziger Traum von mir. Aber mir war schon vorher klar gewesen, dass Dylan kein sonderlich sozialer Mensch ist. Das war ja auch das Problem in vielen seiner Beziehungen. Joan Baez sagt etwa in dem Dokumentarfilm *Rolling Thunder Revue* von Martin Scorsese: Dylan sei ein wunderbarer Musiker, aber er lasse keine Nähe zu.

Haben Sie ihn je getroffen?

Nein.

Dylan und Joan Baez waren lange Zeit das Dreamteam des Folk. Später hat Dylan oft polarisiert, wenn er sich auf andere Musikstile einließ und beispielsweise 1969 mit Johnny Cash Songs aufnahm. Das wurde ihm als Anbiederung an die konservative Countryszene angekreidet.

Solchen Anwürfen sah er sich ja oft ausgesetzt. Die meisten, auch jene, die ihn mochten, haben Dylan immer in eine Schublade stecken wollen. Für viele, die ihn in Deutschland kritisierten, wirkte die Zusammenarbeit zwischen Dylan und Johnny Cash so, als hätte sich Hannes Wader mit Heino zusammengetan. Aber der Vergleich stimmt nicht. Zunächst einmal war Johnny Cash sehr sozial engagiert, er hat immer wieder Konzerte in Gefängnissen gegeben. Dylan und Cash waren Gegensätze, aber auf einer Wellenlänge. Es gab da eine musikalische Neugier auf den anderen und vor allem gegenseitigen Respekt. Sie haben sich gegenseitig beeinflusst. 1969 nahmen sie dann in Nashville zusammen Songs auf. Die Versuche, Dylan auf einen bestimmten Stil festzulegen, mussten scheitern. Er hat sich eben nicht instrumentalisieren lassen. Er war immer ein Stück weg von dem, was die Leute von ihm erwartet haben. Ich muss allerdings gestehen, dass auch ich ihm nicht bei all seinen Wandlungen folgen konnte oder wollte. Beispielsweise als er diese furchtbar unangenehme Phase mit seinen religiösen Anwandlungen hatte.

Sie meinen, als er Ende der siebziger Jahre zum evangelikalen Christentum konvertierte, nachdem er in einer gläubigen jüdischen Familie aufgewachsen war.

Bob Dylan und Johnny Cash bei einem gemeinsamen
Fernsehauftritt in der *Johnny Cash Show* im Juni 1969.

Ja. Von dem Moment an sang er auch fromme Lieder und
hielt bei seinen Konzerten regelrechte Predigten zwischen
seinen Songs. Nach etwa vier Jahren war diese Phase dann ja
beendet – ich fand sie sehr befremdlich. Dylan hatte zuweilen schwer an seinem Leben zu knabbern. Auch mit seinem
Judentum hat er sich nie richtig auseinandergesetzt. Er hat

einfach seinen Namen von Robert Zimmerman in Bob Dylan geändert – fertig war die Sache. Ich glaube aber nicht, dass es so einfach ist.

Sie meinen, Bob Dylan war für ihn mehr als nur ein Künstlername?

Ja, es war nicht nur ein Künstlername, sondern vielleicht auch Ausdruck eines Verdrängens. Ich weiß es nicht. Sehen Sie, ich weiß, dass solche Spurensuchen nicht leicht sind. Ich selbst habe mich ja vor kurzem in dem Dokumentarfilm *Nous sommes tous juifs allemands* auf die Suche nach meiner jüdischen Identität begeben.

In dem Film sagen Sie unter anderem, Sie wüssten immer noch nicht, was das ist, Ihr Judentum. Sie reisten nach Israel, sprachen unter anderem mit einem früheren Chef des israelischen Geheimdienstes, einer liberalen Rabbinerin oder einer überzeugten Siedlerin über deren Jüdischsein.

Meine Frau hatte mir gesagt, einige meiner Verhaltensweisen hätten damit zu tun, dass ich mein Jüdischsein verdrängte. Das war für mich der Anstoß, mich intensiver mit dieser Frage zu beschäftigen. Die Reaktionen auf meinen Film von einigen deutschen Fernsehsendern gehören zu den größten Enttäuschungen meines Lebens. In Frankreich wurde der Film im Fernsehen gezeigt und bekam gute Rezensionen. In Deutschland will ihn nach wie vor kein Sender ausstrahlen.

Warum nicht?

Die Antwort war immer dieselbe: Meine Familiengeschichte sei zu kompliziert, es sei nicht klar, ob es um Israel oder um mich selbst gehe, wenn Deutsche einen Film über Israel machten, müssten sie vorsichtig sein, ich sei nicht eindeutig genug in meiner Haltung. Das will ich auch gar nicht sein in dieser Frage. Ich will über mein Unentschiedensein im Hinblick auf meine jüdische Identität berichten. Die Redakteure im deutschen Fernsehen hatten einfach Schiss. Ich finde das sehr schade. Ich habe den Film eine Zeit lang in einem Kino in Frankfurt gezeigt, die jüdische Gemeinde in Frankfurt hat ihn sogar finanziell unterstützt – und dies, obwohl der Film teils sehr israelkritisch ist. Was ich damit sagen will: Für mich war es ein schwieriger Prozess, mich mit meiner jüdischen Identität auseinanderzusetzen. Und von Bob Dylan hätte ich mir zu solchen Fragen mehr erwartet.

Wann haben Sie Bob Dylan das erste Mal live gesehen?

Das war in Newport, in den USA, ganz am Anfang, in den sechziger Jahren. Etwas später habe ich ihn in New York gesehen, das war eine ganz irre Veranstaltung.

Wieso irre?

Weil eigentlich Joan Baez der Star des Abends war. Das Konzert fand in Forest Hills, einem Stadtteil von Queens, statt. Ich war mit einem amerikanischen Freund dort hingegangen. Ich weiß noch genau, wie Joan Baez anfing zu singen, dann plötzlich aufhörte und zum Publikum sagte: »Eigentlich finde ich es langweilig, alleine zu singen.« Da sind alle aufgestanden, und wir haben uns gefragt: »Was ist denn jetzt los?« Und dann kam so ein kleiner Mann mit Gitarre auf die Bühne und hat mit seiner näselnden Stimme eine Stunde lang mit Joan Baez gesungen. Und dieser Mann war Bob Dylan. Das war noch ein reines Folkkonzert – lange bevor er später in Newport ausgebuht wurde, weil er auf einmal eine elektrische Gitarre spielte. Die Folkszene hatte damals eine enge Verbindung zu der wachsenden Bewegung des Widerstands unter anderem gegen den Vietnamkrieg. Das war etwas, das diesen jungen Folksänger Bob Dylan mit vielen Amerikanern verband. In der Studentenbewegung in Frankreich hatten die meisten diese Dimension überhaupt nicht verstanden.

Sie meinen, amerikanische Folksänger wurden mit ihren politischen Äußerungen nicht ernst genommen?

Ja. Rückblickend würde ich heute etwas bösartig formulieren, dass einige Pseudorevolutionäre in Frankreich das damals nicht verstanden haben. Anfang 1968 gab Joan Baez ein Konzert in Paris. Erst sang sie, dann wollte sie mit den Studenten diskutieren. Und dann fingen all die Linken in dem Saal an, sie scharf zu kritisieren, unter anderem, weil sie für einen gewaltfreien Protest eintrat. Auf diese Weise könne man keine Gesellschaft verändern, hieß es, der Kapitalismus sei schließlich auch bewaffnet, bla, bla, bla. Das hat mich in diesem Moment so aufgeregt, dass ich nach vorne zur Bühne ging und mich eingemischt habe. Ich war damals zwar innerhalb der Szene in Frankreich bekannt, es hatte aber noch nicht jene Dimension erreicht wie später nach den 68er-Unruhen. Jedenfalls habe ich Joan Baez bei ihrem Konzert gegen ihre Kritiker verteidigt und ihnen gesagt: »Ich finde das unglaublich, was ihr hier macht. Joan Baez, Bob Dylan und die Studierenden mobilisieren in Amerika eine Bewegung, wie es sie beispielsweise in Frankreich während des Algerienkriegs nicht gegeben hat, und ihr tut jetzt gegenüber Joan Baez so, als wüsstet ihr genau, wo es langgeht.«

Wie hat Joan Baez reagiert?

Sie war völlig erstaunt, auch wegen der Härte und Verbissenheit, die ihr da entgegenschlugen. Joan Baez und ich, wir sind uns im Laufe der Jahre vielleicht noch zwei oder drei weitere Male begegnet. Jedenfalls habe ich Bob Dylan in seinen frühen Jahren auch immer in diesem Zusammenhang wahrgenommen, als Teil der Bürgerrechtsbewegung und des Protests gegen den Vietnamkrieg. Er stand für mich für eine besondere Lebenshaltung, für eine Auseinandersetzung mit der Welt um ihn herum. Das war das Spannende an ihm. Ich würde jetzt nicht so weit gehen und behaupten, er hätte die Mehrheit der amerikanischen Jugend angesprochen. Aber diese bewegte, die engagierte Jugend, die hat er mitgenommen.

Nach diesem für Sie so bedeutsamen Konzert mit Dylan und Baez in New York haben Sie mal gesagt, das sei der Eckpfeiler Ihrer Antikriegshaltung gewesen. Welche Songs haben Sie in der Hinsicht geprägt?

Da gab es mehrere. Songs wie »Subterranean Homesick Blues« mit Zeilen wie »You don't need a weatherman / To know which way the wind blows«, auch »Mr. Tambourine Man« – die sind ja beide in Dylans Antikriegsphase entstanden. Aber keines seiner Lieder war je Agitprop. Nicht die Spur. Dylans Songaussagen entstanden eher aus einer humanistischen Überzeugung, aus einem Gespür für Unrecht heraus. Die Botschaften waren: »So etwas wie den Krieg in Vietnam, das macht man nicht.« Oder: »Es ist wichtig, die Bürgerrechtsbewegung im Kampf gegen das Unrecht des Rassismus zu unterstützen.« Das alles hat er stets poetisch und nie agitatorisch verarbeitet.

Sie haben die Weatherman-Zeile aus dem Dylan-Song zitiert. Darauf Bezug nehmend, gründete Mark Rudd, der Anführer der Studentenbewegung an der Columbia University, später die militante Untergrundorganisation der Weathermen, die ein Vorgänger der RAF war. Kannten Sie Rudd?

Ja, ich kannte ihn. Er lebte seinerzeit mit einer Bekannten von mir in New York. Er ist auch mal nach Paris gekommen, das muss 1967 gewesen sein. Wir haben damals oft miteinander diskutiert. Ich kann mich auch noch an seine Mitstreiterin Bernardine Dohrn erinnern, mit ihren sehr langen Stiefeln. Sie gehörte auch zu den Mitbegründerinnen der Weathermen. Nachdem sie abgetaucht war, fand sie später den Weg in ein normales Leben zurück, wurde Rechtsanwältin und engagierte sich zu sozialen Themen. Ich habe später eine vierteilige Dokumentation über diese Jahre gedreht, sie hieß *Wir haben sie so geliebt, die Revolution*.

Als Akteur von damals interviewen Sie darin andere Protagonistinnen und Protagonisten der Jugendrevolten in Europa und in den USA.

Ja, ein Kapitel der Serie heißt »Revolte und Terrorismus«, es beschäftigt sich auch mit der Bewegung in den USA. Bernardine Dohrn kommt leider nicht darin vor, sie hatte keine Lust, sich interviewen zu lassen. Aber ich konnte für den Film mit Jane Alpert sprechen.

Alpert war ebenfalls Mitglied der Weathermen und 1969 an den Bombenanschlägen auf acht Regierungs- und Geschäftsgebäude in New York City beteiligt. Sie wurde verhaftet, als andere Mitglieder ihrer Gruppe dabei erwischt wurden, wie sie Dynamit in Lastwagen der Nationalgarde deponierten. Sie bekannte sich der Verschwörung schuldig ...

... und tauchte dann ab. All jene Weathermen-Mitglieder, die in den Untergrund gingen, waren im Prinzip die amerikanischen Pendants zu den Mitgliedern des maoistischen Untergrunds bei uns.

Wobei die Weathermen in Amerika früher Anschläge verübten als ihre Pendants in Deutschland.

Ja, die Amerikaner waren früher dran. Sehen Sie, solche Bewegungen haben anfangs immer einen unheimlichen Drive, führen dann aber meist in eine Sackgasse. Dann gibt es Anhänger, die entweder eine parlamentarische Partei wie Die Grünen gründen – oder sie radikalisieren sich. Und bei den Weathermen, wie später auch in extremerer Form bei der RAF, war das Radikalisieren mit dem Einsatz von Gewalt und Terror verbunden.

Ein Problem der Weathermen war, dass sie sich letztlich von jemandem wie Bob Dylan entfernt hatten. In ihrer zunehmend sich verengenden militanten Sicht hatten sie für die humanistischen Botschaften eines Bob Dylan kein Verständnis mehr. Und dabei hatte gerade die amerikanische Protestbewegung am Anfang einen unglaublichen Drive gehabt, sie hatte

Slogans wie »Just do it« geprägt, war zunächst sehr pragmatisch. Letztlich endete sie aber genauso ideologisch verengt wie andere Bewegungen.

Mark Rudd ist schnell ausgestiegen, als die Gruppe dazu überging, Gewalt als Mittel der politischen Auseinandersetzung anzuwenden. Einmal sagte er, er habe in einen ganz tiefen Abgrund geblickt und sich dann entschieden abzutauchen. 20 Jahre lebte er unter falschem Namen.

Die Weathermen haben nie so schlimme Verbrechen begangen wie später die RAF. Die Mitglieder der Weathermen sind ja im Laufe der Jahre alle begnadigt worden. Aber: Irgendwann standen alle vor einem Abgrund, in Amerika wie auch bei uns – und einige sind hineingesprungen.

Glaubten Sie damals daran, dass Songs von Bob Dylan die Welt verändern können?

Nee. Obwohl, »nee« trifft es nicht ganz. Ich glaube, dass Dylan, indem er ein Lebensgefühl, eine Haltung, zum Ausdruck brachte, den Menschen in dieser Zeit geholfen hat, sich zu verändern und Zusammenhänge besser zu verstehen. Dylan wollte nicht die Welt verändern. Er hat sein Empfinden über die Umbrüche dieser Zeit musikalisch verarbeitet. Damit hat er andere mitgerissen und bewegt. Insofern hat er schon etwas verändert. Aber das war nicht sein erklärtes Ziel. Man könnte genauso fragen, ob Camus die Welt verändert hat. Nein, aber Camus hat politisch-philosophische Thesen formuliert, die für unsere Zivilisation ein entscheidender Beitrag waren und sind. Bei Dylan verhält es sich genauso.

Sie haben mal über Dylan gesagt: Nur auf der Seite derjenigen zu stehen, die für etwas kämpfen, bedeutet noch nicht, dass man politisch ist. War Dylan für Sie politisch?

Ich glaube, dass Dylan das Politische gehasst hat. Seine Songs waren zwar politisch in ihrer Ausdrucksform. Aber sie waren nicht zielgerichtet politisch, er wollte jetzt nicht eine große Kapitalismuskritik formulieren. Er hat vielmehr sein Empfinden über Unmenschlichkeit, Rassismus oder den Vietnamkrieg zum Ausdruck gebracht. Im Gegensatz zu Joan Baez ist er jedoch so gut wie nie zu Demonstrationen gegangen. Mit einer Ausnahme.

Sie meinen jenen Protestmarsch, der heute als historisch gilt: 1963 protestierte Dylan mit Baez und Martin Luther King in Washington. King hielt seine legendäre »I have a dream«-Rede, Dylan sang »Blowin' in the Wind«.

Joan Baez hatte ihn da mitgeschleppt. Es war jetzt nicht so, dass Dylan dagegen gewesen wäre. Er hat schon ein Sensorium gehabt für die Bürgerrechtsbewegung, es war für ihn also kein Widerspruch, in Washington mitzumarschieren. Es war halt nur nicht sein Ding. Joan Baez ist Songwriterin und Aktivistin. Bob Dylan ist nie ein Aktivist gewesen.

Baez, die Förderin, zeitweilige Partnerin und Begleiterin von Dylan aus den frühen Jahren, ist Anfang 2021 ebenfalls 80 Jahre alt geworden. Ist es nicht bitter, dass ihr zu diesem Anlass weit weniger Aufmerksamkeit zuteil wird als ihrem einstigen Protegé?

Das stimmt. Joan Baez hat eine wunderschöne Stimme. Sie hat sich politisch immer klar positioniert, das war und ist ein

Teil ihrer Identität. Joan Baez ist eine wundervolle Songwriterin und Sängerin, aber: Bob Dylan ist als Poet herausragend. Das ist nun mal so. Joan Baez ist 1993 ins belagerte Sarajevo gereist, hat dort ein Konzert gegeben, um die Menschen zu unterstützen und gegen das Unrecht zu protestieren. Sie ist an viele Orte gereist, um Unmenschlichkeiten anzuprangern. Bob Dylan hat so etwas nie groß interessiert. Man muss bei Bob Dylan aufpassen. Wenn man seine Lieder mag, muss man deshalb ja nicht alles gutheißen, was er macht oder nicht macht.

Reden wir über einen Ihrer eigenen Richtungswechsel, einen, der viel Empörung ausgelöst hat. Sie wurden mit Dylans Antikriegshymnen sozialisiert, 1992 forderten Sie dann, dem Krieg in Bosnien müsse mit militärischer Gewalt Einhalt geboten werden – und mussten viel Kritik einstecken. Gab es im Œuvre von Dylan Lieder, die Ihren eigenen Wandlungen entsprachen?

Das könnte ich jetzt nicht an Liedern festmachen. Dylan hat seinen ersten richtigen Shitstorm ja erlebt, als er erstmals mit einer E-Gitarre auf die Bühne ging. Da waren seine Jünger alle entsetzt. Ganz abstrakt könnte man sagen: Dylan ist oft da, wo man ihn nicht erwartet. Das ist mir auch oft passiert – und kann mir wieder passieren. Dylan war ja weder sozialistisch noch sonst irgendwas. Aber er hat nachempfunden, was die Menschen vor allem in den sechziger Jahren umgetrieben, bewegt und verstört hat. Und er hat sich mit Themen auseinandergesetzt, die Amerika noch heute beschäftigen. Da muss ich jetzt noch mal auf seine Sessions mit Johnny Cash zurückkommen. Das war auch ein Versuch, eine Spaltung der Gesellschaft zu überwinden, die es ja damals schon gab.

Wenn man aber Dylan gefragt hätte, welche Absicht er mit diesem Schulterschluss mit Cash verbunden hat, ob er damit versöhnen wollte – dann hätte er vermutlich geantwortet: »Seid ihr alle verrückt? Ich wollte nur mit Johnny Cash Musik machen.« Und dennoch brachte er in solchen Momenten unterschiedliche Geschichten Amerikas zusammen. Wie auch beim Marsch auf Washington, als er neben Martin Luther King sang, oder später, als er mit Muhammad Ali ein Konzert in New York organisierte, um sich für die Freilassung des zu Unrecht wegen Mordes inhaftierten schwarzen Boxers Rubin »Hurricane« Carter einzusetzen.

Carter war 1966 wegen mutmaßlichen Mordes an drei Weißen zu dreimal lebenslänglich verurteilt worden – aufgrund zweifelhafter Zeugenaussagen und einer völlig unzureichenden Beweislage. Dylan hatte seine Geschichte 1975 in dem Song »Hurricane« erzählt. 1985 wurde Carter nach einer Wiederaufnahme des Verfahrens freigesprochen.

Der Song »Hurricane« zeigt, zu welchen Gesten Dylan fähig war, dass er in der Lage war, gesellschaftliche wie musikalische Einflüsse zu übernehmen. Er hat darüber hinaus ja auch immer Verbindungen zu schwarzen Musikern gehabt. Ebenso wie er mit Johnny Cash Country spielte, hat er sich vom Blues der Schwarzen inspirieren lassen. Das konnte man dann durchaus auch politisch interpretieren. In dem Sinne, dass Dylan das Leid der Schwarzen, das sie im Blues artikulieren, aufgenommen und sich damit identifiziert hat. Aber auch das hat er nie als Agitprop nach außen getragen.

Sehen Sie sich eigentlich als Dylanologen?

Nee. Ich höre ihn einfach gerne, immer noch. Wann immer ich in Amerika unterwegs bin, höre ich »Highway 61 Revisited«. Vor drei, vier Jahren reiste ich mit meiner Frau von New Orleans hoch nach Mississippi, dann weiter bis Memphis, und dabei haben wir immer Dylan gehört.

2013 haben Sie beim Einstein Forum in Potsdam an einer Dylan-Tagung teilgenommen. Der Titel Ihres Vortrags hieß: »Bob and I – the Saga of a Generation«. Was können Sie uns aus dieser Saga von Bob und »Dany le Rouge« noch erzählen?

Das war ja nur Teil einer Podiumsdiskussion, die sich mit der Poesie Bob Dylans, aber auch mit der Frage beschäftigte, was Dylan für meine Generation bedeutete. Wobei ich es immer schwierig finde, einen Begriff wie »Generation« zu generalisieren. Bei der Gelegenheit hatten Susan Neiman, die Leiterin des Einstein Forums, ein paar andere und ich etwas ausbaldowert: Wir hatten einen Text veröffentlicht, in dem wir forderten, dass Bob Dylan endlich den Literaturnobelpreis bekommen müsse. Wir fanden, es sei höchste Zeit.

Als Sie im Frühjahr 2016 Gast im Literarischen Quartett waren, legten Sie diesbezüglich noch mal nach und sagten, die in der Runde besprochenen Autoren seien gänzlich unbedeutend, solange Dylan nicht den Literaturnobelpreis bekomme. Was hatte Sie da eigentlich geritten – die Gabe der Vorsehung?

Na ja, das war halt eine Provokation. Ehrlich gesagt weiß ich gar nicht mehr, was ich da genau gesagt habe.

Was ging Ihnen durch den Kopf, als Dylan den Preis kurz darauf tatsächlich bekam?

Dass er ein Poet und zweifellos einer der besseren Literaturnobelpreisträger ist, die in den vergangenen Jahren ausgewählt wurden. Dass er selbst zunächst nicht zur Preisverleihung erschien, fand ich dann nicht so schlimm wie einige andere. Wenn man einen Nobelpreis vergibt, macht man das ja nicht davon abhängig, ob jemand umgänglich ist oder nicht.

Zeitweise schien Dylan Ihnen aber abhandengekommen zu sein. 2011 sagten Sie im Hinblick auf das Ende Ihrer aktiven politischen Laufbahn, Sie wollten nicht so werden wie Dylan. Der würde in China und Vietnam auf Tournee gehen, obwohl ihm untersagt wurde, dort »Blowin' in the Wind« zu spielen. War das für Sie Verrat an seinen Idealen?

Ja. In diesem Fall fand ich sein Verhalten abartig. Bob Dylan hat es doch nicht nötig gehabt, sich auf Konzerten in China und Vietnam ein Lied verbieten zu lassen. Ich will jetzt nicht behaupten, das sei feige gewesen. Aber daran konnte man sehen, dass ihn das politische Umfeld vielleicht doch nicht so interessierte, wie man das bislang vielleicht geglaubt hatte. Ich hätte mir von ihm jedenfalls eine andere Haltung gewünscht. Genauso wie Dylan gewöhnlich ja auch seinem Publikum nicht gefallen will, hätte er sich auch die Zensurwünsche der Chinesen nicht gefallen lassen müssen. Er hätte einfach sagen können: »Okay, ihr wollt mein Lied nicht, dann spiele ich nicht bei euch, fertig.« Egal, ich sag mir nach solchen Episoden immer: Soll er doch machen, was er will. Ich warte dann sein nächstes Album ab und schaue, ob es mir gefällt oder nicht.

Welche Momente haben Sie später wieder mit Dylan versöhnt?

Seine letzten Platten gefallen mir wieder besser. Auch seine aktuelle *Rough and Rowdy Ways*, weil er darauf wieder ein Narrativ findet, das spannend ist. Dann höre ich ihm wieder zu. Aber Bob Dylan ist mir ja nichts schuldig, und ich schulde ihm nichts. Er hat genauso wie wir alle das Recht, Unsinn zu machen. Für mich bleibt er ein großer Künstler.

In dem 17-minütigen Song »Murder Most Foul« singt er vom Mord an John F. Kennedy. Die Titelzeile ist Shakespeares Hamlet *entnommen, der Geist von Hamlets Vater spricht diese Zeilen. Dylan beschreibt in diesem Monumentallied uramerikanische Hoffnungen und Träume und deren Zerplatzen. Die Kritiker haben sich weltweit daran abgearbeitet – er trage darin das 20. Jahrhundert zu Grabe und spende keinen Trost. Haben Sie das auch so empfunden?*

Es stimmt schon, ausgehend vom Mord an Kennedy beschreibt er eine Gesellschaft, die kippt – das ist deshalb interessant, weil die Stimmung in unserer gegenwärtigen Gesellschaft auch kippt. Diesen Bogen, den er da schlägt, von der Vergangenheit ins Heute, fand ich sehr spannend. Mich hat überrascht, dass er sich mit diesem Song eigentlich direkt politisch mit der Trump-Ära auseinandergesetzt hat. Als ich die anderen neuen Songs erstmals hörte, hatte ich allerdings auch den Eindruck, dass er jetzt anfängt, Lieder zu schreiben, die, wenn man sie im Zusammenhang hört, wie ein Testament klingen. Es sind Songs, mit denen er Jahrzehnte überspringt, die aber in jenen Zeiten, in denen er groß wurde, verwurzelt sind. Ich bin jedenfalls sehr gespannt, was für Lieder er in Zukunft schreiben wird.

Wann haben Sie ihn zum letzten Mal live gesehen?

Ich habe ihn 2017 in der Frankfurter Festhalle gesehen. Um 20 Uhr sollte es anfangen, was bei Rockkonzerten ja so gut wie nie klappt. An diesem Abend aber stand er um Punkt 20 Uhr auf der Bühne. Sagte nicht »Hello«, sagte gar nichts, fing gleich an zu singen. Auch zwischen den Songs sagte er kein Wort, nannte nicht mal den Titel der jeweiligen Lieder. Und dann ging er wieder, ohne »Goodbye« oder sonst was zu sagen. Ich habe es selten erlebt, dass er den Fans seine Abneigung, nein, eher seine Distanz, so stark gezeigt hat wie an diesem Abend. Er kam, sang, ging wieder – und sagte kein Wort.

Als erfahrener Dylan-Konzertbesucher wussten Sie doch, dass Dylan sein Publikum nicht mit Spagatsprüngen und Comedyeinlagen unterhält. Warum sind Sie trotzdem immer wieder hingegangen?

Ich muss ehrlich sagen, das war vielleicht das letzte Konzert, das ich mir von ihm angesehen habe. Ich bin diese Distanz zum Publikum ein bisschen leid, ebenso wie diese Haltung: »Ich spiele euch jetzt nicht meine Gassenhauer, ich mache, was ich will, was ich immer gemacht habe.« Kann er ja alles machen. Ich sag dann nur: Mir reicht es jetzt, so was muss ich mir nicht noch mal ansehen.

Man hört, dass Dylan auch mit 80 weiterhin Konzerte geben will. Ihn im hohen Alter noch einmal, vielleicht ein letztes Mal, zu sehen – das würden Sie sich mit der enttäuschenden Erfahrung in Frankfurt nicht trotzdem noch mal überlegen?

Ich weiß nicht, ob ich noch mal hingehen würde. Ich erinnere mich noch gut, wie ich eines der letzten Konzerte von Leonard

Cohen in Berlin sah. Der brauchte damals drei Backup-Sängerinnen, die ihm beim Singen über die Hürden halfen. Er kniete ja immer, wenn er seine Liebeslieder sang. Und danach hatte man mitunter Angst, dass er es nicht schaffen könnte, wieder aufzustehen. So was macht Bob Dylan zum Glück nicht. In Frankfurt saß er die meiste Zeit nur am Klavier. Wenn ich bei einer neuerlichen Tournee von einem vorherigen Konzert hören würde, dass er sich weiterentwickelt, ein bisschen geöffnet hätte – dann würde ich es mir noch mal überlegen.

Könnten Sie bitte folgenden Satz zu Ende führen: »Eine Welt ohne Bob Dylan wäre vorstellbar, aber ...«

... es wäre wie eine Welt des Fußballs ohne Maradona.

Don't Think Twice, It's All Right: Bob Dylan in einem
Aufnahmestudio 1962. »Er ist für mich so etwas wie das
musikalische Vermächtnis Amerikas«, sagt Carla Bruni.

CARLA BRUNI

»Und dann hat Bob Dylan meinem Mann
seine Mundharmonika geschenkt. Die habe ich
sofort an mich genommen.«

Sie war Topmodel, Sängerin und fünf Jahre lang die Première dame Frankreichs. Inzwischen singt Carla Bruni wieder. Ein Gespräch über Small Talk mit Bob Dylan, ihre Instag-
ram-Hommage an den Literaturnobelpreisträger, Alkohol im
Lockdown und warum sie ihrem Mann Nicolas Sarkozy die
Mundharmonika wegnahm, die Dylan ihm geschenkt hatte.

* * *

Sie wirkt etwas blass, was auch daran liegt, dass das Selfie-Vi-
deo schlecht ausgeleuchtet und als Close-up aufgenommen ist,
mutmaßlich in einem Arbeitszimmer. Wenn die Begeisterung
spontan über einen kommt, achten offenbar auch in der Öf-
fentlichkeitarbeit erfahrene Menschen wie Carla Bruni nicht
mehr so akribisch wie sonst auf ihr Image. Am 13. Oktober
2016 jedenfalls, jenem Tag, als bekannt wird, dass Bob Dylan
den Literaturnobelpreis erhält, reagiert seine Bewunderin
Carla Bruni sehr schnell. Sie setzt sich hin, greift zur Gitarre
und filmt sich für ihren Instagram-Account, wie sie ihrem Idol
singend gratuliert. Mit »Blowin' in the Wind«. Zu dem Zeitpunkt ist Bruni schon seit drei Jahren nicht mehr Première

dame Frankreichs – andernfalls wäre der improvisierte Glückwunsch in dieser Form womöglich auch gar nicht zustande gekommen.

Carla Bruni, am 23. Dezember 1967 in Turin geboren, entstammt einer italienischen Industriellenfamilie. Ihre Mutter, die Pianistin und Schauspielerin Marisa Borini, war mit dem Unternehmer Alberto Bruni Tedeschi verheiratet. Ihre Schwester ist die Schauspielerin und Regisseurin Valeria Bruni Tedeschi. Ihr Bruder Virginio verstarb 2006 an Aids. Erst als Erwachsene erfuhr Carla Bruni, dass ihr leiblicher Vater der Brasilianer Maurizio Remmert ist. 1975 zog Alberto Bruni Tedeschi aus Furcht vor einer Entführung durch die Terrorgruppe »Rote Brigaden« mit der Familie nach Frankreich. In den achtziger Jahren wurde Bruni als Topmodel neben Naomi Campbell und Cindy Crawford ein Star, machte durch Affären mit Eric Clapton und Mick Jagger von sich reden, später schrieb sie Songs unter anderem für Julien Clerc und machte als Sängerin Karriere. Ihren Durchbruch als Sängerin feierte sie 2002 mit dem Album *Quelqu'un m'a dit*. Seither veröffentlichte sie vier weitere Alben. 2008 heiratete sie Nicolas Sarkozy, damals französischer Präsident, war fünf Jahr lang Première dame.

Eine Vita, die ein bisschen so klingt wie einer der neuen Songs von Bob Dylan: »I Contain Multitudes« – ich bin viele auf einmal. Ohne Dylan, sagt Bruni, wäre sie nicht Songwriterin und Sängerin geworden. Getroffen hat sie Dylan nur einmal, nach einem Konzert in Paris, als ihr Mann noch Präsident war.

* * *

Madame Bruni, 2009 haben Sie Bob Dylans Song »Blowin' in the Wind« bei einem Benefizkonzert in New York anlässlich von Nelson Mandelas 91. Geburtstag gesungen. Warum gerade diesen Song?

Weil »Blowin' in the Wind« auf großartige Weise beschreibt, was Mandela ausgemacht hat – die Botschaften des Liedes spiegeln Mandelas Leben, seine Weisheit, sein Vermächtnis. Ich liebe diesen Song. Ich habe es als große Ehre empfunden, ihn bei diesem Anlass zu singen. Ich muss allerdings gestehen, dass ich nicht selbst darauf gekommen bin. Das war die Idee des Eurythmics-Gitarristen Dave Stewart, mit dem ich befreundet bin. Ich hatte den Song mit ihm in New York gemeinsam gespielt. Dann sangen wir noch meinen Song »Quelqu'un m'a dit«, dabei wurden wir von einem wunderbaren Chor aus Südafrika begleitet.

Als Dylan 2016 den Literaturnobelpreis bekam, haben Sie noch mal »Blowin' in the Wind« gesungen, sich dazu selbst auf der Gitarre begleitet, gefilmt und den Clip auf Instagram gepostet.

Ja. Das war eben meine Art, Dylan an diesem Tag zu gratulieren. Dieser Songs strahlt eine große Intensität aus, und er ist ein sehr gutes Beispiel dafür, dass Songs literarisch anspruchsvolle Texte haben können. Dass Bob Dylan diesen bedeutenden Preis bekam, hat das Songschreiben an sich enorm aufgewertet – eigentlich ja eine schlichte, sehr direkte Kunstform, aber eben eine, die für alle zugänglich ist, die viele Menschen erreicht und anspricht.

Lesen Sie seine Songs also wie Literatur?

Ja, obwohl ich jetzt nicht von Literatur in einem größeren, allumfassenden Sinn sprechen würde. Seine Songs sind Gedichte. Dylan schreibt definitiv Poesie. Er ist schon immer sehr wichtig für mich gewesen, hat mich in meiner musikalischen Karriere stark beeinflusst.

Als Songwriter oder als Sänger und Performer?

Er war und ist für mich vor allem als Songwriter sehr wichtig. In dieser Hinsicht ist Dylan einfach perfekt. Bis zum heutigen Tag schreibt er Songs, die wie kleine Juwelen sind. Nehmen Sie nur sein neues Album mit einem 17 Minuten langen Song wie »Murder Most Foul« – ich liebe ihn. Das Lied ist wie ein Sittengemälde der US-Geschichte vom Mord Kennedys bis heute. Das Album war in vielen Ländern auf Platz eins der Charts, die Leute hören ihm also immer noch zu, denn er hat etwas zu sagen. Für mich ist Bob Dylan ein Genie. Ich liebe auch die Autobiographie, die er geschrieben hat, und den Dokumentarfilm *No Direction Home*, den Martin Scorsese über ihn gedreht hat.

Sehen Sie Dylan als politischen Künstler, der für ein anderes, weltoffeneres Amerika steht als jenes zerrissene, das in den vier Jahren der Trump-Präsidentschaft sichtbar wurde?

Ja. Aber Bob Dylan ist für mich darüber hinaus noch viel mehr – er ist so etwas wie das musikalische Vermächtnis Amerikas. Denn Dylan weiß alles über amerikanische Musikformen wie Folkmusik oder Blues. Ich liebe dieses Wissen, das er in sich trägt und immer wieder in seine Musik einfließen lässt. Und das bezieht sich ja längst nicht mehr nur auf jene Musik, die er selbst komponiert hat, sondern auch auf sein

Wissen über »Americana«, also auch amerikanische Unterhaltungsmusik vor der Entstehung des Rock 'n' Roll, zu der beispielsweise Lieder aus dem »Great American Songbook« zählen, Songs von Frank Sinatra, die Dylan ja auch gesungen hat.

Haben Sie den letzten Wahlkampf in den USA mit größerer Anspannung verfolgt als bei den Malen zuvor?

Nicht mit größerer Anspannung, aber ich habe ihn verfolgt, ganz bestimmt. Ebenso wie ich verfolge, was in Brasilien und England passiert.

Von dem Staatsbesuch Donald Trumps in Frankreich wird vermutlich jene Szene in Erinnerung bleiben, als er Macron die Schuppen vom Anzug wischte. Sind Sie froh, dass Ihnen Staatsempfänge wie dieser erspart blieben?

Sehen Sie, ich traf Präsident Bush am Ende seine Amtszeit – und seine Frau, die eine sehr nette, bewundernswerte Person ist. Und ich traf Michelle und Barack Obama. Das waren andere Zeiten. Unabhängig davon, ob man beispielsweise meinen Ehemann, George Bush oder Angela Merkel mochte oder nicht, ob man deren Vorstellungen teilte oder nicht, haben sie sich alle professionell verhalten. Heute ist es so, dass wir es mit *dilettantes* zu tun haben. Wie sagte man dazu auf Deutsch?

Dilettanten.

Ja. Das ist mein Eindruck – wir haben es mit Dilettanten zu tun.

*2010 führte das Forbes-Magazin Sie auf der Liste der mächtigsten
Frauen der Welt – auf Platz 35.*

Wie peinlich, wie beschämend, finden Sie nicht?

*Man könnte es auch als Kompliment sehen, auf dieser Liste zu
stehen, oder?*

Nein. Das ist so peinlich. Ich möchte nicht auf dieser Liste
stehen. Ich finde das furchtbar. Ich hatte in meinem Leben
nie Macht. Ich mag Macht nicht. Ich liebe andere Dinge, aber
nicht Macht. Davon mal abgesehen, ist es demütigend, nur
Nummer 35 zu sein. Nicht nur, dass ich auf dieser Liste stehe,
die ich nicht mag, ich bin auch nur Nummer 35.

Ist das jetzt nicht ein Widerspruch?

Ich stehe auf einer Liste, die ich hasse, und bin Nummer 35 –
das ist absurd.

*Eigentlich wollten wir nur wissen, ob Sie es manchmal bedauern,
nicht mehr Première dame Frankreichs zu sein.*

Nein, das fehlt mir überhaupt nicht.

*Einen Großteil Ihres neuen Albums haben Sie im Frühjahr 2020
aufgenommen, als Sie mit Ihrem Mann und Ihrer Familie im Lockdown in Südfrankreich waren. Sehr Dylan-like, wenn man so will,
nur mit Gitarre und Mikro. Hat Ihnen die Musik in der Zeit geholfen, oder war es eher eine Last, in ungewissen Zeiten wie diesen
ein Album fertigstellen zu müssen?*

Es hat mir geholfen. Ich habe in Südfrankreich jedoch keine Studioaufnahme mit Musikern, sondern lediglich alleine Demoaufnahmen gemacht – also erste Fassungen von Songs, die ich später an Produzenten und Musiker geschickt habe. Das mache ich immer so, es ist meine Art, meine Songs erst mal zu finden. Zu Beginn des Lockdowns schien das alltägliche Leben eingefroren zu sein. Diese Songs zu schreiben, das war für mich wie ein Schutzschirm. Und eine gute Beschäftigung.

Und Sie hatten Ihr gesamtes Equipment dabei, als Sie der Lockdown in Südfrankreich erwischte?

Ja, ich brauche in der Tat nicht viel: eine Gitarre, ein Piano. Beats lade ich von meiner GarageBand-App runter. Dann gibt's noch ein Mikrofon für meine Stimme. Mehr brauche ich nicht.

Sie haben mal einen Song namens »Chez Keith et Anita« geschrieben, eine Hommage an Keith Richards und seine Partnerin Anita Pallenberg, während die Rolling Stones Anfang der siebziger Jahre ihr Meisterwerk Exile on Main St *aus Steuergründen in Südfrankreich aufnehmen mussten. Fühlten Sie sich auch ein bisschen so wie die Stones damals, nur eben »Exiled by Corona«?*

Ein bisschen war es so. Nur ohne das Flair der Seventies ...

Also ohne die Drogen.

Genau, keine Drogen. Nun trinke ich für gewöhnliche gerne Wein. Aber während der Ausgangssperre habe ich letztlich gar keinen Wein getrunken. Ich dachte: Wenn ich im Lockdown anfange Wein zu trinken, trinke ich wahrscheinlich den ganzen Tag weiter. Ausgangssperren fördern das Trinken. Das habe ich jedenfalls nach der ersten Woche schnell gemerkt und mich dann entschieden, die Zeit des Hausarrests künftig trocken durchzustehen. In dieser Hinsicht war ich dann doch sehr weit von jenem Lifestyle entfernt, den Keith, Anita und die Rolling Stones damals in Südfrankreich lebten.

Wie haben Richards und Pallenberg denn auf Ihren Song reagiert?

Ehrlich gesagt weiß ich es nicht. Ich hatte ihnen das Lied geschickt, weil ich beide kannte, zumindest ein bisschen. Vor allem Anita, die sehr eng mit meiner Freundin Marianne Faithfull befreundet war. Aber sie haben mir darauf nicht geantwortet. Dabei hatte ich noch einen Brief mitgeschickt, in dem ich ihnen erklärte: »Ich schreibe da im Grunde nicht über euch und euer Haus zu der Zeit, sondern mehr über die Fotosession, die während dieser Aufnahmen damals dort stattfand. Weil mich die Bilder zum Träumen bringen.«

Bilder, die die Stones in einer Art Künstlerkommune in einem 16-Zimmer-Herrenhaus am Mittelmeer zeigen.

Ja. Vor einem Jahr habe ich mit Bono über die ganze Sache gesprochen. Er besitzt dort ebenfalls ein Haus, ganz in der Nähe jener Villa, die Keith Richards gehörte und in dem die Stones damals ihr Album aufgenommen hatten. Die Villa Nellcôte in Villefranche-sur-Mer. Mein Mann war bei dem Gespräch auch dabei, er mag Bono. Er fragte ihn, ob er sich je das Haus von Keith Richards angesehen habe. Bono sagte, er gehe jedes Jahr dorthin und mache dann ein Selfie von sich, wie er davorsteht. Ich mag so was, das zeigt, dass wir alle ewige Kinder sind.

Als Ihr Mann noch Präsident war, haben Sie beide auch Bob Dylan getroffen, im April 2009, nach einem seiner Konzerte in Paris.

Ja, wir trafen Bob Dylan nach dem Konzert backstage. Er war sehr nett zu uns. Dylan wirkte gelöst in dem Moment, er ist sehr gescheit – ein unglaublicher Mann. Ich hatte ihn schon in den Jahren zuvor viele Male auf der Bühne gesehen, ihn aber nie getroffen. Was durchaus möglich gewesen wäre, denn ich kannte früher so viele Leute, die ihn persönlich kannten. Nur hatte sich das nie ergeben. Erst 2009 kam ein Treffen zustande. Und als mein Mann und ich gerade im Begriff waren zu gehen, schenkte Bob Dylan ihm ziemlich unverhofft seine Mundharmonika. Mein Mann sagte mir dann kurz darauf: »Wie kurios, Bob Dylan hat mir gerade seine Mundharmonika geschenkt.« Ich antwortete: »Gib sie besser mir« – und habe sie behalten.

Mit welchem Dylan-Song würden Sie ihm zu seinem 80. Geburtstag singend gratulieren?

Mal überlegen. Ich würde »Don't Think Twice, It's All Right« singen. Das ist mein absoluter Lieblingssong von ihm. Als Zugabe würde ich vielleicht noch einen von den Rolling Stones dazu nehmen – »Time Is On My Side«. Der Song passt auch ganz gut zu Dylan – denn er hat seine Never Ending Tour ja offenbar immer noch nicht abgeschlossen, er kann einfach nicht aufhören.

Würden Sie ihm dazu raten?

Nein, überhaupt nicht. Gut so, dass er weitermacht. Es gibt kein Alterslimit. Eigentlich. Vielleicht in bestimmten Bereichen. Mit 80 sollte eine Frau vielleicht keinen Minirock mehr tragen. Das ist dann eine Frage der Würde. Ansonsten gibt es kein Alterslimit. Die einzige Grenze ist der Tod.

She Belongs to Me: Bob Dylan und seine damalige
Freundin Suze Rotolo im Jahr 1961. »Als Kind stellte
ich mir Bob Dylan frei vor - unter einem diamantenen
Himmel tanzend«, sagt Suzanne Vega.

SUZANNE VEGA

»Meine Mutter fand, Dylan sei ein
›sexistischer Motherfucker‹.«

Suzanne Vega wurde als Folkkönigin der achtziger Jahre
weltberühmt und für ihre Musik mit mehreren Grammys ausgezeichnet. Seitdem hat sich die amerikanische Songwriterin
immer wieder neu erfunden. Ein Gespräch über ihre unver-
hoffte Begegnung mit einem lachenden Bob Dylan, das unheimliche Amerika in seinen Songs und darüber, warum sie
ihn in der *New York Times* verteidigt hat.

* * *

Von »Blowin' in the Wind« gibt es inzwischen so viele Coverversionen, dass selbst akribische Dylanologen längst den
Überblick verloren haben. Diejenige, die Suzanne Vega mit
der französischen Sängerin Vanessa Paradis 2007 im französischen Fernsehen live vorträgt, gehört sicher nicht zu den
bekanntesten, aber vielleicht zu den bewegendsten. Es ist ein
ungleiches Duo, vereint nur für diesen einen Fernsehauftritt.
Man merkt ihnen eine gewisse Anspannung an. Anfangs singt
jede von ihnen abwechselnd eine Strophe, wobei sie von der
anderen ebenso konzentriert wie fasziniert beobachtet wird.
Aber im Refrain vereinen sich dann diese beiden so unterschiedlichen Stimmen auf wundervolle Weise. Zum Nieder-

knien schön. Oder: »La grande classe«, große Klasse, wie einer der vielen Hundert Kommentatoren auf YouTube dazu geschrieben hat. Die in New York lebende Songwriterin Suzanne Vega hat sich ihrem Idol Bob Dylan immer wieder auf ganz unterschiedliche Weise genähert – mal hat sie seine Songs gespielt, mal traf sie ihn selbst auf Tournee, dann wieder schrieb sie über ihn in der *New York Times*.

Suzanne Vega, am 11. Juli 1959 im kalifornischen Santa Monica geboren, zog mit ihrer Mutter ein Jahr später nach New York, wo sie aufwuchs. Im Alter von neun Jahren schrieb sie Gedichte, mit 14 ihr erstes Lied. Ende der siebziger Jahre begann sie in den Folkclubs von Manhattan aufzutreten. Gleich mit ihrem Debütalbum *Suzanne Vega* und Songs wie »Marlene on the Wall« hatte sie 1985 erste Erfolge, die sie mit dem Nachfolger *Solitude Standing* zwei Jahre später noch übertraf. Lieder wie »Luka« und »Tom's Diner« wurden weltweite Hits. In »Luka« singt sie mit glasklarer Stimme von schlimmen Dingen – einem misshandelten, geschlagenen Mädchen, das den Nachbarn sagt: »Fragt mich nicht, was passiert ist, wenn ihr nachts Geräusche von Kämpfen oder Ärger hört.« Damals wurde Vega als neues Folk-Fräuleinwunder gepriesen, als Meisterin sperriger Hits mit melancholischen Melodien. In den vergangenen 25 Jahren ist der große Erfolg in den Charts ausgeblieben, Vega hat dennoch immer weitergemacht, Konzerte gegeben, ein eigenes Musiklabel gegründet, eine Off-Broadway-Show in New York über die Schriftstellerin Carson McCullers geschrieben und die Songs daraus später auf dem Album *Lover Beloved* veröffentlicht.

2015 nahm Suzanne Vega an einer Diskussion der New York University teil, die jene immer wieder gestellte Frage zu klären versuchte, ob Bob Dylan denn überhaupt noch relevant sei. Das war noch bevor er den Literaturnobelpreis bekam und mit seinem jüngsten Album *Rough and Rowdy Ways* nach vielen Jahren wieder auf Platz eins der Charts gelangte. Für Vega dagegen offenbart sich Dylans Relevanz eher im Kleinen – in einem Taschenbuch mit seinen Songs, samt Texten und Akkordfolgen, in dem sie nach all den Jahren im Musikgeschäft immer dann nachschlägt, wenn sie noch etwas dazulernen möchte.

* * *

Ms. Vega, Sie haben Bob Dylan erstmals gehört, als Sie neun Jahre alt waren – seinen Song »Mr. Tambourine Man«. Das sei für Sie als Songwriterin eine Initiation gewesen. Welche Erinnerungen haben Sie an diesen Moment?

Meine Erinnerungen daran sind sehr lebendig. Ich weiß noch genau, wie ich ihn diese Zeilen singen hörte: »Yes, to dance beneath the diamond sky with one hand waving free«. Und als Kind stellte ich mir vor, wie er das selbst machte – unter einem diamantenen Himmel tanzen. Es klang einfach wunderschön, so frei. Ich dachte: Das ist eine Welt, zu der ich auch gehören möchte. Oder diese andere Zeile aus dem Song: »Silhouetted by the sea, circled by the circus sands«. Diese Bilder gefielen mir. Ich wollte auch so frei und am Meer sein. Bob Dylan hatte großen Einfluss auf mich, er hat mir eine für mich bis dahin unvorstellbare, imaginäre Welt geöffnet.

Ihr Lieblingssong soll jedoch »A Hard Rain's A-Gonna Fall« sein. Warum gerade dieser?

Weil in diesem Song so unglaublich viele Bilder stecken, beispielsweise in Zeilen wie »I saw a white ladder all covered with water«. Dieses Bild hat etwas sehr Mysteriöses, es ist sehr wirkungsvoll, auch wenn man dafür keine sofort einleuchtende Erklärung hat. Dann gibt es in dem Song aber noch ganz andere Zeilen wie: »I saw guns and sharp swords in the hands of young children«. Das war 1963, als er den Song veröffentlichte, sehr prophetisch und hat auf Entwicklungen im Amerika von heute hingedeutet. Viele jener Menschen, die inzwischen wegen Mordes in den USA verhaftet werden, sind erst 14 oder 15 Jahre alt – und sie tragen tatsächlich Messer, Schusswaffen und scharfe Schwerter. Nehmen Sie nur all die Berichte über Attacken mit Macheten von Teenagern am Broadway oder in anderen Vierteln in New York oder von einem Kleinkind, das auf dem Rücksitz eines Autos eine Schusswaffe fand und auf seine Eltern vorne schoss. Wir leben in sehr merkwürdigen Zeiten. Wann immer ich solche Berichte über Waffengewalt lese, muss ich an diese Songzeile von Bob Dylan denken. Ich liebe aber ganz grundsätzlich die Kraft der Bilder in diesem und in vielen seiner anderen Songs. Es geht mir nicht so sehr um bestimmte Inhalte oder Erzählungen. Mich fasziniert diese Masse der verschiedenen Sprachbilder, die wie Schnappschüsse sind. Jedes von ihnen hat für sich genommen eine ganz eigene Kraft in sich. Es gibt viele Lieder von Dylan, die mich auf ähnliche Weise inspirieren. Als Songwriterin gibt es für mich nichts Schöneres, als »It's Alright, Ma (I'm Only Bleeding)« zu singen. Es sind fast acht Minuten voller kaskadenartiger Bilder, reichhaltiger Sprache und den coolsten, unerwartetsten Metaphern. Wenn ich diesen Song singe, leuchten meine Synapsen in einem kleinen Feuerwerk auf und stellen Verbindungen her, die sie im normalen Leben nicht herstellen können.

Neben Dylan wurden Sie vor allem von Leonard Cohen und Lou Reed beeinflusst. Reed und Cohen sind Sie mehrmals begegnet, haben die beiden sogar interviewt. Haben Sie Dylan je getroffen?

Ja, ich habe 2012 als »Special Guest« bei einem seiner Konzerte in Norwegen gespielt. Mein Soundcheck war von 17 bis 17.30 Uhr angesetzt. Seine Crew achtete immer genau darauf, dass die Soundcheck-Zeiten eingehalten wurden, da waren sie sehr streng. Als meine Band und ich fertig waren, kam der Soundtechniker zu mir und sagte: »Bob Dylan sagt, er möchte Sie treffen.« »O mein Gott, wirklich?«, antwortete ich, »wann denn?« Er sagte nur: »Wann, weiß ich auch nicht.« »Was soll das jetzt heißen, Sie wissen nicht, wann? Können Sie mir das nicht sagen?«, fragte ich. »Warum fragen Sie ihn nicht selbst, er steht doch da vorne. Er hat Ihren Soundcheck die ganze Zeit beobachtet.« Ich drehte mich zur Seite und da stand tatsächlich – Bob Dylan. Er lächelte mich an. Ich hatte noch nie ein Foto von Bob Dylan gesehen, auf dem er lächelte. Da standen wir uns also gegenüber – er lächelte mich an, und ich lächelte ihn an. Dann ging ich an den Bühnenrand, und wir unterhielten uns etwa 15 Minuten lang.

Worüber sprachen Sie?

Ich weiß es nicht mehr genau, nur dass er einfach reizend war. Wir unterhielten uns wie alte Freunde. Ich hatte in diesem Moment wirklich das Gefühl, ihn zu kennen, was wohl daran lag, dass er und seine Songs schon so lange Teil meines Lebens waren und dass ich alles gelesen habe, was mit ihm zu tun hat. Er hätte in dem Moment nicht freundlicher sein können. Diese Begegnung übertraf all meine Erwartungen. Er sagte mir dann noch, dass er gedacht hatte, wir würden mehr gemeinsame Konzerte im Rahmen seiner Tournee geben. Da hatte er sich jedoch getäuscht. Es war nur dieses eine Konzert. Nach meinem Auftritt blieb ich an dem Abend noch, um mir Dylans komplettes Konzert anzuschauen. Als ich mich danach von ihm verabschiedete, sagte er: »Ich würde dich gerne wiedersehen.« Das war vor acht Jahren. Seitdem haben wir uns nicht mehr gesehen.

Gemeinsam mit ihm gesungen haben Sie bei der Gelegenheit nicht?

Nein, wir haben nicht zusammen gespielt. Im Umfeld von Bob Dylan gibt es eine Menge Regeln. Wenn du in dieser Umgebung arbeitest, befolgst du sie besser. Ich würde jederzeit gerne wieder mit ihm auf Tournee gehen. Ich finde ihn faszinierend und habe unsere Begegnung sehr genossen.

Sie sagten mal, dass, wann immer Sie als Songwriterin noch etwas lernen wollen, Sie zu kleinen Songbüchern von Dylan und anderen großen Musikern greifen.

Stimmt.

Nun sind Sie ja selbst seit mehr als 30 Jahren eine sehr erfolgreiche Songwriterin. Was können Sie da aus Dylans Songbüchern noch lernen?

Warten Sie mal einen Moment, mein Dylan-Songbuch müsste hier im Bücheregal hinter mir stehen. Hier ist es, *The Little Black Songbook*, mit 60 Songs, Akkorden und Akkorddiagrammen von Bob Dylan. Was haben wir denn hier? »I Pity The Poor Immigrant«, mit der Akkordfolge F, B, C7, F. Ich habe noch drei weitere aus dieser Reihe, Song-Taschenbücher von Tom Waits, Leonard Cohen und Paul Simon. Das ist meine kleine Songbücherreihe, die ich schnell mal in eine Tasche stecken kann. Ich weiß, das mag etwas seltsam wirken, weil ich selbst Profi bin, viele eigene Songs geschrieben habe und auf Tour gehe. Aber ich benutze diese kleinen Songbücher immer noch gerne, sie sind eine Hilfe, weil ich nie wirklich Musik studiert habe.

In einem Gastbeitrag für die New York Times sind Sie Bob Dylan 2006 zur Seite gesprungen. Er war seinerzeit kritisiert worden, weil er auf seinem Album Modern Times *Henry Timrod, einen in Vergessenheit geratenen Schriftsteller aus der Zeit des US-amerikanischen Bürgerkriegs, in einigen Songs nahezu wörtlich zitiert haben soll – ohne die Quelle kenntlich gemacht zu haben. War das für Sie selbstverständlich, ihn zu verteidigen?*

Das hat mich wirklich in eine Zwickmühle gebracht, weil es offensichtlich war, dass er einige dieser Textpassagen gestohlen hat. Hat er das mit Absicht gemacht? Ich bezweifle es. Vielleicht hat er ein fotografisches Gedächtnis. Er hat sich ja oft mit der Zeit des Bürgerkriegs beschäftigt, dazu viel gelesen, vielleicht sind Textfetzen bei ihm hängen geblieben. Vielleicht zeigt es, wie tief er in jene Texte eingetaucht war, die er über die Zeit des Bürgerkriegs gelesen hatte – ohne sich dessen bewusst gewesen zu sein.

Ein Fan hatte Dylan deshalb seinerzeit als »ein diebisches kleines Schwein« beschimpft.

Nun, ich denke, das ist er. Und heutzutage muss man, wenn man ein Musikstück sampelt, den ursprünglichen Künstler anerkennen. Aber ich versuche mir jetzt ein Bob-Dylan-Album mit Fußnoten, Sternchen und netten kleinen Anekdoten über die Ursprünge jedes Songs vorzustellen. Das wird es nicht geben. Dylan hat nie vorgegeben, ein Akademiker oder gar ein netter Mensch zu sein. Er präsentiert sich eher als, nun ja, ein Dieb, ein Vagabund, ein Künstler. Er malt nicht innerhalb der Linien. Und, seien wir mal ehrlich, wir lieben ihn gerade wegen dieser Eigenschaften, wegen seiner Schalkhaftigkeit. Eine Frage, die mich in dieser Sache sehr beschäftigte, war allerdings, warum er das überhaupt gemacht hat. Ein Bob Dylan hat es nicht nötig, von irgendjemandem etwas zu klauen. Sein Gesangs- und Schreibstil ist einer der einflussreichsten und erkennbarsten des letzten Jahrhunderts. Jene Sätze, die er geklaut hat, waren nur Details im Rahmen dieses neuen Albums. Trotzdem habe ich mich gefragt, warum er es gemacht hat.

Haben Sie für sich eine Antwort darauf gefunden?

Ich weiß es nicht. Vielleicht wollte er ja auch nur testen, ob wir alle gut aufpassen und diese Passagen entdecken. Egal, in dem Gastbeitrag für die *New York Times* habe ich dazu geschrieben, was ich für nötig hielt. Auf gar keinen Fall wollte ich ihn deshalb beschuldigen, so nach dem Motto, was für ein schlechter Mensch er doch sei. Ich wollte eher zum Ausdruck bringen: »Hey, so ist Bob Dylan nun mal, er ist, wer er ist.«

Für Sie selbst war Folk stets mehr als nur ein Trend aus den sechziger Jahren – sondern eine Tradition des Geschichtenerzählens, die weit in die Historie Amerikas zurückreicht. Der Musikkritiker und Kulturhistoriker Greil Marcus hat darüber in seinem Buch

Basement Blues – Bob Dylan und das alte, unheimliche Amerika *geschrieben – ausgehend von Dylans legendären Kellerstudioaufnahmen, die 1967 in Woodstock entstanden. Marcus hat diese mehr als 100 zum Teil unveröffentlichten Aufnahmen gehört und glaubt darin den Urgrund der amerikanischen Seele erkannt zu haben – mit Geschichten über Outlaws, Freaks, arme Schweine und die Abgründe Amerikas. Kennen Sie das Buch?*

Nein, das Buch kenne ich nicht, aber dieses Thema beschäftigt mich schon länger – in Vergessenheit geratene Songs aus der Vergangenheit, die von einem unheimlichen Amerika erzählen. Es ist kurios, dass Sie das ansprechen, denn erst kürzlich kam eine Neuauflage eines Boxsets über amerikanische Folkmusik bei Folkways Records heraus. Das Set war bereits 1997 erschienen, erst bei der Neuauflage fiel den Produzenten auf, dass auch Songs mit rassistischen Inhalten darunter waren. Sie entschlossen sich, diese Lieder herauszunehmen.

Als Reaktion auf den von Polizisten getöteten Afroamerikaner George Floyd und die darauffolgenden weltweiten Proteste der »Black Lives Matter«-Bewegung?

Bei dem Plattenlabel meinte man offenbar, dass es in Zeiten wie diesen keine gute Idee sei, so etwas neu zu veröffentlichen. Ich fand dann doch noch eine unzensierte Version auf eBay und kaufte sie, weil ich einfach wissen wollte, was auf diesen Songs gesungen wird.

Die Frage, ob rassistische Songs aus der Vergangenheit heute neu veröffentlicht werden sollten, führt nicht nur unter Musikarchivaren zu Debatten. Es geht dabei um historische Fragen, auch um eine Abrechnung mit Amerikas dunkler Vergangenheit – und im-

mer auch darum, ob man diese Inhalte populär macht, wenn man die Songs erneut veröffentlicht. Warum wollten Sie diese Songs hören?

Sehen Sie, ich bin eine Songwriterin, ich lebe und arbeite in Amerika, meine Verwandten stammen alle aus Amerika, die Vorfahren meiner Mutter waren »Homesteader«.

Farmer, die Prärien und den Westen der USA im 19. Jahrhundert besiedelten.

Mir war es bis dahin nicht so bewusst gewesen, dass es solche Songs gab. Und ich fand: Ich sollte wissen, was da gesungen wird. Also habe ich mir das unzensierte Boxset gekauft – und jetzt liegt es da in meinem Zimmer und wartet darauf, dass ich die Zeit habe, mich hinzusetzen und es mir anzuhören. Übrigens ist mir inzwischen wieder eingefallen, dass ich dieses Boxset 1997 schon einmal gekauft hatte – es liegt wahrscheinlich irgendwo versteckt in einem meiner Lagerräume. Also habe ich jetzt wohl zwei Exemplare davon. Ich finde, dass ich mir solche alten Songs anhören muss, weil Gewalt gegen Schwarze, wie wir sie zuletzt wieder in Amerika erlebten, ihre Wurzeln in der Vergangenheit hat. Das fängt damit an, wie die Schwarzen aus Afrika nach Amerika verschleppt wurden, mit all den Qualen, die sie seither erdulden mussten, und es hängt auch mit der Frontier-Bewegung zusammen.

Der Heroisierung jener Siedler, die im 19. Jahrhundert westwärts zogen. Der daraus abgeleitete Pioniergeist ist bis heute Teil des US-amerikanischen Selbstverständnisses.

Das ist auch Teil meiner eigenen Familiengeschichte. Jedenfalls hatte ich das Gefühl, diese geschichtlichen Hintergründe für mich auffrischen zu müssen. Deshalb habe ich mir dieses Boxset noch einmal besorgt. Ich arbeite zurzeit an neuen Songs, die sich auch mit aktuellen politischen Entwicklungen und der Coronapandemie beschäftigen, aber darüber hinaus ist es auch wichtig, dass wir uns dieser alten Geschichten und Lieder aus jenem unheimlichen Amerika erinnern, denn sie sind eine Grundlage für das, was heute passiert.

Sie haben Bob Dylan mal als den besten politischen Songwriter überhaupt bezeichnet, weil er mit Liedern wie »Masters of War«, »It's Alright, Ma (I'm Only Bleeding)« oder »The Times They Are A-Changin'« so etwas wie zeitlose Wahrhaftigkeit erreicht habe. Ist das in Ihrer Zunft am schwersten zu erreichen?

Ja, bei Dylans Songs kommt es mir vor wie Magie, wie ein Zaubertrick. Er hat einen Sinn für schöne Details, arbeitet sich aber beispielsweise nicht an einer konkreten Regierung ab. Deshalb sind seine Lieder nie in einer bestimmten Zeit gefangen. Jedes Mal, wenn man versucht über ein bestimmtes Ereignis zu schreiben, ist es wichtig, eine Metapher zu finden, die bis in alle Ewigkeit Gültigkeit hat. Ich habe gelesen, dass Dylan oft alte Zeitungen aus dem 19. Jahrhundert auf Mikrofiche liest – Geschichten über Saloons und den Bürgerkrieg. Darin besteht seine Kunst: Er taucht in die Historie Amerikas ein, macht dann aber Songs daraus, die wie ein Fenster in die Zeitlosigkeit sind. Er liest und liest und liest, auch in der Bibel – und schöpft aus so vielen verschiedenen Quellen und verschiedenen Epochen. Und er konzentriert sich dabei auf menschliche Eigenschaften, die über die Zeit und die Historie hinweg

Bestand haben. Ich kann mir diesen Prozess nur so vorstellen: Er liest so viel, bis die Themen irgendwann in seinem Blut zirkulieren. Und dann sucht er die richtige Perspektive, die richtigen Worte, um, von diesem Fundament ausgehend, ein Licht auf jene Themen zu werfen, die uns heute Sorgen bereiten sollten. Ich finde es immer wieder bewundernswert, dass er nach wie vor diese intellektuelle und emotionale Neugier hat, die ihn antreibt, in Geschichte einzutauchen.

Dylan selbst hat das ja mal fast genauso formuliert: »It's always good to know what went down before you, because if you know the past you can control the future.«

Ja. Er will in seinen Songs bis zur Wurzel von Geschichten vordringen, etwas Grundlegendes über das Menschsein erfahren. Er blickt einerseits zurück, hat dann aber das Talent, in seinen Liedern nach vorne zu schauen – und etwas zu offenbaren.

Hat sich Ihre Sicht auf sein Werk noch mal verändert, seit er den Nobelpreis für Literatur bekommen hat?

Das war eine ganz besondere Ehre für ihn. Es war mehr als angemessen, dass er für die literarische Brillanz seiner Arbeit ausgezeichnet wurde. In der Begründung des Nobelpreiskomitees heißt es ja, er habe »neue poetische Ausdrucksformen innerhalb der großen amerikanischen Songtradition« geschaffen. Und genau das hat er getan. Dylan wurde ja nicht als Musiker geehrt, sondern für die Tiefe und Weite seiner Vision und die Eloquenz der Sprache, mit der er sie ausdrückt. Aber letztendlich schreiben wir alle ja keine Songs, um dafür Auszeichnungen zu bekommen. Wir schreiben etwas, weil wir es müssen.

Ihre Mutter soll von Dylans Songs keine so gute Meinung haben, weil einige Lieder ihrer Ansicht nach frauenfeindlich seien. Sie sollen ihr daraufhin entgegnet haben, dass Sie in seinen Liedern Göttinnen und Königinnen sehen und dass er Frauen darin verehre. Konnten Sie Ihre Mutter überzeugen?

Nein, meine Mutter fand Bob Dylan nun mal sexistisch. Sie benutzte sogar noch sehr viel schärfere Worte. Einmal fluchte sie mir gegenüber, Dylan sei ein »sexistischer Motherfucker«. Genau das waren ihre Worte.

Wie haben Sie reagiert?

Ich sagte: »Mom! Das ist wirklich nicht sehr nett von dir!« Die Ironie ist, dass ich sie vor nicht allzu langer Zeit zu einem Dylan-Konzert im Beacon Theatre in New York mitgenommen habe. Vor ein paar Jahren hatte sie mir überraschenderweise offenbart, dass sie wenigstens einmal im Leben Bob Dylan live sehen möchte. Also nahm ich sie mit. Was soll ich sagen – sie liebte es. Sie liebte es wirklich. Meine Mutter und ich, wir hatten eine tolle Zeit bei diesem Konzert.

Hat sie Ihnen verraten, warum sie den »sexistischen Motherfucker« überhaupt sehen wollte?

Ehrlich gesagt weiß ich es nicht genau. Ich sollte sie das mal fragen. Wenn ich das nächste Mal mit ihr rede, werde ich sie darauf ansprechen: »Übrigens, da gibt es ein paar deutsche Journalisten, die wissen wollen, warum du deine Meinung zu Dylan geändert hast.« Vielleicht hat sie einfach im Laufe der Zeit ihre Meinung geändert – aber es war ein langer, langer Weg von ihren frühen kritischen Kommentaren bis zu jenem

Zeitpunkt, als sie ihn erstmals live erlebte und begeistert war. Ich würde sagen, dass wahrscheinlich 50 Jahre zwischen diesen unterschiedlichen Wahrnehmungen liegen.

Wenn Sie Bob Dylan zu seinem 80. Geburtstag mit einem seiner Songs würdigen sollten – welchen würden Sie auswählen?

Es gibt einen Song von ihm, in dem die Wörter »birthday« und »buy a drum« vorkommen. Ich überlege gerade, welcher das ist. »Corrina, Corrina«? Ich muss das mal kurz googeln, während wir reden. Einen Moment bitte. Ah: »Salute her when her birthday comes / For Halloween buy her a trumpet / And for Christmas get her a drum«. »She Belongs To Me« heißt der Song. Die Zeilen hatte ich noch im Sinn, aber nicht mehr den Namen des Songs. Er beginnt mit »She's got everything she needs« – Dylan hat ihn für eine Frau, für Suze Rotolo geschrieben …

Die amerikanische Künstlerin und Aktivistin, mit der er in den sechziger Jahren liiert war und die mit ihm auf dem Cover seines zweiten Studioalbums zu sehen ist.

Ja. Aber die Zeilen, die er einer Frau gewidmet hat, treffen auch auf ihn zu: Er hat alles, was er braucht.

Wenn Dylan heute auftritt, spielt er nicht mehr Gitarre, sitzt meistens hinter seinem Piano und geht weiter auf seine Never Ending Tour. Passt das immer noch zu jener kindlichen Vision, die Sie als Neunjährige von ihm hatten: »one hand waving free« und tanzend unter einem diamantenen Himmel?

Dylan sagt, er tourt weiter, weil es nun mal das ist, was er sein Leben lang gemacht hat. Er verstellt sich nicht. Er tourt, weil er ein Musiker ist und spielen will. Warum sollte er zu Hause bleiben und einfach nichts tun wollen? Ich weiß selbst, was passiert, wenn man zu Hause bleibt: Am Ende kümmert man sich um die Wäsche, geht mit dem Hund spazieren und liest vielleicht ein bisschen. Als Songwriter aber will man raus, seine Lieder vor Publikum spielen. Das ändert sich nie.

Long Ago, Far Away: Bob Dylan bei einem Konzert in Paris im Juni 1978. »Bob Dylan hat eine einzigartige Welt erschaffen, die ewig Bestand haben wird«, sagt Jean-Michel Jarre.

JEAN-MICHEL JARRE

»Der Sound von Bob Dylan hat mich
wie ein Blitzschlag getroffen.«

Der Elektropopkünstler Jean-Michel Jarre ist berühmt für seine gigantischen Konzerte. Die inszeniert er mal in der Wüste, mal in Großstädten und lockt jedes Mal Millionen von Zuschauern an. In seiner Musik kommt der Franzose meist ohne Text aus – und dennoch war gerade der Dichtermusiker Bob Dylan eine große Inspiration für ihn. Ein Gespräch über den Klang der Wörter in Dylans Liedern, deren subtile Melancholie und Songs, die wie eine sanfte Infektion wirken.

* * *

Auf den ersten Blick ist seine Verbindung zur Musik von Bob Dylan nicht unbedingt naheliegend: Jean-Michel Jarre, der französische Pionier der Elektromusik, hat bekannte Stücke wie »Oxygène (Part IV)« geschrieben, ein Welthit ganz ohne Gesang. Er tüftelt im Studio an Computern und Synthesizern an neuen Klanglandschaften, er ist ein Maschinenmusiker, kein Songwriter im klassischen Sinn, und gehört somit nicht zu jener Sorte Musiker, die Lieder von Bob Dylan nachspielen. Und dennoch hat der Franzose in Interviews gelegentlich darauf hingewiesen, dass er ein großer Bewunderer Dylans ist. Auf unsere Anfrage, ob er bereit wäre, anlässlich Dylans 80. Geburtstag ein Interview zu geben, sagte der 72-jährige Franzose binnen kürzester Zeit zu und nahm sich viel Zeit für das Gespräch.

Jarre wurde am 24. August 1948 in Lyon geboren. Sein Vater, der Filmkomponist Maurice Jarre, hat die Soundtracks von Klassikern wie *Lawrence von Arabien* und *Doktor Schiwago* komponiert. Seine Eltern ließen sich scheiden, als er noch ein Kind war, mit fünf nahm er Klavierunterricht, als Jugendlicher spielte er in mehreren Rockbands Gitarre. Jarre studierte an der Sorbonne Literatur, besuchte dann das Pariser Konservatorium, das er mit Auszeichnung abschloss. Später arbeitete er eine Zeit lang bei dem deutschen Avantgardekomponisten Karlheinz Stockhausen in Köln. Jarre schuf vor allem Kompositionen für den Synthesizer und wurde in den späten siebziger Jahren mit den Alben *Oxygène* und *Equinoxe* weltbekannt. Bis heute hat er mehr als 80 Millionen Tonträger verkauft.

Spektakulär waren stets auch seine Konzerte, die er mit aufwendigen Laser- und Lichtshows in Paris, Moskau und Peking, vor den Pyramiden von Gizeh, in der Sahara oder am Toten Meer inszenierte. Dort trat er einmal vor mehr als drei Millionen Zuschauern auf, was ihm mehrere Einträge ins *Guinness-Buch der Rekorde* einbrachte.

2016 hat er mit dem Whistleblower Edward Snowden einen Technosong aufgenommen. Jarre besuchte den Ex-CIA-Mitarbeiter in dessen Exil in Moskau. Dort nahmen beide den Song »Exit« auf, für den Snowden einen Text einsprach, in dem er den digitalen Ausspähwahn kritisiert. Snowden habe ihn an seine Mutter erinnert, die im Zweiten Weltkrieg in der Résistance gekämpft habe, sagt Jarre. Von ihr habe er gelernt, dass man gegen Missstände aufstehen müsse.

* * *

Monsieur Jarre, Sie gehören zu den Pionieren des Elektropop, haben sich gelegentlich als großer Bewunderer Bob Dylans geoutet. Die meisten Ihrer Alben bestehen aus Instrumentalmusik. Welchen Einfluss hatte ein textlastiger Songwriter wie Bob Dylan auf Sie?

Bob Dylan hat mich in einer Weise beeinflusst, wie es auch Jackson Pollock oder Stanley Kubrick getan haben. Wenn mich andere Künstler inspirieren, heißt das ja nicht, dass sie mir stilistisch ähnlich sein müssen. Inspiration ist komplexer. Ein Song wie »Like a Rolling Stone« beispielsweise hat von seiner Struktur her, durch die sich wiederholenden Passagen, eine geradezu hypnotische Wirkung. Das unterscheidet sich dann gar nicht so sehr von jenen Strukturen, die man aus der elektronischen Musik kennt. Auch Jackson Pollocks Bilder haben eine hypnotische Strahlkraft. Ich mag all jene Kunstformen, die etwas Sehnsuchtsvolles, Schwermütiges in sich haben. Wenn ich die Wirkung von Dylans Songs auf mich in wenigen Worten beschreiben müsste, würde ich sagen, sie sind tief bewegend, manchmal quälend und im wahrsten Sinne des Wortes eindringlich. Denn diese Lieder dringen in deinen Geist und in dein Herz ein, und du wirst sie nicht mehr los. Es ist wie eine sanfte Infektion – auch wenn es jetzt, in Zeiten einer Pandemie, vielleicht seltsam scheinen mag, diesen Begriff auf die Wirkung seiner Musik anzuwenden. Aber er beschreibt diesen Vorgang ganz gut: Dylans Lieder dringen auf sehr subtile Art in uns ein, sie bleiben in uns, wachsen mit uns. Das ist eine große Leistung. Von daher fand ich es auch mehr als gerechtfertigt, dass man ihm den Literaturnobelpreis gegeben hat. Meine Leidenschaft für seine Musik reicht weit zurück, ich habe sie schon als Teenager gehört.

Sie hatten als Teenager also eine Vorliebe für das quälend Melancholische?

Ja. Mit 14 spielte ich in ersten Rockbands, der Sound von Bob Dylan hatte mich damals wie ein Blitzschlag getroffen. Dieser fast wimmernde, klagende Klang seiner Stimme, unterbrochen nur von seiner Mundharmonika – das war für mich pure Melancholie. Und viele Teenager sind nun mal sehr empfänglich für Melancholie. Dylans frühe Songs strahlten zudem alle eine gewisse Unschuld aus. Aber selbst in seinen fröhlicheren, dynamischeren Liedern schimmerte immer eine subtile Form der Melancholie durch. Das gefiel mir. Bob Dylan ist für mich ein ganz besonderer Künstler, als Musiker wie auch als Texter. Ich habe in meiner Karriere ja nicht nur Instrumentalmusik komponiert, sondern auch Songs mit Texten geschrieben. Das Zusammenspiel von Texten und Worten hat mich seit jeher fasziniert. Besonders, was den Klang der Wörter betrifft.

Was genau meinen Sie damit?

Bob Dylan schreibt ja nicht nur wunderschöne Melodien und dazu Songtexte, die etwas aussagen – er hat auch ein ausgeprägtes Gespür dafür, wie er diese Wörter phonetisch einsetzt, wie er sie zum Klingen bringt. Wenn du einen Text für ein Lied schreibst, ist das etwas ganz anderes, als wenn du Wörter einsetzt, um ein Buch oder einen Artikel zu schreiben. Seltsamerweise wird über den Klang von Wörtern bei Dylan nur selten gesprochen. Sie haben bei ihm ja nicht nur den Zweck, Inhalte zu vermitteln. Wörter lösen auch Emotionen aus – und zwar durch ihren Klang. Die Magie der Wörter ist auch in dieser Hinsicht sehr stark in den Songs von Bob Dylan.

Können Sie uns dafür ein Beispiel nennen?

Das trifft auf viele seiner Lieder zu. Nehmen wir »Like a Rolling Stone«. Wenn Sie sich die Musik anhören, können Sie sich dazu tatsächlich einen rollenden Stein vorstellen. Die Wörter, in diesem Stakkato aneinandergereiht, unterstreichen diesen Effekt noch. Dylan setzt sie im Hinblick auf ihren Klang, aber auch als rhythmisches Element ein.

Monsieur Jarre, für Ihr 2015 veröffentlichtes Album Electronica 1 *sind Sie um die Welt gereist, hatten die wichtigsten Protagonisten der elektronischen Musik um sich versammelt, Massive Attack, Tangerine Dream und Moby, den Filmregisseur und Komponisten John Carpenter oder auch den Klassikpianisten Lang Lang. Ihre CD vereinte die vielen Facetten elektronischer Musik. Das erinnerte ein bisschen an Dylans Rolling Thunder Revue, eine Tournee, bei der er 1975 mit Ikonen der amerikanischen Gegenkultur wie Allen Ginsberg, Joan Baez oder Roger McGuinn in der amerikanischen Provinz auftrat. Hatte Sie das in irgendeiner Weise inspiriert?*

Ja, schon. Schauen Sie, wenn man wie ich als Musiker schon eine längere Zeit Erfolg hat, sehnt man sich zunehmend nach einem Austausch mit anderen, danach, sich wenn auch nicht in Gefahr, so aber doch in herausfordernde Situationen zu begeben. Mit diesem Projekt habe ich mehr Fenster zur Außenwelt geöffnet. Indem ich die Arbeit anderer Künstler erforschte, habe ich auch meine eigenen Träume neu entdeckt. Ich war sehr dankbar, dass all diese Musiker meine Einladung zu dieser Art der Zusammenarbeit angenommen haben. Ich kann mir vorstellen, dass es Bob damals ganz ähnlich ging, als er die Idee zur Rolling Thunder Revue hatte. Wir haben uns leider nie getroffen – jedenfalls nicht wirklich. Wir sind uns vor Jahren nur mal zufällig über den Weg gelaufen, als wir beide zum selben Zeitpunkt in einem Studiokomplex in Los Angeles arbeiteten.

Wissen Sie noch, wann Sie ihn das erste Mal live gesehen haben?

Ich habe ihn vor ein paar Jahren bei einem Konzert in Paris gesehen, ich weiß nicht mehr, wann genau das war. Mir war dabei aufgefallen, dass seine Stimme viel brüchiger als früher klang. Das gefiel mir sehr, ich fand, das Alter hat seine Stimme empfindsamer gemacht. Das ist nicht bei vielen Sängern der Fall, oft verlieren die Stimmen ja mit zunehmendem Alter an Ausdruckskraft. Bei Bob Dylan ist eher das Gegenteil der Fall. Ich liebe seine Altersstimme, sie gefällt mir sogar noch besser als seine Stimme in jüngeren Jahren, wobei ich die natürlich auch mochte. Nur trägt seine Stimme heute einfach mehr Lebenserfahrung in sich. Ich bin 72, habe nun auch schon viele Lebensphasen hinter mir, vielleicht bin ich ja deshalb so empfänglich dafür. Das war jedenfalls ein starkes Konzert von ihm. Wobei mich seine Live-Auftritte grundsätzlich weniger packen als seine Musik an sich.

Woran liegt das?

Das Seltsame an Dylan ist, dass er in seinen Liedern unsere Welt zwar sehr präzise beobachtet und scharfzüngig kommentiert. Auf der Bühne aber wirkt er dann oft sehr weltabgewandt, da scheint es immer eine Distanz zu den Zuschauern zu geben. Ich setzte mich daher lieber zu Hause vor meinen Plattenspieler, lege eines seiner Vinylalben auf und lese seine

Songtexte, während ich seine Musik höre. In solchen Momenten fühle ich mich ihm näher, als wenn ich ihn mir auf seinen Konzerten anschaue.

Um noch mal auf seine brüchige Altersstimme zu sprechen zu kommen: Als Bob Dylan 2019 in Deutschland spielte, machten gerade die Meldungen von Mick Jaggers bevorstehender Herzoperation weltweit Schlagzeilen. Die Gewissheit, dass Dylan, die Stones oder McCartney nicht ewig »Like a Rolling Stone« sein werden, hat in jenen Tagen jedenfalls nicht nur die Kritiker beschäftigt, auch im Publikum schien man das Konzert unter diesen Vorzeichen besonders sensibilisiert aufzunehmen. Mit 80 will er immer noch auf Tournee gehen – können Sie sich ein Ende vorstellen?

Was soll ich sagen – Bob Dylan hat nun mal das Konzept der Never Ending Tour erfunden. Dieses Nicht-Aufhören-Können-Syndrom steckt ja in vielen Musikern und Künstlern drin. Was das betrifft, gibt es zwei Arten von Künstlern. Die erste fiel mir auf, als ich um die 30 war. Bereits damals gab es unter meinen etwa gleich alten Kollegen einige, die sehr zufrieden waren mit dem, was sie erreicht hatten. Schon von dem Zeitpunkt an genügte es ihnen völlig, in ihrem bewährten Stil einfach immer nur weiterzumachen, den Erfolg auszuschöpfen. Andere Künstler wie Bob haben sich dagegen zeitlebens ihre Neugier auf das Andere bewahrt – Neugier auf andere musikalische Stile, auf andere Themen. Mir geht es da ein bisschen so wie ihm. Und solange dein Körper mitmacht, solange du gesund bleibst, machst du dann einfach weiter. Nehmen Sie Clint Eastwood, er ist 90 und dreht immer noch Filme. Oder der Künstler Pierre Soulages, er malt noch im Alter von 101 – tatsächlich hat er in den vergangenen zehn Jahren einige seiner besten Bilder gemalt. Das gibt einem doch Hoffnung im Hinblick auf das Alter. Menschen lieben nun mal die Ewigkeit. Wir alle wissen aber, dass wir nicht ewig leben werden. Bob Dylan hat aber in seiner Kunst eine so einzigartige Welt erschaffen, die ewig Bestand haben wird.

Beim »Marsch auf Washington«, bei dem Martin Luther King 1963 seine legendäre »I have a dream«-Rede hielt, sangen 250 000 Demonstranten mit Bob Dylan seinen Song »Blowin' in the Wind«. Anfang des Jahres stürmten Trump-Anhänger zu Tausenden das Kapitol in Washington, um die Bestätigung Joe Bidens als neuen Präsidenten durch den Kongress zu verhindern. Sehen Sie in unserer heutigen Zeit Musikerinnen oder Musiker, die es schaffen, Menschen so zusammenzubringen, wie das Dylan in den sechziger Jahren gelang?

Es gibt heute keinen neuen Bob Dylan. Dylan ist einzigartig. Es könnte sicher nicht schaden, wenn es heute jemanden gäbe, der es schaffte, in einem Song die Turbulenzen um uns herum zu erfassen, uns einen Spiegel vorzuhalten und alle mitzureißen. Man darf bei solchen Sehnsüchten nur nicht vergessen, dass Dylans kometenhafter weltweiter Aufstieg in einer Zeit begann, als noch niemand ahnen konnte, dass es mal so etwas wie das Internet geben würde. Dylan hat ein Netzwerk von Songs kreiert, das eingebettet war in die weltweit erblühende Popkultur. Die Strahlkraft und die Bedeutung dieser Musik ist heute komplett auf das Internet und die sozialen Medien übergegangen, in denen Musik nur noch eine kleinere Rolle spielt.

Es war vermutlich besser, Menschen allein dadurch zu erreichen und zu bewegen, indem man Lieder auf einer Gitarre spielte. Heute kann jede und jeder jederzeit weltweit posten, was er will – die Wahrheit, aber eben auch Lügen und Hass. Ich würde jetzt nicht behaupten, dass es heute weniger Talente gibt als damals. Und die Menschen protestieren ja auch heute, haben ihr Gespür für Ungerechtigkeit und Unterdrückung nicht verloren. Nur geschieht dies heute in einem komplett anderen medialen Umfeld als in jenen Zeiten, in denen Dylan zur Ikone aufstieg.

Gibt es Alben, Songs von Bob Dylan, die für Sie eine besondere Bedeutung haben?

Das ist schwer zu sagen, weil sie für mich alle in gewisser Weise verbunden sind. Wenn Sie einen Bogen spannen von »Blowin' in the Wind« bis zu seinem zuletzt erschienenen Album *Rough and Rowdy Ways*, dann erkennen Sie eine Art Leitthema, das Dylan sein ganzes Leben lang beschäftigt hat – die Conditio humana, die Natur des Menschseins. Er hat das oft variiert, von unterschiedlichen Blickwinkeln aus betrachtet, aber es blieb sein großes Thema. Ich habe vor sehr langer Zeit mal Federico Fellini während der Filmfestspiele in Cannes getroffen. Er sagte mir damals etwas, an das ich mich immer erinnern werde. »Weißt du was, Jean-Michel«, meinte er, »ich dachte immer, dass ich in jedem meiner Filme etwas komplett anderes gemacht hätte. Wenn ich jetzt aber auf alle zurückschaue, merke ich, dass ich eigentlich immer nur denselben Film gedreht habe.« Er hat wahrscheinlich recht damit. Wenn ein Künstler uns etwas Essenzielles zu sagen hat, möchte er uns das eigentlich immer wieder aufs Neue sagen. Das galt für die Beatles ebenso wie für Stanley Kubrick, Michel Houellebecq, Quentin Tarantino oder Wim Wenders. Und auch Bob

Dylan scheint mit jedem seiner Songs eine Facette seines großen Lebensthemas abzubilden.

Wenn Sie Dylan mit einem seiner Songs an seinem 80. Geburtstag hochleben lassen dürften, welchen würden Sie auswählen?

Ganz sicher »Like a Rolling Stone«, denn das war der erste Song, den ich von ihm hörte. Er passt auch gut zu seiner Karriere und zu seinem Leben, in beiden gab es friedvolle, aber auch sehr turbulente Momente. Und dieser Song bildet dieses Hin und Her für mich perfekt ab.

Könnten Sie für uns bitte folgenden Satz mit Ihren Worten zu Ende bringen: »Eine Welt ohne Bob Dylan wäre vorstellbar, aber ...«

Tut mir leid, da muss ich passen. Denn eine Welt ohne Bob Dylan könnte ich mir beim besten Willen nicht vorstellen.

Blowin' in the Wind: Joan Baez und Bob Dylan 1963
beim »Marsch auf Washington«, bei dem Martin Luther King
seine legendäre »I have a dream«-Rede hielt.
»Es gibt für mich keine mächtigeren Songtexte
als die von Bob Dylan«, sagt Baez.

JOAN BAEZ

»Ohne Bob Dylan wäre alles
ganz anders gewesen.«

Die Folkikone und Politaktivistin Joan Baez war Dylan verbunden wie nur wenige – als Musikerin und Freundin. Die Trennung liegt Jahrzehnte zurück, seine Songs singt sie noch heute – zuletzt auf ihrer Abschiedstournee. Ein Gespräch über die Einzigartigkeit der *Sixties*, den ewigen Kampf gegen das Böse und jenen Moment in Belfast, als sie die Zeilen von »Blowin' in the Wind« vergaß.

* * *

Sie war ihrem früheren Protegé, späteren Kollegen und Geliebten oft ein Stück voraus – und stand dann doch lange in seinem Schatten. Joan Baez war bereits als Sängerin berühmt, als sie den damals noch unbekannten Bob Dylan Anfang der sechziger Jahre zu sich auf die Bühne holte, mit ihm sang – und ihm somit den Weg zum Weltruhm bereitete. Am 9. Januar 2021 wurde sie 80 – fünf Monate vor ihm. Und während Dylan noch heute seine Never Ending Tour fortsetzt, hat Baez entschieden, dass es jetzt gut ist – 2018/19 verabschiedete sie sich mit einer Welttournee von der Bühne.

Joan Baez, 1941 in New York geboren, hatte 1959 in einem Club in Boston ihren ersten Auftritt als Sängerin und Gitarristin. Anfang der sechziger Jahre veröffentlichte sie erste Alben, 1961 lernte sie Bob Dylan kennen. Sie waren drei Jahre lang ein Paar. Die Trennung verarbeitete sie erst viel später, 1975, in ihrem Song »Diamonds & Rust«, den viele für ihren besten halten. Zu ihren bekanntesten Songs zählen ihre Version des Gospelklassikers »We Shall Overcome« und »The Night They Drove Old Dixie Down«. Baez protestierte gegen den Vietnam- und später den Irakkrieg, kämpfte für die Rechte der Schwarzen in den USA.

Die Titel, die man ihr in ihrer fast 60-jährigen Karriere angedichtet hat, klingen oft staatstragend oder royal: »First Lady des Protests«, »amerikanische Legende« oder »Königin des Folk«. Für unser Interview setzt sich Joan Baez ganz unprätentiös an einen Tisch vor einer Garderobe in der Alten Oper Frankfurt. Am Abend wird sie dort auftreten, ihr Sohn Gabriel wird sie als Perkussionist begleiten. Da schließt sich ein Kreis: Vor fast 50 Jahren war Baez mit ihm im sechsten Monat schwanger, als sie kurz nach Mitternacht auf die Bühne des Woodstock-Festivals ging und dort im Regen jene Lieder sang, die sie noch heute singt.

Bis vor ein paar Minuten sei sie in der Innenstadt spazieren gegangen, sagt sie und strahlt: »Was für ein wunderschöner, sonniger Nachmittag.« Was sie sich denn angesehen habe, wollen wir wissen. Sie sei zufällig auf eine Kurdendemonstration gegen den Einmarsch türkischer Truppen im Norden Syriens gestoßen, sagt sie und fügt auf Deutsch hinzu: »Schluss mit den Kriegen!« Wieder lacht sie. Dass sie eines Tages aufhören könnte mit dem Protestieren gegen Kriege, Rassismus und die Ungerechtigkeiten dieser Welt, kann sie sich zum Zeitpunkt unseres Gesprächs im Frühsommer 2018 nicht vorstellen. Aber die aktuelle Tournee, die noch bis 2019 dauern wird, soll ihre letzte gewesen sein. Als Baez darüber spricht, wirkt sie manchmal so, als könnte sie das selbst noch nicht so richtig glauben. Sie lacht viel während des Gesprächs. Selbst dann, als wir sie auf die groteske Frage einer australischen Journalistin ansprechen. Die war von der Tatsache, dass Baez sowohl mit Bob Dylan als auch mit Steve Jobs eine Zeit lang liiert war, so beeindruckt, dass sie der Sängerin attestierte, sie sei vermutlich die einzige Frau, die sowohl Dylan als auch Jobs nackt gesehen habe. Antwort Baez: »Ja, aber nicht beide gleichzeitig.«

* * *

Ms. Baez, wären die Sechziger anders verlaufen, wenn es Bob Dylan nicht gegeben hätte?

Sie meinen, wenn Bob Dylan nie existiert hätte? Interessante Frage. Ohne Bob Dylan wäre alles ganz anders gewesen. Er ist für mich ein Symbol für das Beste jener Musik, die in den sechziger Jahren entstanden ist. Die Texte seiner Lieder waren damals Wegbereiter für große gesellschaftliche Veränderungen. Es gibt für mich keine ausdrucksstärkeren, mächtigeren Songtexte als die von Bob Dylan.

Sagen Sie das jetzt nur, weil es Ihre Generation war, aus der das alles hervorgegangen ist?

Vielleicht.

Was war so besonders an den Sixties?

Diese kreative Phase in den Sechzigern wird sich so nie wiederholen, das war eine Explosion von Talent, und es gab darüber hinaus diese Verbindung zwischen exzellentem Songwriting und Aktivismus. Das machte es so außergewöhnlich. Man kann solch brillante Musik nicht immer aufs Neue quasi erfinden. Heute eine Hymne wie »Blowin' in the Wind« zu schreiben – das ist nicht möglich. Sie war einem Genie entsprungen. »Imagine« war später eine weitere starke Hymne. John Lennon war auch ein Genie. Man muss sich nur mal anschauen, wie viele unglaublich gute Songs er geschrieben hat, die wir heute noch hören. Die Beatles, die Rolling Stones und eben Bob Dylan, sie schrieben Songs, die auch in das gesellschaftspolitische Umfeld jener Zeit hineinwirkten – in die Zeit der Demonstrationen gegen den Vietnamkrieg und den Rassismus. Aber es war vor allem Dylan, der uns die Songs dazu schrieb, auch wenn er selbst nicht sehr erpicht darauf war, bei den Demonstrationen aufzutreten.

Und Sie selbst waren bei all den Umwälzungen und Großereignissen jener und späterer Zeiten immer mittendrin – mal mit, meistens ohne Bob Dylan. Gibt es Momente, in denen Sie Ihre eigene Legendenhaftigkeit ein bisschen leid sind?

Was genau meinen Sie damit?

Wir meinen jene Anekdotenmaschine, die man fast schon zwangsläufig anwerfen muss, wenn es um Sie geht: Ihre Demonstration gegen den Vietnamkrieg, gemeinsame Märsche mit Martin Luther King, den Auftritt beim Woodstock-Festival, später mussten Sie sich während eines Bombardements der US Air Force in einem Luftschutzkeller von Hanoi verschanzen, Sie protestierten gegen den Bürgerkrieg in Nordirland, gaben Konzerte im belagerten Sarajevo oder nahmen an den Demonstrationen von Occupy Wall Street teil – seit sechs Jahrzehnten Proteste, Proteste, Proteste.

Ich lese mich ja nicht täglich durch meine Vita, so wie Sie das offenbar als Vorbereitung auf dieses Interview gemacht haben. Wenn ich damit in geballter Form konfrontiert werde, wundere ich mich schon über mich selbst: Wie habe ich das eigentlich alles gemacht? Aus heutiger Sicht klingt es nach einem aufreibenden Leben. Aber es war, es ist nun mal mein Leben. Ich bin heute aber nicht mehr mit einem so hohen Tempo unterwegs wie damals.

Sie haben oft erzählt, dass Sie Ihren Sohn damals zwischen Tourneen, Plattenaufnahmen und Protestaktionen vernachlässigt hätten, sich inzwischen aber wieder gut verstünden. Sie haben eine Enkelin. Weiß sie, was ihre Oma früher alles so gemacht hat?

Für meine Enkelin Jasmine bin ich zunächst einmal einfach nur ihre Oma. Ich habe schon versucht, ihr einige Episoden aus meinem Leben zu erklären. Manchmal nahm ich sie sogar mit, wenn ich auf Tournee ging, auch ihre Eltern. Ich habe auch schon mal in der Schule meiner Enkelin gesprochen. Sie hat also eine Vorstellung davon, wer ich früher war. Ich achte aber sehr darauf, dass ich sie nicht mit meinem Leben überfrachte.

Ihre Enkelin soll Fan von Taylor Swift sein. Kann Sie mit dem Woodstock-Festival, bei dem ihre Oma auftrat, irgendwas anfangen? Oder fällt das in die Kategorie »Oma erzählt Geschichten vom Krieg«?

Oh, sie weiß, was es mit Woodstock auf sich hatte. Ihr Vater hat ihr das erzählt – ich war mit ihm schwanger, als ich in Woodstock auftrat. Sie kennt die Geschichte also. Wenn sie bestimmte Dinge aus meinem Leben nicht interessieren, dann forciere ich das aber nicht. Aber wenn sie mir Fragen dazu stellt, erzähle ich es ihr. Zu Woodstock hat sie mir mal ein paar Fragen gestellt. Einmal gab es irgendeine Protestaktion an ihrer Schule. Sie schrieb mir dann: »Oma, du bist in der Hinsicht doch eine Veteranin, kannst du mir nicht einen Ratschlag geben?« Ich habe ihr dann Ratschläge gegeben – viel zu viele. Sie hat mir nicht darauf geantwortet. All diese Ideen von mir – das hat sie vermutlich überwältigt. Aber ich war so aufgeregt, dass sie sich für das, was ich früher gemacht habe, interessierte.

Jüngere Menschen, die nur den Film über Woodstock gesehen haben, verklären solche Ereignisse schon mal, sagen sich: »Mensch, ich wünschte, ich wäre dabei gewesen und hätte das erlebt.« Können Sie die Romantisierung dieses Festivals und der Sixties an sich nachvollziehen?

Ja, schon. Es gibt so viele Geschichten von jenen drei Tagen, an denen dieses Festival stattfand. Und ich werde immer wieder nach seiner Bedeutung und Strahlkraft gefragt. Es kamen damals viele Faktoren zusammen, die damalige Politik und der Protest gegen den Vietnamkrieg, all diese talentierten Musiker, die sich dort versammelt hatten, und die Tatsache, dass wir alle mit einer halben Million Menschen mehrere Tage auf diesem Flecken festsaßen. Es war eine Utopie von Freiheit, die in jenem Moment aber real war. Wir Musiker bewegten uns ja alle innerhalb eines abgesperrten Bereichs, wir hatten zu essen, Duschen. Außerhalb dieses Bereichs hatten die meisten Zuschauer jedoch eine furchtbare Zeit. Sie sagen: »Wir rutschten durch den Schlamm, und es war arschkalt.« Für diejenigen, die damals dort waren, war Woodstock anders, als es für jene heute rückblickend erscheinen mag, die sich wünschten, sie wären dabei gewesen.

Sie sollten ja ursprünglich am Freitagabend in Woodstock spielen, konnten aber wegen der chaotischen Organisation erst am Samstag um ein Uhr nach Mitternacht auf die Bühne. Da standen Sie dann, im sechsten Monat schwanger, Ihr Ehemann, der Aktivist Dave Harris, saß zu der Zeit im Gefängnis, weil er den Kriegsdienst in Vietnam verweigert hatte – und dann fing es auch noch an zu regnen. Was ging Ihnen da durch den Kopf?

Ich war eigentlich unmöglich – da standen eine halbe Million Menschen vor mir im Regen, und ich sprach über meinen inhaftierten Ehemann und den Vietnamkrieg. Niemand wollte so was hören.

Dabei heißt es doch immer, Woodstock sei das Festival der Protestgeneration gewesen.

Ja, aber die Leute wollten nicht meine ernsten Ansprachen zwischen den Songs hören. Sie wollten Lieder hören, »Where's My Apple Pie?« mit Zeilen wie »Hell no, we won't go«, die sie alle mitsingen konnten. Dass ich über meinen Mann sprach, der seinen Einberufungsbescheid verbrannt hatte, fanden sie nur öde. Das war für sie kein Spaß. Mehr als einmal riefen sie mir zu: »Hör endlich auf zu reden und sing!« Ich konnte das zum Teil sogar nachempfinden. Aber ich konnte dennoch nicht damit aufhören, ich musste sagen, was ich zu sagen hatte.

Im Internet gibt es einen Videoclip aus jüngerer Zeit, der so gar nicht zu diesem Bild der Spaßbremse passt, das sich der Rest der

Welt von Ihnen gemacht hat. Der Clip zeigt, wie Sie mit Taylor Swift und Julia Roberts Hand in Hand im Konfettiregen über eine lange Konzertbühne schreiten, Tausende von Teenagern jubeln Ihnen zu. Wie kam es dazu?

Das hat auch wieder mit meiner Enkelin Jasmine zu tun, sie wollte unbedingt zu diesem Taylor-Swift-Konzert im kalifornischen Santa Clara gehen. Also hatte ich VIP-Tickets für meinen Sohn, seine Frau, Jasmine und mich besorgt. Man hatte mir dann gesagt, wir könnten Taylor Swift backstage treffen. Ich dachte: Okay, da werden wir bestimmt in einer Gruppe mit 300 Leuten stehen, die alle Autogramme von ihr wollen. Dann waren dort aber nur Julia Roberts und ihre Familie sowie Familienmitglieder von Taylor Swift. Sie kam zu uns rein und sagte mir: »Oh, deine Musik hat mir so viel bedeutet.« Ich war völlig perplex. Ich war ja nur deshalb dorthin gekommen, damit meine Enkelin ihr Idol treffen konnte.

Können Sie mit der Musik von Taylor Swift etwas anfangen?

Ehrlich gesagt finde ich ihre Musik nicht sehr aufregend. Bei ihr kommt es eben mehr auf die Show an. Ich meine: Sie versprüht sieben Tonnen Konfetti in ihrem Konzert. Das sagt ja auch was aus.

Warum sind Sie dann trotzdem mit Swift und Roberts raus in den Konfettiregen getanzt?

Das hatte sich spontan ergeben. Taylor Swift fragt ihre VIP-Gäste offenbar öfter, ob sie mir ihr auf die Bühne kommen würden, die bei ihr ja eher eine Art Laufsteg ist. Ich sagte: »Klar mach ich das.« Julia Roberts wollte auch mitmachen, fühlte sich dann aber etwas unwohl, als sie vor Tausenden von Zuschauern tanzen sollte. Ich dagegen habe getanzt wie verrückt. So mache ich das nun mal. Ich muss gestehen, ich hatte eine wunderbare Zeit da oben auf der Bühne. Ich, diese kleine grauhaarige Frau, in all dem Konfetti. Wahrscheinlich mussten viele der jungen Zuschauer, als sie zu Hause waren, erst mal googeln, wer ich überhaupt war. Es war sehr lustig.

Als Sie in den sechziger Jahren ein Weltstar wurden, waren Musik und Protest noch eng miteinander verwoben. Ist es deprimierend zu sehen, dass es heute mehr auf Konfetti und Inszenierung ankommt?

Schauen Sie, dem Folkrevival in den *Sixties* war ja auch ein Genre vorausgegangen, das wir Bubblegum-Musik nannten. Vieles davon war sehr oberflächlich. Ein Hit hieß beispielsweise »How Much Is That Doggie In The Window« von Patti Page. So was wurde rauf und runter im Radio gespielt. Ich hatte das bis dahin eigentlich gar nicht bewusst wahrgenommen. Bis Pete Seeger mal sagte: »Dieses Zeugs sagt doch nichts aus.« Was die Musik von heute betrifft, bin ich zwiegespalten. Einerseits mag ich die Stimmen von Sam Smith oder Beyoncé. Sie sind brillant. Ich fände es nur schön, wenn man sie überzeugen könnte, mehr zu machen, als nur berühmt zu sein.

Sie haben ebenso wie Bob Dylan die Fackel der Protestmusik seit mehr als einem halben Jahrhundert getragen. Sehen Sie heute irgendjemanden, der sie Ihnen abnehmen könnte?

Schon. Auf den Straßen Amerikas sah ich in den letzten Jahren Millionen junger Menschen, die beispielsweise bei den

»March For Our Lives«-Protesten für strengere Waffengesetze demonstrierten. Das interessiert mich heute mehr als der Zustand der aktuellen Popmusik. Ich bin jetzt nicht so verzweifelt, dass ich mich ständig fragte: Wann schreibt denn endlich mal wieder jemand eine neue Hymne? Demonstrationen gegen die Waffenlobby waren in den USA zuletzt eine Massenbewegung. Und das Durchschnittsalter der Teilnehmer war 17. Wir waren zwar auch jung, als wir in den sechziger Jahren für Bürgerrechte auf die Straße gingen, aber eher 19, 20. Nicht so jung wie die Menschen heute. Ich finde das erstaunlich.

Sie wurden mehrere Male inhaftiert – weil Sie zu zivilem Ungehorsam und der Verweigerung des Kriegsdienstes aufgerufen hatten …

Zweimal. Ich saß aber nur ein paar Tage in Haft. Und es war ein Gefängnis mit sehr niedrigen Sicherheitsstandards, sie züchteten dort sogar ihr eigenes Gemüse. Ich habe im Gefängnis acht Pfund zugenommen. Ich weiß noch, wie ich eines Nachts auf meinem Bauch lag und mich zu meiner Mutter hindrehte, die sie auch verhaftet hatten. Ich klagte: »Mama, mein Bauch tut so weh.« Sie sagte nur: »Dreh dich auf die Seite, du hast einfach nur etwas Gewicht zugelegt.« Und sie hatte recht, genau so war es auch. Ich mache deshalb Witze darüber, weil meine Zeit im Gefängnis nicht dramatisch war – kein Vergleich zu Erfahrungen anderer Häftlinge in anderen Ländern, die ich als Aktivistin besucht habe – oder zu anderen, schlimmeren Gefängnissen in den USA.

Eine Zeile aus Bob Dylans Song »Subterranean Homesick Blues« – »You don't need a weatherman / To know which way the wind blows« – hatte Mark Rudd, den Anführer der Studentenbewegung an der Columbia University, 1969 inspiriert, später die militante Untergrundorganisation »The Weathermen« zu gründen. Sie war ein Vorläufer der RAF-Terroristen in Deutschland. Ahnten Sie damals, in welche Richtung sich diese Form des Protests entwickeln würde?

Nein, nicht, was die Weathermen betrifft. Aber ich kann mich in dem Zusammenhang gut an meine verbalen Auseinandersetzungen mit Teilen der Black Panther erinnern, als sie Martin Luther King nicht mehr auf seinem Weg des gewaltfreien Protests folgen wollten. Das war schon extrem. Darauf folgten dann die Weathermen. Wir benutzten in dem Zusammenhang damals jedoch nicht das Wort »Terroristen«, wir nannten sie nicht so.

In den Sechzigern richtete sich der Protest in den USA hauptsächlich gegen den Vietnamkrieg und den Rassismus, in den letzten Jahren widmete er sich zunehmend einem anderen, einem inneren Krieg, der in Form von Amokläufen auf den Straßen und in den Schulen Amerikas ausgetragen wird.

Genau. Ich habe mir viele Filme von den Märschen gegen die Waffenlobby und vor allem von den dort gehaltenen Reden auf meinem Laptop angesehen. Vieles hat mich zu Tränen gerührt, ich habe viele Kleenextücher verbraucht. Viele junge Menschen wurden zu Symbolen. Meine Reaktion darauf war, dass ich auf meiner Abschiedstournee wieder begann »The Times They Are A-Changin'« auf meinen Konzerten zu singen. Ich hatte den Song fast 30 Jahre lang nicht mehr live gesungen.

Warum nicht?

Weil Bob Dylans Zeilen lange nicht mehr aktuell klangen, zumindest nicht in den USA – weil dieses Gefühl der Geschlossenheit fehlte. Sicher, als Obama erstmals für die Präsidentschaft kandidierte, gab es, für einen kurzen Moment, noch mal eine ähnliche Stimmung. Aber kaum saß er im Oval Office, ging dieses Gefühl verloren. Für mich fühlte es sich auf meiner Abschiedstournee jedenfalls richtig an, die Jungen mit diesem alten Dylan-Song zu unterstützen. Der Song war eine Hymne für eine Bewegung. Aber eine Bewegung gab es lange nicht. Jetzt gibt es eine neue Bewegung, aber keine neue Hymne. Vielleicht schreibt ja noch jemand eine. Aber vielleicht brauchen wir heute auch gar keine Hymnen mehr.

Von »The Times They Are A-Changin'« mal abgesehen, haben Sie in der Vergangenheit immer mal wieder Dylan-Songs live gesungen. War das schwierig für Sie, seine Lieder nach Ihrer Trennung zu spielen?

Emotional war das zeitweise schon schwierig. Aber wissen Sie was: Seine Lieder waren einfach zu gut, ich konnte sie nicht ignorieren.

Sie selbst waren schon vor Dylan erfolgreich, Sie haben ihm zum Ruhm verholfen. Und mit dem Protestieren hatten Sie bereits begonnen, noch bevor Sie Musikerin wurden. Als Schülerin in Palo Alto haben Sie sich mal geweigert, an einer Luftschutzübung teilzunehmen. Was hat Sie da eigentlich geritten?

Ich fand die Übung einfach sinnlos. Mein Vater war Physiker. Mit ihm hatte ich vorher ausgerechnet, dass wir Schüler die Schutzräume gar nicht mehr erreicht hätten, wenn vorher tatsächlich Raketen aus der Sowjetunion auf Kalifornien abgeschossen worden wären – wie es in dem Drohszenario für die Übung vorgegeben war.

Was haben Sie in dem Moment gemacht? Sich von den Lehrern beschimpfen lassen und gesagt: Ich bleibe aber hier?

Es fing schon mal damit an, dass niemand genau wusste, in welchen Raum wir überhaupt flüchten sollten, als die Übung begann. Ich hatte damals gerade Französischunterricht. Der Lehrer war eigentlich sehr süß. Aber als ich mich weigerte mitzugehen, sah er mich nur verdutzt an. Er fragte mich, warum ich nicht mitmachen würde. Ich erklärte, dass ich die Übung blödsinnig fände. Er holte tief Luft und sagte: »Du bist ein *enfant terrible*.« Dann diskutierte ich noch mit Sekretärinnen, dem Direktor – es war eine gute Lernerfahrung.

Für wen?

Für die Lehrer. Ich bin dann im Schulgebäude geblieben – als Einzige. Am nächsten Tag stand ein großer Bericht über meine Weigerung in der Zeitung. Später wurden Leserbriefe besorgter Eltern gedruckt: Die hatten Angst vor mir, dachten, ich sei Kommunistin. Das war meine Einführung in den zivilen Ungehorsam, meine erste Protestaktion. Ich war damals 15.

1963 sangen Sie mit Dylan beim »Marsch auf Washington«, bei dem Martin Luther King seine legendäre »I have a dream«-Rede hielt. 1965 nahmen Sie an einem der von King organisierten Protestmärsche von Selma nach Montgomery, der Hauptstadt des US-Bundesstaates Alabama, teil, um gegen die Einschränkung der Wahlrechte von Afroamerikanern zu protestieren. Die Polizei ging mit Tränengas und Knüppel gegen die Demonstranten vor. Haben Sie den 2014 erschienenen Film Selma *mal gesehen?*

Ja, das habe ich gemacht. Ich fand, das war ein sehr wichtiger Film. Ich kenne viele Leute, die heute keine Vorstellungen mehr davon haben, was damals geschah. Sie sagten mir, dieser Film habe sie wachgerüttelt. Als Beteiligte und Zeitzeugin hätte ich mir zwar gewünscht, dass ein paar Details anders dargestellt worden wären. Aber gut. Es ist ein guter Film, ich bin froh, dass es ihn gibt.

Sie haben gesagt, vielleicht brauchten die Jungen heute gar keine Hymne mehr. Liegt das auch daran, dass Musik an Strahlkraft eingebüßt hat, weil sich jüngere Generationen heute mehr für die digitale Welt als für Pop begeistern? Weil Social Media, Smartphones und Apps die Menschen mehr zusammenbringen, als Musik das heute noch könnte?

Die Frage ist legitim. Ich habe keine Antwort darauf. Obwohl ich schon früher sehr oft darüber debattiert habe – vor allem mit Steve Jobs.

Dem verstorbenen Apple-Chef, mit dem Sie Anfang der Achtziger mehrere Jahre lang liiert waren. In der öffentlichen Wahrnehmung galt Jobs als despotisches Genie. Dass er auch ein großer Kenner der Musik von Bob Dylan, U2 und anderen war, wissen die wenigsten.

Steve war ein Kontrollfreak. Das war aber nur eine Seite von ihm. Als seine damalige Freundin habe ich davon jedoch nichts zu spüren bekommen. Und ja, er war ein sehr großer Dylan-Fan. Das äußerte sich dann oft so, dass er mich ständig zu meiner gemeinsamen Zeit mit Dylan befragte. Jobs war aber nicht nur ein IT-Genie, er war selbst auch ein Künstler. An eines unserer Gespräche erinnere ich mich noch besonders gut: als Steve mir im Brustton der Überzeugung sagte, sein Computer müsste ein Brahms-Quintett eigentlich besser aufführen können, als dies fünf Musiker je hinbekommen könnten. Selbst dann, wenn es brillante Musiker wären.

Was haben Sie darauf geantwortet?

Ich formuliere es mal so: Wir hatten oft Streit wegen solcher Sachen.

Von Albert Camus gibt es den Essayband Der Mensch in der Revolte. *»Was ist ein Mensch in der Revolte«, fragt er darin und gibt auch eine Antwort darauf: »Ein Mensch, der nein sagt.« Das bedeute »bis hierher und nicht weiter« oder »es gibt eine Grenze, die sie nicht überschreiten werden«. Sind Sie im Camus'schen Sinne immer Mensch in der Revolte gewesen?*

Ich weiß nicht. Protestieren, das ist für mich etwas Natürliches, ein *Way of Life*. Ich habe einiges gelernt, ich weiß beispielsweise, dass eine Stimme sich mit Diktaturen auseinandersetzen kann. Auf meiner Abschiedstournee habe ich auch an einigen für mich sehr bedeutsamen Orten gespielt, in Bratislava, Sarajevo, Prag und in Belfast. In Belfast beispielsweise hatte ich zur Zeit der »Troubles« gespielt, wie sie den Bürgerkrieg dort genannt haben. Das Auto, das mich zu meinem Konzert abholen sollte, kam damals zu spät. Kurz darauf erfuhr ich, dass vor dem Theater, in dem ich hätte auftreten sollen, eine Bombe explodiert war. Also verlegten wir den Auftritt kurzfristig in ein anderes Theater. Als ich dort ankam, gab es wieder eine Bombendrohung. Alle im Publikum lachten. Ich ging dann auf die Bühne. Ich war mir zunächst gar nicht bewusst, wie nervös ich war. Ich wollte »Blowin' in the Wind« spielen, aber wegen der Aufregung fielen mir die Zeilen nicht ein. Und genau das war an dem Abend der Eisbrecher.

Ms. Baez, Ihre 2018er-Tournee soll Ihren Abschied von der Bühne markieren, wie Sie der New York Times verrieten, Ihr Album Whistle Down the Wind *soll ebenfalls Ihr letztes sein und schaffte es in Deutschland sogar bis in die Top Ten, was Ihnen seit mehr als 30 Jahren nicht mehr vergönnt war ...*

Vielleicht sollte ich alle zwei Jahre bekannt geben, dass ich aufhöre.

Die Konzerte waren ausverkauft, das Publikum ließ Sie nicht von der Bühne. Komisches Gefühl, dass das alles vorbei sein soll?

Da kommt schon Wehmut auf, ja. Wobei mich die *New York Times* da nicht ganz korrekt wiedergegeben hat. Ich habe nicht gesagt, dass dies mein letztes Album sei. Ich habe lediglich gesagt: Es könnte mein letztes Album sein.

Und was heißt das jetzt?

Sollte ich künftig ein paar verrückte Songideen haben, kann ich doch zurück ins Studio gehen und ein weiteres Album aufnehmen. Ich sage ja auch nicht, dass ich nie wieder singen werde. Aber ich werde definitiv nicht mehr auf Tournee gehen. Ich gebe vielleicht mal hier und da ein Konzert. Aber mehrere Wochen hintereinander Konzerte zu geben, die ganzen Abläufe, die damit verbunden sind – das erschöpft mich, laugt mich aus. Meine Stimmbänder sind müde, so müde. Und wenn ich auf Tournee bin, muss ich sie ständig pushen, jeden einzelnen Tag. Schauen Sie, ich habe mich so viele Male wieder neu erfunden. Jetzt genieße ich diesen Moment, die letzte Neuerfindung meiner selbst. Es ist dennoch ermüdend.

I Shall Be Released: Bob Dylan live im Olympia
in Paris 1966. »Bob Dylan ist irgendwie ein wilder Sänger«,
sagt Elvis Costello.

ELVIS COSTELLO

»Ich dachte nur: Jetzt habe ich
Bob Dylans Song zerstört.«

Elvis Costello wurde als Punk berühmt und hat sich danach
als rastloser Grenzgänger zwischen Folk, Klassik, Jazz, Rock
und Soul einen Namen gemacht. Bob Dylan hat ihn in seiner Karriere oft ins Schwitzen gebracht. Ein Gespräch über
gemeinsame Tourneen, nervenaufreibende Duette und die
Herausforderung, zu Dylans unveröffentlichten Texten neue
Songs zu komponieren.

* * *

Die Qualität des Live-Mitschnitts ist nicht die beste, der Ton
ist zu schrill, die Musiker auf der Bühne sind zum Teil nur un-
scharf zu erkennen. Wie es halt so aussieht, wenn Fans aus
dem Publikum mitfilmen und den Clip später auf YouTube
stellen. Was man in diesem Fall dennoch zu sehen und hören
bekommt, ist lohnend genug, um sich den Clip bis zum Ende
anzuschauen. Man sieht einen sehr oft lachenden Bob Dylan,
der ein paar lässige, entschleunigte Soli auf seine Fender Stratocaster spielt und sich dann von seinem Duettpartner verabschiedet, indem er seinen Namen fast triumphierend ins
Mikro ruft und ihm applaudiert: Elvis Costello. Szenen vom
ersten Duett der beiden, aufgenommen am 31. März 1995 in

der Brixton Academy in London, als beide dort »I Shall Be Released« sangen. Ein ungleiches Paar. Aber nur auf den ersten Blick. Costello sieht in weißem Hemd, schwarzer Weste und mit Hornbrille zwar eher wie ein Buchhalter aus und wirkt zunächst etwas hüftsteif, doch dann hakt er sich wunderbar in Dylans Gesang ein, dem das erkennbar zu gefallen scheint: »I see my light come shining / From the west unto the east«.

Elvis Costello, am 25. August 1954 als Declan Patrick MacManus in London geboren und in Birkenhead bei Liverpool aufgewachsen, hat öfter mit Dylan gesungen. Und er hat dabei gelernt, dass man im Duett mit ihm eher ein Sparringpartner ist und dessen unvorhergesehene Haken und Einfälle irgendwie parieren muss. Costello kennt sich mit so was aus, er hat sich in seiner mehr als 45-jährigen Karriere selbst immer wieder als unberechenbarer Grenzgänger zwischen den Stilen erwiesen.

Auf seinem Debütalbum *My Aim Is True* überführte er 1977 die Aggression des Punks in die melodischere New-Wave-Ära. Seine Anfangsphase blieb rau: Er schrieb einen Protestsong gegen Margaret Thatcher, in dem er drohte, er werde auf ihrem Grab herumtrampeln. Doch in den Folgejahren entwickelte sich Costello immer mehr zu einem Meister des Genrespringens. Mal gelang ihm mit der Ballade »She« für den Soundtrack der romantischen Komödie *Notting Hill* ein Welthit, dann wieder spielte er Country, Klassik, Folk, Soul oder Jazz. Er arbeitete mit dem Brodsky Quartet, Johnny Cash und dem Meister des Easy-Listening-Sounds, Burt Bacharach. Und er schrieb Songs mit Paul McCartney für dessen Album *Flowers in the Dirt*, mit dem der Ex-Beatle 1989 ein großes Comeback feierte.

* * *

Mr. Costello, Sie gehören zu jenem kleinen Zirkel von Musikerinnen und Musikern, die immer wieder mal gemeinsam mit Bob Dylan gesungen haben. Worauf muss man achten, wenn man mit Dylan im Duett singt?

Ich habe ja im Laufe meiner Karriere mit vielen, ganz unterschiedlichen Sängerinnen und Sängern Harmonien gesungen – mit Emmylou Harris, T Bone Burnett, George Jones oder mit Paul McCartney. Was insofern kurios ist, weil ich in meiner ersten Band, den Attractions, von Musikern umgeben war, die allesamt nicht singen konnten. Ich hatte mir Harmoniegesang selbst beigebracht, indem ich zu den Vinylplatten sang, während ich sie abspielte. Ich singe gerne Duette, das ist so, als würde ich mit anderen Sängerinnen und Sängern verschmelzen. Mit Paul McCartney habe ich gemeinsam auf einigen Demos gesungen – was sehr aufregend war, wie man sich vielleicht vorstellen kann. Er hat eine hohe Stimme, deshalb musste ich tiefer singen als er. Bei Bob Dylan war es genau andersrum. Mit ihm verhält es sich so: Du darfst ihn beim Singen nicht aus den Augen lassen, du musst ihm immer ins Gesicht sehen.

Warum?

Bob Dylan ist irgendwie ein wilder Sänger – wenn du ihn nicht anschaust, verliert er dich, und es passt nicht mehr zusammen. Als sein Duettpartner musst du dich also auf ihn konzentrieren, darauf, was er und wie er es singt. Denn seine Phrasierung ist einzigartig. Ich liebte unsere Harmoniegesänge, das hat mir großen Spaß gemacht mit ihm.

1995 standen Sie erstmals mit ihm auf einer Bühne in London und sangen gemeinsam »I Shall Be Released«. Wie kam es dazu?

Das war das erste Mal, dass wir zusammenspielten. Ich hatte für ihn bereits bei einigen Konzerten im Vorprogramm gespielt, in Paris und bei einer Reihe von Konzerten in London. Dort hatte er mich dann einfach eingeladen, mit ihm zu singen. Am Ende jener Tournee haben wir das Lied noch mal in Dublin zusammen gesungen – außer mir waren noch Chrissie Hynde, Van Morrison und Carole King dabei. Wir alle sangen mit Bob »I Shall Be Released«. Von dieser Version in Dublin hätte ich gerne einen Mitschnitt gehabt, den gibt es aber leider nicht. Nur von dem Duett in London. Einige Jahre später bin ich dann noch mal mit ihm in den USA auf Tour gegangen, fünf Wochen lang. Ich trat in der Mitte des Programms auf, vor mir war noch Amos Lee dran, dann kam ich und schließlich Bob. Später spielten wir ein weiteres Mal zusammen in Australien, das ist inzwischen auch schon ein paar Jahre her. Wenn man so oft *on the road* ist wie er und ich, dann kreuzen sich die Wege schon mal. Auf der USA-Tour, bei einem Konzert in St. Louis, sangen wir dann noch mal einen seiner Songs zusammen, »Tears of Rage« – und das war wirklich gewaltig, ergreifend und aufregend.

Was war an diesem Duett so besonders, im Vergleich zu dem in London?

»Tears of Rage« ist einer meiner Lieblingssong von ihm. Ich habe ihn oft nur so für mich gesungen – schon als ich noch Teenager war. Und gerade diesen Song dann mit jener Person gemeinsam zu singen, die diese großartigen Worte geschrieben hat, das war einfach unglaublich. Ich war zunächst jedoch perplex, weil Bob die komplette erste Strophe nicht sang. Wir wollten die Zeilen eigentlich abwechselnd singen. Ich dachte:

Was ist denn jetzt los, kennt er auf einmal den Text nicht mehr? Wir hatten es doch zusammen geprobt, da klang es klasse. Auf der Bühne hatte er sich einfach spontan entschlossen, mich die erste Strophe singen zu lassen. Und als er mit der zweiten Strophe weitermachte, sang er dann eine Zeile, die ich nie zuvor gehört hatte. Offensichtlich hatte er sich die gerade ausgedacht. Oder sie stammte aus einer früheren Version des Songs, die ihm gerade wieder eingefallen war. Das Problem daran war: Diese mir unbekannte Zeile reimte sich nicht mit der folgenden, die wiederum ich singen sollte.

Wie haben Sie reagiert?

Ich weiß es nicht mehr genau. Ich hatte einen kurzen Anflug von Panik, es war so, als würdest du in Zeitlupe einen Autounfall beobachten, an dem du selbst beteiligt bist. In solchen Momenten machst du hilflose Gesten, es war eine sehr kuriose Situation, für den Bruchteil einer Sekunde hatte ich den Eindruck, die Zeit würde stillstehen. Und ich dachte: Jetzt habe ich Bob Dylans Song zerstört. Wir überspielten es dann irgendwie – in letzter Sekunde. Ich konnte an seinem Gesichtsausdruck erkennen, dass er offenbar eine gewisse Freude daran hatte. Das war ein Spiel, das er sich mit mir erlaubte. So sehr wir diesen Song auch ein paar Stunden zuvor mit Ernsthaftigkeit geprobt hatten, ging es jetzt, in diesem Moment auf der Bühne, auch darum, zu parieren, ein bisschen kam es mir jedenfalls so vor.

Wie und wo begann diese On-off-Beziehung, die Dylan und Sie die Jahre über immer wieder zusammengebracht hat?

Ich traf ihn erstmals 1978, als ich mir sein Konzert im Universal Amphitheatre in Los Angeles ansah. Ich bin damals eher zufällig an ein Ticket gekommen. Ein Freund von mir hatte Karten, die für ihn an einem Schalter hinterlegt sein sollten. Er selbst konnte nicht, also sollte ich sie an seiner Stelle abholen. Nur waren die Tickets nicht hinterlegt worden. Die Frau hinter der Glasscheibe des Schalters erkannte mich allerdings – was zu der Zeit etwas seltsam war, denn meine Karriere befand sich noch ganz am Anfang, ich war noch nicht besonders bekannt. Sie rief dann jedenfalls Dylans Manager an, sagte, da habe es offenbar einen Fehler mit der Tickethinterlegung gegeben. Sie gaben mir stattdessen einen sehr guten Sitzplatz, ein Ticket, das irgendjemand anderes nicht abgeholt hatte. Ich saß ziemlich weit vorne, in der zehnten Reihe. Ich war glücklich – erst hatte es noch so ausgesehen, als ob ich gar kein Ticket bekommen würde, und jetzt saß ich auf diesem tollen Platz. Während des letzten Songs tippte mir dann jemand auf die Schulter und nahm mich mit hinter die Bühne. Ehe ich mich's versah, stand ich in seiner Garderobe und traf Bob. Es war sehr ungewöhnlich.

Wie ging es weiter?

Ich stolperte zunächst nur so durch meine Sätze. Das Erste, was Bob sagte, war: »Ich habe viel von dir gehört.« Woraufhin ich antwortete: »Ich habe auch schon viel von dir gehört.« Kaum hatte ich das ausgesprochen, schoss es mir schon durch den Kopf, wie unglaublich bescheuert das war. Ich konnte nicht glauben, dass ich das gerade wirklich zu Bob Dylan gesagt hatte. Ich wollte in dem Moment wahrscheinlich besonders geistreich sein. Seitdem bin ich immer sehr nachsichtig, wenn Leute backstage zu mir kommen und etwas scheinbar Dummes sagen. Es könnte ja gut sein, dass sie einfach das Erste sagen, was ihnen in dem Moment in den Sinn kommt. Du kannst schnell an ihrem Gesichtsausdruck erkennen, dass sie das eigentlich gar nicht sagen wollten. Ich erinnere mich jedenfalls sehr gut an meine erste Begegnung mit Dylan. Im Laufe der Jahre haben sich unsere Wege immer wieder gekreuzt. Ich würde nie behaupten, wir wären Freunde. Aber er hat sich mir gegenüber immer sehr anständig und freundschaftlich verhalten. Ich habe die Momente, die ich mit ihm verbracht habe, immer sehr zu schätzen gewusst.

Wenn Sie mit ihm längere Zeit auf Tournee waren, haben Sie sich seine Konzerte dann jeweils bis zum Ende angesehen?

Ich habe ihn ja oft in kleineren Städten in den USA begleitet, nach Omaha oder in Kleinstädte in South Carolina, Orte, in denen ich keine Freunde hatte und auch sonst niemanden kannte. Es gab dort meist keine Clubs oder sonst irgendwas, wohin man nach einer Show hätte gehen können. Also blieb ich immer so lange, bis Bob fertig war. Davon mal abgesehen: Wer würde sich nicht jeden Abend ein Bob-Dylan-Konzert von Anfang bis Ende ansehen wollen, wenn er dazu die Möglichkeit hätte? Seine Konzerte waren jede Nacht anders. Selbst wenn er dieselben Songs spielte, hatten diese dann ein komplett anderes Arrangement. Ich konnte immer etwas Neues entdecken, das war faszinierend. Ich wartete dann, dass er bestimmte, für mich besondere Songs spielte, jene, die wirklich intensiv waren, wie beispielsweise »Nettie Moore«. Ich war immer ganz aufgeregt, wenn er dieses Lied spielte.

Stimmt es, dass Sie Ihre Mutter zu ihrem 70. Geburtstag mal zu einem Konzert von Dylan in Liverpool mitgenommen haben?

Yeah. Sie hatte Bob noch nie zuvor live gesehen. Und ich wollte unbedingt, dass sie ihn einmal auf der Bühne erlebt. Meine Mutter liebte es, sie fand ihn ganz phantastisch. Ich erinnere mich noch genau, wie mir erst an jenem Abend klar wurde, dass viele von Dylans Songs Metaphern über Sterblichkeit in sich haben. Vielleicht lag es einfach daran, dass meine 70 Jahre alte Mutter an dem Abend neben mir saß. Meine Mutter ist inzwischen 93 – und wir reden noch heute gelegentlich über dieses Konzert. Das ist jetzt mehr als 23 Jahre her. Bob war damals 56, also zehn Jahre jünger, als ich es heute bin. Unglaublich.

2014 haben Sie mit anderen Kollegen die Musik zu Texten komponiert, die Dylan 1967 geschrieben, aber nicht zu Songs vollendet hatte. The New Basement Tapes hieß Ihre Band, Lost on the River *das Album. Stimmt es, dass Dylan dem Ganzen ausdrücklich zugestimmt hatte?*

Ja.

Wie kam es zu dieser doch sehr ungewöhnlichen Formvollendung?

Das Projekt war von Dylans Manager ursprünglich T Bone Burnett anvertraut worden, mit dem ich oft gearbeitet habe, er hat viele meiner Alben produziert, wir sind wie Brüder. Wir arbeiteten gerade wieder an etwas Neuem, als er mich fragte, ob ich Teil dieses Teams sein wolle. Die anderen Musiker, Marcus Mumford, Jim James, Rhiannon Giddens oder Taylor Goldsmith, waren viel jünger als ich. Gerade das fand ich spannend, weil sie dadurch einen anderen Blick auf Dylan hatten als ich.

Steven Spielberg hatte einst geholfen, den Film Lawrence von Arabien *zu restaurieren, bei dem sein großes Idol David Lean Regie geführt hatte. Ihr Ansatz bei Dylan ging ja weit darüber hinaus – Sie haben aus teils unvollendeten Textfragmenten neue Songs gemacht. Wie sind Sie da herangegangen – mit Ehrfurcht, Abenteuerlust oder Experimentierfreude?*

Wir haben versucht, die Aufnahmen in jenem Spirit zu halten, mit dem Bob Dylan und The Band 1967 die ursprünglichen *Basement Tapes*-Songs in Woodstock einspielten. Mit der größtmöglichen Freiheit für uns alle. Wir wollten Dylan und The Band allerdings nicht kopieren. Es ist offensichtlich, dass man die damaligen Umstände nicht rekreieren kann. Nur weil man in den Abbey Road Studios aufnimmt, entsteht deshalb ja auch nicht automatisch ein *Sgt. Pepper-Album*. Du kannst nicht in die Zeit zurückreisen. Wir konnten nicht wie Bob Dylan im Jahr 1967 sein und haben das auch gar nicht erst versucht. Wir waren wir. Jeder von uns Songschreibern wählte einen anderen Ansatz. Jim und ich hatten beispielsweise einige der Dylan-Songs schon vorbereitet, bevor wir ins Studio kamen. Taylor machte es ebenso. Marcus und Rhiannon dagegen kamen ins Studio mit der Vorstellung, erst dort die Songs zu kreieren, in einer Workshop-Atmosphäre mit uns anderen. Wir bedienten uns dann aus beiden Ansätzen. Wir spielten als Instrumentalisten bei den Aufnahmen der jeweils anderen. Ich spielte Bass auf dem von Jim komponierten Song, Orgel auf einem von Marcus bearbeiteten Song, dann noch Gitarre, Mandoline und Piano. Auf diese Weise sind ein paar wirklich großartige Songs entstanden, von denen einige gar nicht veröffentlicht wurden. Wir waren nur zwölf Tage in dem Studio, nahmen 42 Musikstücke auf, 15 sind auf dem Album. Eines der unveröffentlichten Lieder heißt »Lighthouse Woman«, Rhiannon und ich singen darin in unterschiedlichen Oktaven, es klingt richtig gespenstisch. Am Ende sagte ich den anderen in der Band, dass wir in ein paar Jahren vielleicht noch eine Fortsetzung zum ersten Album veröffentlichen könnten.

Wie hat Dylan auf das fertige Album reagiert?

Dazu gibt es eine längere, kuriose Geschichte. Ich machte während der Aufnahmen in den Capitol Studios in Los Angeles eine Erfahrung, die niemand sonst in der Band hatte. Gleich am ersten Tag ging ich aus dem Studio in die Vorhalle, um mir einen Kaffee zu holen. Da stand ich also in den legendären Capitol Studios, blickte auf Fotos von Peggy Lee und Frank Sinatra an den Wänden, die dort aufgenommen hatten, als plötzlich Bob Dylan auf mich zukam. Mein erster Gedanke war: O mein Gott, ist er etwa hierhergekommen, um uns zu überprüfen, wie wir mit seinen unfertigen Songs umgehen?

Und?

Wir sagten »Hello«, machten ein bisschen Small Talk, und dann sagte er: »Ich muss jetzt wieder los.« Er ging in ein anderes Studio, das direkt neben unserem lag. Dort arbeitete er gerade mit dem legendären Toningenieur Al Schmitt an einem neuen Album. Schmitt hat alle Dylan-Alben produziert, auf denen er Standards aus dem American Songbook gesungen hat. Ich habe Bob an dem Tag dann nicht mehr gesehen. Ich ging zurück in unser Studio und sagte den anderen: »Ihr werdet es nicht glauben, aber Bob Dylan arbeitet im Studio nebenan.« Die dachten zunächst alle, ich mache Witze. Dann fragten sie: »Glaubst du, er kommt gleich rein und checkt, was wir hier machen?« Sie waren richtig nervös. Ich wusste auch nicht, ob Bob wusste, was wir da gerade machten, und sagte nur: »Wenn er rüberkommen und uns ›Hello‹ sagen will, wird er das machen.« Hat er dann aber nicht gemacht. Ein paar Jahre später sah ich ihn in London und sprach ihn darauf an, dass ich ihn das letzte Mal in den Capitol Studios gesehen hatte. »Richtig«, sagte er, »und ihr habt im Studio nebenan diese andere Sache gemacht.« Das war seine Art, sich auf dieses besondere Projekt zu beziehen – es war »diese andere Sache«. Ich mochte es sehr, dass es er genau so ausgedrückt hat. Ich bin mir sicher, ihm war damals sehr wohl bewusst: Wäre er reingekommen und hätte zugeschaut, dann wäre es für uns sehr viel schwieriger gewesen, uns frei zu fühlen im Umgang mit seinen Texten. Darin bestand ja der Reiz, dass uns niemand Vorschriften machte. Wir konnten sogar seine Lyrics bearbeiten. Bei dem Song, den ich maßgeblich komponiert habe, habe ich sogar ein paar Zeilen hinzugefügt.

Musik zu seinen Texten komponieren ist eine Sache. Seine Texte ergänzen – ist das nicht ein Sakrileg?

Es schien so, als brauchte der Song eine weitere halbe Zeile. Man hatte uns gesagt, wir sollten die besten Songs aus seinen Texten machen. Und für meine Version war es nötig, einen von Bobs Gedanken, der in meinen Augen nicht komplett schien, zu vollenden. Viele dieser Liedtexte waren ja nicht ediert. Es waren oft auch nur Fragmente darunter, bei denen Stellen gestrichen waren. Manchmal haben wir zu einem

Text auch unterschiedliche musikalische Versionen komponiert – das war ein unglaublicher Spaß. Manchmal wurde es ein Rock-'n'-Roll-Song, dann eine Ballade, manche klangen traurig, manche sehr freudvoll. Es war eine wunderbare Erfahrung. Wenn Bob uns beobachtet hätte, wären wir sicher nicht mit so viel Spaß bei der Sache gewesen. Dann wäre uns ständig der Gedanke durch den Kopf gegangen, welche Musik er selbst zu diesen Texten wohl geschrieben hätte. Aber er hätte es ja jederzeit selbst machen können, wenn er gewollt hätte, statt uns die Erlaubnis dafür zu geben. Ich war jedenfalls sehr dankbar, diese Gelegenheit bekommen zu haben.

Welchen von Dylans Songs würden Sie auswählen, um ihm zum 80. Geburtstag zu gratulieren?

O mein Gott. Ich weiß nicht. Ich finde es wundervoll, dass wir ihn in seinem Alter immer noch als Performer erleben können. Andere Musiker sind auch in noch höherem Alter weiterhin aufgetreten. Ich sah beispielsweise mal den Countrysänger Bill Monroe, der bis kurz vor seinem Tod noch Konzerte gab.

Er starb 1996 im Alter von 84 Jahren.

Er spielte damals ein derart wildes Konzert, wie ich es kaum je zuvor gehört hatte. Das hat mich regelrecht beglückt. In den achtziger Jahren bin ich mal in einer TV-Show mit Count Basie aufgetreten. Ich genoss es, einfach nur dastehen zu können und Count Basie zuzusehen, wie er eineinhalb Meter von mir entfernt Klavier spielte. Für mich war das ein unglaubliches Erlebnis, wie eine Verbindung zu einer längst vergangenen Zeit und einer Musik, die nie wiederkehren wird. Solche Gefühle empfinde ich gegenüber allen Musikern im höheren

Alter, die zehn oder 20 Jahre älter als ich sind und die weiterhin auf Tournee gehen. Ich bin dankbar, dass Bob Dylan immer noch auf dem höchsten Level arbeitet. Er ist unerschrocken und furchtlos – deshalb mochte ich ihn von Anfang an. Ich empfinde es als großes Glück, dass ich einige Zeit mit ihm verbringen konnte.

Thunder on the Mountain: Bob Dylan bei einem
Auftritt im britischen Fernsehen 1965. »Dylan hat mich
angeregt, anders über die Welt nachzudenken«,
sagt Reinhold Messner.

REINHOLD MESSNER

»Ich würde gerne mit Bob Dylan
noch einmal auf den Ayers Rock
hinaufklettern.«

Wenn Bergsteigerlegende Reinhold Messner Songs von Bob
Dylan hört, denkt er an zerbröselnde Berge. An Freiheit. An
Aus- und an Aufbrüche. Ein Gespräch über Dylans monumen-
tale Dichtung, Bilder im Kopf, Blicke ins Jenseits und Dylan-
CDs für lange Autofahrten.

* * *

Sein Händedruck ist so fest, dass man sich das Aua verkneifen muss. Darum bemüht, sich das nicht anmerken zu lassen,
presst man dann ein etwas kurzatmiges »Guten Tag, Herr
Messner« heraus. Reinhold Messner, am 17. September 1944
in Südtirol geboren, ist der berühmteste Bergsteiger der Welt.
Wir haben ihn mehrfach gesprochen, mal in Videokonferen-
zen zu Coronazeiten, mal auf der Tribüne einer Stadthalle in
Göppingen, kurz bevor er dort am Abend von seinen Über-
lebenskämpfen bei Achttausenderaufstiegen oder den Durch-
querungen der Antarktis berichtete.

Bereits im Alter von fünf Jahren stand Messner mit seinem
Vater auf einem Dreitausender in den Dolomiten. Später studierte er Vermessungskunde an der Universität Padua, brach

das Studium jedoch ab, um sich ganz dem Bergsteigen zu widmen. 1970 kam sein Bruder Günther beim gemeinsamen Abstieg vom Nanga Parbat ums Leben, Messner selbst erlitt schwere Erfrierungen. 1978 bestieg er als erster Mensch ohne zusätzlichen Sauerstoff den Mount Everest – bis 1986 folgten die 13 übrigen Achttausender. 1989 durchquerte er mit Arved Fuchs die Antarktis, später Grönland und die Wüste Gobi – stets mit minimaler Ausrüstung. Er verzichtete auf Bohrhaken, Sauerstoffmasken und Satellitentelefon. Ihm ging es um die Erfahrung unberührter Naturlandschaften, nicht um Technik und Rekorde. Messner erhielt viele Ehrungen, unter anderem die »Patron's Medal« der Royal Geographic Society, eine der höchsten Auszeichnungen, die das britische Königshaus vergibt. 1999 wurde er als parteiloser Kandidat der Grünen Südtirols ins EU-Parlament gewählt. Obwohl er selbst das Extrembergsteigen schon lange aufgegeben hat, findet er immer neue Wege, seine Grenzerfahrungen in anderen Kontexten neu zu erzählen – in Filmen und immer wieder in Büchern, von denen die meisten Bestseller wurden. In seinem Tatsachenroman *Der Absturz des Himmels* beschreibt er Triumph und Tragödie bei der Erstbesteigung des Matterhorns, jenes legendären Bergs, den er selbst mehrfach erklommen hat. In seinem Buch *Wild* zeichnete er den Überlebenskampf der Polarforscher Ernest Shackleton und Frank Wild in der Antarktis nach. Grenzen überschreiten, immer wieder bis ans Limit gehen – für Messner sind all dies unendliche Geschichten. Und Bob Dylan war ihm bei all diesen Expeditionen und Abenteuern ein ständiger Begleiter – und ist es bis heute geblieben.

* * *

Herr Messner, Sie haben mal gesagt, Bob Dylans »The Times They Are A-Changin'« sei der Song Ihres Lebens. Warum gerade dieser?

Weil dieser Song vor allem wegen seines Textes mein Lebensmotto ist. Ich habe sogar mal einen Vortrag im deutschen Sprachraum darüber gehalten, mit dem etwas abgewandelten Titel »The Climbs They Are A-Changin'«. Nicht die Zeiten, nicht nur die *times* ändern sich, auch die Bergsteigerei hat sich verändert, die Haltung hat sich verändert.

Inwiefern?

All die alten Bergsteiger, die damals, als ich anfing, noch mit heroischen Gebärden herumliefen, die hatten sich sehr geärgert, als ich gesagt habe: »Diese Zeit des Heldentums und der Heroik beim Bergsteigen ist vorbei. Es geht jetzt um die sachliche Auseinandersetzung zwischen Mensch und Berg.« Und das ist eine Geschichte, von der auch Bob Dylan in seinen Songs erzählt – auf metaphorische Weise. In »Blowin' in the Wind« singt er beispielsweise: »How many years can a mountain exist / Before it's washed to the sea?«. Zeilen wie diese wirkten auf mich, als hätte er sie direkt aus meiner Welt herausgenommen: Wie viele Jahre dauert es, bis ein Berg zu Sandkörnern zerfällt und zuletzt vom Regen ins Meer gespült wird? Das ist ja ein großartiges Bild, um klarzumachen, in welch gewaltigen Zeitspannen Erdgeschichte verläuft – und wie lächerlich kurz unser eigenes Leben im Vergleich dazu ist. Bob Dylan ist für mich vor allem ein Sprachkünstler. In diesen fast 60 Jahren, die er nun schon aktiv ist, gibt es nur wenige andere Geschichtenerzähler mit seiner Qualität. Darüber hinaus hat er es auch noch geschafft, die richtige Form der Musik zu seinen Texten zu finden.

Erinnern Sie sich noch, wann Sie ihn das erste Mal gehört haben?

Ich habe Dylan sicherlich zuerst im Rundfunk gehört, also bevor ich überhaupt seine Platten gekauft habe. Wir hatten daheim nämlich lange Zeit keinen Fernseher und auch keinen Plattenspieler. Das kam erst, als ich vielleicht 16 oder 18 war. Und zu diesem Zeitpunkt wohnte ich auch schon nicht mehr daheim. Ich musste ja ins Internat gehen, weil aus unseren Bergtälern heraus der tägliche Schulbesuch nicht möglich war. Jedenfalls ist mir Bob Dylan seit diesen frühen Jahren ein Begleiter geblieben, seit ich aus diesen engen Südtiroler Tälern herauskam – später in die Oberschule und dann auf die Universität. Und er begleitet mich noch heute. Ich höre ihn nach wie vor lieber als alle anderen. Neben »The Times They Are A-Changin'« oder »Blowin' in the Wind« sind für mich viele seiner Lieder bedeutsam. Ich liebe auch »Knockin' on Heaven's Door« und »Forever Young«. Wobei »Forever Young« nicht unbedingt meine Haltung spiegelt. Denn bei mir ging es bei vielem, was ich tat, ja immer auch um die Frage, wie lange lebe ich noch – vielmehr wie überlebe ich.

In einem Ausstellungsraum eines Ihrer Mountain-Museen in Bozen läuft »Blowin' in the Wind« sogar in Endlosschleife. Welche Geschichte verbirgt sich dahinter?

Es ist nur ein ganz kurzes Zitat aus diesem Song, es geht um seine Frage, wie viele noch sterben müssen, bis es zu viele geworden sind: »Yes, 'n' how many deaths will it take till he knows / That too many people have died?« Dass ich diese

Liedzeile ausgewählt habe, ist eine sehr selbstkritische Aussage zum Alpinismus. Der Song wird in einer Kapelle des Museums gespielt. Das ist ein enger Raum mit einem schönen Gewölbe, und darin hängen Fotos und andere Erinnerungen an Hunderte von Spitzenalpinisten und berühmten Bergsteigern aus zwei Jahrhunderten, die am Berg ums Leben gekommen sind. Wenn ich mir diese Fotos anschaue, höre ich Bob Dylan und seine Frage: »Wann sind es zu viele, die gestorben sind?« Ich sage: Es sind heute schon viel zu viele, die in den Bergen gestorben sind. Ich weiß natürlich, dass er mit diesen Zeilen den Vietnamkrieg kritisiert und sie nicht im Hinblick auf die Bergsteigerei geschrieben hat. Aber dass zu seinen Zeilen Bilder im Kopf entstehen, dass man sie auch in einem ganz anderen Kontext deuten kann – darin zeigt sich seine große Kraft und seine Kunst. Bob Dylan ist für mich in erster Linie ein Literat. Deshalb habe ich mich auch sehr gefreut, als er 2016 den Literaturnobelpreis bekam. Er ist darüber hinaus auch ein Liedermacher – wobei dieser deutsche Ausdruck sein Wirken nicht wirklich erfasst. Die Italiener sagen dazu *Cantautore*, was nicht nur schöner klingt, sondern vom Sinn her auch besser beschreibt, was Dylan eigentlich leistet in seiner Kunst. *Cantautore* bezeichnet einen Autor, der seine Texte zugleich singt. Mir persönlich gibt Dylan auf diese Weise immer wieder Bilder für meine Welt mit, für meine Welt des Bergsteigens. Deswegen machen mich viele seiner Aussagen auch so glücklich. Vor allem jene, dass ein Berg am Ende wieder zu Sediment und ins Meer gespült wird, wo dann wieder neue Gebirge entstehen, die mit der Kontinentalverschiebung weiter aufgehäuft werden. Wer außer Dylan hat es je geschafft, etwas derartig Monumentales in so wenigen Sätzen auszudrücken? Sicher kein Universitätsprofessor, der Geologie lehrt.

*Angeblich haben Sie beim Ausfüllen eines Fragebogens mal ge-
schrieben, Sie möchten, dass auf Ihrer Beerdigung Dylans »Blowin'
in the Wind« gespielt wird. Eine bewegende Geschichte. Stimmt
sie auch?*

Ich wünschte mir eher, dass Bob Dylan 2024 zu meinem
80. Geburtstag in eines meiner Museen nach Bozen käme und
seine alten Lieder spielte – dann hätte ich selbst ja noch etwas
davon, weil ich ihn erleben und hören könnte. Wir hätten in
Bozen im Hauptmuseum einen schönen Platz, eine großartige
Kulisse. Das wäre mein großer Traum. Und was mein Ende
betrifft: Es gibt ihn bereits, den Tschorten, ein gemauertes
tibetisches Grabmal, dort kommt meine Asche hinein. Nach
meinem Tod soll man um mich kein Aufhebens mehr machen.
Ich werde im Vorfeld dafür sorgen, dass es stillschweigend er-
ledigt wird. Aber gut, sollte bei meiner Beerdigung ein Song
von Bob Dylan gespielt werden, wäre es passend. A priori, zu
meinem 80. Geburtstag, wäre es mir lieber – hinterher ist zu
spät.

Haben Sie Dylan öfter im Konzert erlebt?

Einige Male. Ich kann mich an ein Konzert in der italienischen
Provinz Trentino erinnern. Da war er schon älter, hatte nicht
mehr die Stimme des jungen Bob Dylan. Ich will jetzt aber
nicht behaupten, dass der alte Dylan schlechter oder besser
sei als der junge. Während des Auftritts hat er sich zum Teil
einfach vom Publikum weggedreht. Man spürte, dass es ihm
nicht um das Beklatschtwerden oder um die Aufmerksamkeit ging. Sondern darum, das darzubieten, was er am besten
kann: seine Poesie mit Hilfe seiner Instrumente auf die Bühne

zu bringen. Ich muss allerdings gestehen, dass mir ein Bob Dylan, der nur mit Mundharmonika und Gitarre auftritt, der liebste ist. So wie er es in jungen Jahren tat.

Weniger ist mehr?

Ja. Dylan braucht keine Band im Hintergrund, keine zusätzlichen Musiker. Für mich ist er am ausdruckstärksten, wenn er Minimalist ist. Diese Form des Verzichts stand auch in meinem Leben oft im Mittelpunkt. Der Verzicht auf Hilfsmittel, auf Hilfe von außen oder auf Korrektive – das hat mich erfolgreich gemacht. Ich leide fürchterlich darunter, dass ich es beispielsweise bei meinen Filmprojekten immer wieder mit Korrektiven zu tun habe. Irgendwann kommt der Moment, in dem jemand zu mir sagt: »Nein, so geht das nicht, das müssen wir ein bisschen anders machen.« Dadurch nimmt man mir etwas von meinem ansonsten absolut selbstbestimmten Leben. Mir ist lieber, wenn mir meinetwegen alle Zuhörer bei meinen Vorträgen sagen: »Dieser eine Satz von Ihnen ist falsch« – als dass ich meinen Satz, den ich so sagen will, nicht sagen darf. Ich glaube, Bob Dylan hätte seine Texte selbst dann nicht geändert, wenn man ihn gekreuzigt hätte. Das Gleiche gilt für seine Musik.

Sind Sie ein regelmäßiger Dylan-Konzert-Gänger?

Nein, außer diesem Konzert im Trentino habe ich ihn – wenn ich nicht irre – nur noch ein weiteres Mal in Australien gesehen, als ich mich dort länger aufhielt, nachdem ich gerade aus der Antarktis zurückgekehrt war. Aber im Grunde brauche ich die Konzerte nicht. Ich brauche seine Musik und seine Songs. Es reicht mir oft schon, wenn ich ihn im Radio höre, es muss nicht immer der beste Klang sein. Wenn ich Dylan höre, begebe ich mich in seine Sprachbilder hinein. Ich bin ja selbst auch Autor und weiß, wie schwierig es ist, Sprachbilder zu finden, die noch nicht verbraucht sind. Der deutsche Schlager beispielsweise ist in fürchterliche Klischees verpackt, alle beten die gleichen Sätze nach. Im Vergleich dazu ist mir dann die alte Volksmusik lieber, jene, die aus den Bergen kommt. Bei mir zu Hause höre ich grundsätzlich wenig Musik. Bob Dylan ist für mich als Soundtrack vor allem beim Autofahren inspirierend. Im Auto bin ich ein fleißiger Musikhörer.

Sie haben mehrmals Dylans sprachlichen Einfallsreichtum erwähnt. Kommt es vor, dass Sie seine Songtexte nur lesen, ohne die Musik zu hören?

Ja, denn es ist seine Poesie, die ich am meisten schätze. Seine Songtexte kann man durchaus auch wie Gedichte lesen, das ist Poesie. Ich gebe zu, dass ich nicht immer jede Slangnuance mitbekomme, wenn er singt, weil ich im Amerikanischen nicht hundertprozentig sattelfest bin. Aber ein Lied wie »The Times They Are A-Changin'« muss ich inzwischen mehr als tausendmal gehört haben, so oft, dass ich jedes Wort verstehe. Mich fasziniert zuerst seine Poesie, dann die Musik, und letztlich das Zusammenspiel von beidem.

Als Dylan Mitte der sechziger Jahre vom Folk zum elektrisch verstärkten Rock wechselte, wurde er vom Publikum als Judas beschimpft. Es gab in seinem Leben viele weitere Brüche und überraschende Wendungen. Sehen Sie darin Parallelen zu Ihrem eigenen Leben?

Ja. Ich bin in meinem Leben wie er oft gewechselt, bin sieben Mal umgestiegen von einer Tätigkeit auf eine völlig andere, habe mich jeweils neu erfunden.

Sie standen als Erster auf den Gipfeln aller 14 Achttausender – ohne zusätzlichen Sauerstoff –, Sie durchquerten die Antarktis, die Wüste Gobi und Grönland, Sie schreiben Bücher, halten Vorträge, drehen Filme.

Ja, vom alten Leben des Bergsteigens habe ich immer einige Erfahrungen in das jeweils neue Leben mitgenommen. Ich habe mich dabei auch nie von anderen beeinflussen lassen, wenn sie mir sagten: »Tu das nicht.« Ich kann mich gut daran erinnern, dass ich, nachdem ich mit den Achttausendern zurande gekommen war, als Nächstes durch die Eislandschaften der Antarktis laufen wollte. Das war ein relativ kostspieliges Unternehmen, ich musste Geld dafür auftreiben. Meine Bergsponsoren haben jedoch alle gesagt: »Kommt nicht infrage, Sie sind berühmt als Bergsteiger, nur in dieser Rolle sind Sie für uns interessant. Wenn Sie jetzt durch das Eis der Antarktis laufen, versteht das niemand.« Sie haben mir daraufhin zwar nicht komplett ihre Unterstützung entzogen, mir aber deutlich zu verstehen gegeben, dass sie von dieser Idee nichts halten. Ich musste dann wieder ein bisschen bei null anfangen, neue Sponsoren finden. So habe ich bei diesem Projekt gelernt, mit abgespeckten Mitteln zu arbeiten. Ich kam dann auch mit weniger Geld zurecht. Bei Bob Dylan gab es ähnliche Phasen, als er beispielsweise vom jüdischen zum christlichen Glauben wechselte – um dann auch in seiner Musik eine Zeit lang eine religiöse Haltung einzunehmen. In der Phase war ich nicht unbedingt in der Lage, ihm zu folgen. Diese Distanz habe ich dann aber relativ schnell wieder abgelegt. Meine Brüder haben mir jedenfalls zu meinen Geburtstagen immer eine neue CD von Bob Dylan mitgebracht, weil sie alle wussten, wie sehr ich seine Musik liebe.

Müssen wir uns das so vorstellen, dass Sie inzwischen alle Alben besitzen, die Bob Dylan je veröffentlicht hat?

Leider nein, vieles hat sich verloren. Ich habe immer ein paar Dylan-CDs im Auto liegen. Meine Frau hat vieles von ihm in iTunes geladen. Ich selbst bin nicht so internetaffin, nutze das eher selten. Ich behaupte auch, dass ich das nicht brauche. Die CDs im Auto reichen mir. Aber ich muss noch mal auf Ihre Frage nach den Parallelen in unseren Lebensläufen zurückkommen. 1968, 1969 begann ja meine Revolution als Bergsteiger. Damals schrieb ich diesen Aufsatz »Mord am Unmöglichen«. Ich warnte darin: »Wenn die Technisierung des Bergsteigens so weitergeht, wird das früher oder später dessen Ende bedeuten.« Heute ist es so weit, zumindest sind wir dem Ende des Bergsteigens sehr nahe.

Wie meinen Sie das?

Es kommt vieles zusammen: dass das Klettern an 15 Meter hohen Kunstwänden zur olympischen Disziplin erklärt wurde, dass der Tourismus am Mount Everest immer mehr zunimmt, mit der Folge, dass 100 Sherpas einen Weg zum Everest hinaufbauen – für irgendwelche Sonntagsbergsteiger, die inzwischen viel Geld bezahlen, um da raufzugehen. Aber sie wissen im Grunde gar nicht, was sie da tun. Durch all diese Entwicklungen hat sich das Bergsteigen in eine mehr oder weniger banale Tätigkeit verwandelt. Es hat seinen Reiz verloren. Das ist auch in Ordnung. Es ist nicht so, dass ich persönlich darunter leide. Denn ich selbst hatte die gute Zeit erleben können. Aber dass ich überhaupt anfing, tiefgründig darüber nachzudenken, was ich da machte – das habe ich auch Bob Dylan zu verdanken. Er hatte die Frechheit, seinen Auf- und Ausbruch klar zu formulieren: Mothers and fathers get out of the way – lasst uns jetzt mal machen. Das ist auch meine Haltung gewesen. Und es gab für mich keinen größeren Verteidiger dieser Haltung als Dylan – obwohl ich ihn persönlich gar nicht kannte und auch nie getroffen habe. Dylan hat mir Kraft und Selbstmächtigkeit gegeben. Er gab mir die Zuversicht, gegen alle Widerstände bestehen zu können – und mich von dieser damals vorherrschenden heroischen Bergsteigerei abzugrenzen. Seine Lieder waren für mich ein Geschenk, Dylan hat mich angeregt, anders über die Welt nachzudenken. Mehr konnte er ja gar nicht für mich tun.

Was bedeutet Ihnen Dylan heute? Haben Sie sich sein neues Album Rough and Rowdy Ways *angehört?*

Ja, das habe ich, es gefällt mir wieder gut. Übrigens auch seine Stimme. Als ich ihn zuletzt im Konzert erlebte, war sie schon sehr brüchig. Da hatte ich Mitleid mit ihm. Meine eigene Stimme leidet inzwischen auch durch die vielen Vorträge, die ich immer noch halte. Das tut der Stimme früher oder später weh. Und Dylan hat ja viel, viel mehr Auftritte gegeben in den letzten Jahren. Da wird seine Stimme eben brüchig. Umso erstaunlicher und für mich erfreulicher, dass sie auf seiner neuen CD wieder so viel kraftvoller klingt.

Dass Dylan jetzt 80 wird, macht auch deutlich, dass seine Never Ending Tour irgendwann enden wird. Erfüllt Sie das mit Wehmut?

Die Zahl 80 macht einem klar, dass er ein alter Mann, wenn nicht gar ein sehr alter Mann ist. Es kostet sehr viel Kraft und Energie, die Welt zu bereisen. Ich kenne das ja selbst: Du bist unterwegs, reist von Vortrag zu Vortrag, bevor du auf die Bühne gehst, bleibt meist wenig Zeit etwas zu essen. Dann probst du, gehst später raus vor die Zuschauer, bist vielleicht spät am Abend erst fertig und gehst dann kurz vor Mitternacht noch etwas essen. Und dann bist du noch aufgedreht. Gesund ist das nicht gerade, es ist eine Herausforderung. Dass Bob Dylan diese Herausforderung nach wie vor auf sich nimmt, finde ich großartig. Bei mir dauert es ja noch drei Jahre, bis ich 80 bin. Aber ich kann sehr gut nachempfinden, wie das ist, immer »Like a Rolling Stone« zu sein.

Ist Dylan für Sie über die Jahrzehnte hinweg ein Botschafter eines anderen Amerikas, eines liberalen, weltoffenen, geblieben, das vor allem die Europäer nach wie vor bewundern?

Unbedingt. Wir bräuchten gerade jetzt wieder jemanden wie seinerzeit den jungen Dylan, der die durch die Trump-Jahre noch forcierte Spaltung der Gesellschaft anspricht – und zwar in nuancierten, poetischen Geschichten. Nur wenige Songwriter haben es wie Dylan geschafft, diese politische Dimension zu erreichen. Sicher gibt es auch heute viele Künstler, die sich zu politischen Themen äußern – aber nicht mit dieser Mischung aus Poesie, Intelligenz und Weitsicht, die Dylan auszeichnet. Das macht ihn aus: Er ist nicht nur ein begnadeter Dichter, Musiker und Songwriter, er ist auch blitzgescheit. Und er hat seine Intelligenz und seine sprachlichen Fähigkeiten filigran eingesetzt, um politische Aussagen zu artikulieren. Nicht auf plumpe Weise, nicht indem er schreiend auf die

Bühne ging – das hat er anderen überlassen. Dylan hat das in tiefgründigen, poetischen Geschichten erzählt – mein Lieblingssong »The Times They Are A-Changin'« bringt das gut zum Ausdruck, er hat nicht nur eine politische, sondern auch eine universale, eine zeitlose Dimension.

Wenn Sie sich für die Inspirationen, die Dylan Ihnen geschenkt hat, revanchieren könnten – vielleicht mit einer nicht ganz so extremen Berg- oder Hiking-Tour –, wohin würden Sie ihn gerne mitnehmen?

So eine Tour müsste für ihn natürlich auch machbar sein. Für Dylan fiele mir sofort etwas ein, das nur leider inzwischen verboten ist: den Ayers Rock in Australien besteigen. Für die Aborigines, die den Inselberg ja *Uluru* nennen, ist es ein heiliger Berg, deswegen ist es inzwischen verboten, ihn zu besteigen. Ich war oben zu einer Zeit, als es noch erlaubt war. Nur mal angenommen, es wäre noch erlaubt, hinaufzuklettern, dann könnten wir beide, Bob Dylan und ich, ohne weiteres den Ayers Rock hinaufsteigen und ins Nichts, in die Unendlichkeit schauen – ins Jenseits.

Er ist immerhin 863 Meter hoch. Ist das nicht etwas zu sportlich für einen 80-Jährigen?

Das ist nicht schwierig. Nur ein bisschen Kletterei, das würde Dylan leicht schaffen – auch mit 80 noch. Und dann stünden wir beide dort oben, würden auf die Wüste um uns herum blicken. Das ist die absolute Reduktion. Das gibt einem eine Ahnung vom Blick in das Jenseits. Für mich ist das Jenseits etwas, das nicht greifbar ist. Einfach nur Stille. Unendlichkeit in der Zeit. Erhabenheit – dort oben auf diesem Berg, wo wir von nichts abgelenkt sein würden. Von dort oben hätten wir einen 360-Grad-Blick in die Unendlichkeit ohne jedes Hindernis. Das ist nur in einer Wüste möglich. Die Aborigines haben ja lange dafür gekämpft, dass ihr heiliger Berg nicht mehr von all den Touristen demontiert wird. Die Weißen in Australien dagegen wollten dort die Infrastruktur für den Tourismus ausbauen. Die Anwälte beider Seiten haben lange darum gestritten. Am Ende haben die Weißen vor Gericht gefragt: »Warum nur wollt ihr diesen Berg bewahren, ohne dass man auf ihn klettern kann, ohne Infrastruktur, ohne alles?« Die Einheimischen antworteten: »Weil dieser Berg für uns heilig ist, weil wir nicht wollen, dass seine Ruhe von Menschen gestört wird.« Woraufhin die Weißen sagten, die Aborigines könnten doch am Tourismus partizipieren, Gewinne machen, es würden Arbeitsplätze entstehen. Und dann wollten sie von den Aborigines wissen, worin denn die Heiligkeit, der eigentliche Wert dieses Berges bestehe, wenn man dort nichts unternehmen könne. Die Einheimischen antworten: »Dort wohnt das Nichts. Und das Nichts ist das Wertvollste, das es gibt. Man kann es nämlich füllen.« Ich würde also gerne mit Bob Dylan das Nichts besuchen. Allein die Vorstellung, mit ihm auf den Ayers Rock klettern zu dürfen, ist erhebend – auch wenn es verboten ist.

Herr Messner, könnten Sie zum Schluss folgenden Satz für uns beenden: Eine Welt ohne Bob Dylan wäre vorstellbar, aber ...«

... ärmer. Sie wäre sehr viel ärmer.

BILDNACHWEIS